U0937002

珍藏本·增订本
纪念版

汉译世界学术名著丛书

帝国主义

〔英〕约翰·阿特金森·霍布森　著
卢刚　译

John Atkinson Hobson

Imperialism：A Study

本书根据 James Pott & CO. 1902 年版译出

汉译世界学术名著丛书
（120 年纪念版·珍藏本）
增订本出版说明

2017 年 10 月，为纪念商务印书馆创立 120 周年，本馆推出“汉译世界学术名著丛书”（120 年纪念版·珍藏本），计七百种。近五六年来，仰赖学界同人倾力支持，订正旧译，增补新译，拓展新著，积累日多。为满足读者需要，本馆在七百种的基础上，继续推出“汉译世界学术名著丛书”（120 年纪念版·珍藏本·增订本）三百种。至此，“汉译世界学术名著丛书”累计出版已达千种。

今后，本馆将继续推进丛书的翻译出版工作，在积累单本名著的基础上陆续分辑刊行，汇印出版。为促进中外文明互鉴、推动我国学术发展，使“汉译世界学术名著丛书”这项对我国学术文化有基本建设意义的重大工程发挥更大作用，诚望海内外学术界、翻译界继续给予支持，帮助我们把这套丛书出得更好。

商务印书馆编辑部

2024 年 2 月

汉译世界学术名著丛书
（120年纪念版·珍藏本）
出 版 说 明

2017年2月11日，商务印书馆迎来120岁的生日。120年前，商务印书馆前贤怀揣文化救国的理想，抱持“昌明教育，开启民智”的使命，立足本土，放眼寰宇，以出版为津梁，沟通中西，为中国、为世界提供最富智慧的思想文化成果。无论世事白云苍狗，潮流左右激荡，甚至战火硝烟弥漫，始终践行学术报国之志，无改初心。

逐译世界各国学术名著，即其一端。早在20世纪初年便出版《原富》《天演论》等影响至今的代表性著作，1950年代后更致力于外国哲学和社会科学经典的译介，及至1980年代，辑为“汉译世界学术名著丛书”，汇涓为流，蔚为大观。丛书自1981年开始出版，历时三十余年，迄今已推出七百种，是我国现代出版史上规模最大、最为重要的学术翻译工程。

丛书所选之书，立场观点不囿于一派，学科领域不限于一门，皆为文明开启以来，各时代、各国家、各民族的思想与文化精粹，代表着人类已经到达过的精神境界。丛书系统译介世界学术经典，引领时代思想，为本土原创学术的发展提供丰富的文化滋养，为推动中国现代学术和现代化进程做出了突出的贡献。

为纪念商务印书馆成立120周年，我们整体推出“汉译世界学术名著丛书”120年纪念版的珍藏本，寄望既利于文化积累，又便于研读查考，同时向长期支持丛书出版的译者、编者和读者致以敬意。

两甲子后的今天，商务印书馆又站在了一个新的历史时间节点上。我们不仅要铭记先辈的身影和足迹，更须让我们的步伐充满新的时代精神。这是商务人代代相传的事业，更是与国家和民族的命运始终紧密相连的事业。我们责无旁贷，必须做好我们这代人的传承与创造，让我们的努力和成果不仅凝聚成民族文化的记忆，还能成为后来人可以接续的事业。唯此，才能不负前贤，无愧来者。

商务印书馆编辑部

2017年10月

目　　录

前　　言

“近代帝国主义”一词在西方耳熟能详，它常用来指称当代政治中一种最有影响力的运动，本书试图对这个概念进行更为精确的考察。虽然某些欧陆国家已经有意识地将帝国主义作为制定对外政策的原则，而且这种原则也正在打破美国的政治孤立倾向，但相比较前两者，英国却在这条道路上走得更远也更快，它给英国的近期活动提供了最有利的指导或警示。

本书主要根据英帝国主义近30年来的政策实践，通过横向的解剖诊断而非纵向的历史铺陈，来试图挖掘和探讨构成帝国主义政策基础的一般原则。

第一篇追溯了帝国主义的经济起源，用可以找到的统计数据来表明其方法和结果。

第二篇研究素来有“文明使命”之称的帝国主义的理论与实践，揭示它对“低等”民族或异邦民族的影响，以及它对西方帝国主义列强在政治和道德上的反噬作用。

本书的目标读者是这样一个少数群体，他们既不想和政治投机主义同流合污，也不愿意向盲目的“命运”就范，而是迫切想要理解以便引导这股政治力量。

那些认为所谓公平判断就是要对任何政策方针有多少否定必

须有多少肯定的读者，恐怕要对本书失望了。这项研究的特色就在于，它是一个并不打算隐瞒病情的社会病理学式研究。

第一篇中的数据，凡未注明来源的，都主要采自官方发布的“统计摘要”，有些地方根据“政治家年鉴”中的数据加以补充。

承蒙“财政改革年鉴”编者允许，笔者可以转载关于1870年以来英国财政开支的大量珍贵图表，并承蒙《言论家》、《当代评论》、《政治科学季刊》、《英国之友》编者的帮助，笔者可以在本书中摘引这些刊物上所载的论文。

我的朋友吉尔伯特·默里先生和赫伯特·里克斯先生帮我看了本书的大部分校样，并提出很多宝贵的意见和建议，在此谨致谢忱。

约翰·阿特金森·霍布森

1902年8月

引　言

民族主义与帝国主义

在众多含混的政治概念的搅扰下，要想通过定义来明确指称某种“主义”，似乎是不可能的。不仅仅因为思想的变迁，而且也因为政客们刻意的夸大和曲解，既有的定义内涵会发生迅速而微妙的变化，从而变得愈加暧昧和模糊不清。要求政治概念像严格的科学那样精确，是不切实际的。对帝国主义的解释，就与它的近义词很难区分开来。帝国主义最相近的三个近义词：民族主义、国际主义和殖民主义，也是同样地难以琢磨和变化多端。这四个词之间多变的交叉关系，要求近代政治学的研究者给予密切关注。

在19世纪，走向民族主义的斗争，或者说在民族基础上建立政治联盟，曾经是朝代更迭的主导因素，也作为内在动机主宰了民众的日常生活。在国际政治中，这种斗争有时会以国家的分裂而告终，比如希腊、塞尔维亚、罗马尼亚和保加利亚之脱离奥斯曼帝国的统治以及北部意大利之脱离同奥地利帝国强制性的联盟。在其他情况下，斗争会成为国家扩张版图的统一或集中的力量，比如意大利的统一以及俄罗斯的泛斯拉夫主义运动。有些时候，国家成为国家联邦的基础，德意志帝国和北美洲的情形就是如此。

确实，促成政治联盟的力量已经得到长远发展，也推动了众多联邦国家的成立，比如奥匈帝国、挪威和瑞典以及瑞士联邦。但是，把帝国分裂以来包括欧洲广大地区在内的众多分分合合的国家和地区重新结成强大的统一国家，却是更为普遍的趋势。这是19世纪最为显著的成就。在这一辉煌的事业中，民族力量的负面影响如同它的积极作用一样显而易见。爱尔兰人、波兰人、芬兰人、匈牙利人和捷克人在反抗强迫隶属或同强邻结盟的斗争中，也从民族力量中汲取了充分活力和强烈情感。

在19世纪中叶一系列明显的“民族”复兴运动中，有些成为推动朝代更迭的关键力量，但有些运动却以失败告终。荷兰、波兰、比利时、挪威以及巴尔干各国，成为各种民族力量混战的广大舞台。

截止到1875年，欧洲已形成了若干大的民族国家或国家联邦，虽然就其性质而论还存在诸多变数。出于对命定扩张论的信奉，意大利仍然觊觎的里雅斯特，又如德国之依然觊觎奥地利。

这种激情以及由此产生的王朝形式，主要得归因于大大小小国家的人民为反抗拿破仑的帝国企图而进行的猛烈而持久的抵抗。英国的民族精神即是被“伊丽莎白时代”①从未有过的自觉斗争的激情所唤醒。耶拿会战②奠定了普鲁士的大国地位；莫斯科战役③使得俄国跻身于欧洲列强的行列，迎接西方思想洗礼的初

---

① 伊丽莎白时代，指英国女王伊丽莎白一世的执政时期（1558—1603），在伊丽莎白一世的统治下，英国国力逐渐强盛，为以后的“日不落帝国”奠定了坚实基础。——译者

② 耶拿会战，指1806年普鲁士－撒克逊联军在耶拿地区与法国军队进行的一场战役。——译者

③ 莫斯科战役，指1812年俄国与法国在莫斯科爆发的战役，俄军施行“坚壁清野”的战略，法军最终惨败而归。——译者

次高潮。

领土和朝代上的民族主义的根本动机是各民族之间在种族、语言和经济上的一致性，考察这种潜在的动机，我们发现了更为显著的运动。地方独立主义和含糊的世界主义都屈从于激昂的民族主义情感。这种民族主义情感不仅激励着弱小民族反抗任何外来政治兼并的英勇斗争，而且还使其热衷于恢复日渐衰落的风俗、语言、文学和艺术。同时，它也刺激了优胜民族关于国家“命运”的离奇野心以及随之而来的沙文主义。

关于民族性的真实性质和范围，没有比密尔说得更好的了。

> “如果人类的一部分由共同感情联结在一起，这种感情不是他们和任何别人之间共同存在的，这部分人类就可以说构成了一个民族——这种共同感情使他们比之和其他人民更愿意彼此合作，希望处在同一政府之下，并希望这个政府完全由他们或他们中的一部分治理。这种民族感情的产生可能缘于种种原因。有时它是同一种族和血统的结果。共同的语言和共同的宗教大大有助于民族感情的形成。地理界限是其原因之一。但最重要的原因是共同的政治经历；具有民族的历史以及从而产生的共同的回忆；和过去发生的实践联系着的集体的骄傲和耻辱、快乐和悔恨。”[1]

任何强行突破天然界限，违背周边国家和人民的意志吞并其

[1] 参考约翰·密尔：《代议制政府》，汪瑄译，商务印书馆 1982 年版，第 220 页。——译者

领土的企图,都是对纯粹民族主义的一种贬损。这标志着民族主义正在滑向虚假的殖民主义和帝国主义的深渊。

一个国家向荒无人烟或人口稀少的化外之地移民,充分享有宗主国公民权利的移民,仿效母国制度建立隶属于宗主国的地方自治政权,这种殖民主义可算是纯粹的国家扩张,即种族、语言和国家制度在领土上的扩张。但在历史上,那些远离宗主国的殖民地很少能够长期维持这种状态。它们或者断绝与宗主国的联系并另行建国,或者在主要的政治事务方面听命于宗主国,在这种情况下,帝国主义一词至少和殖民主义一样适用。唯一可以被认为是民族主义扩张的远地殖民地形态,是大洋洲和加拿大的英属自治领,即便在这种情况下,殖民地也会基于自身有别于宗主国的利益和情感产生各自的民族主义。在其他"自治"殖民地,如好望角和纳塔尔,那里大多数白人并非英国移民的后裔,而且隶属民族或者"劣等"民族在人数上占压倒性优势,不同的气候条件和其他自然条件都标志着这是一个不同于宗主国的别样文明,由此,殖民地概念和帝国主义概念之间的纠葛,长期以来成为政治家们意识中的重大问题。当罗斯米德爵士指责帝国因素的长久存在是"非常荒谬"以及罗兹先生[①]谈论帝国因素的"消亡"时,他们是"殖民主义"的支持者。在他们的理解中,由于殖民地和宗主国在利益和基本生活条件方面的巨大差异,随着殖民地的自然发展必定产生各自的"民族主义",这种趋势要比大洋洲和加拿大殖民地目前的情况

---

① 塞西尔·罗兹(Cecil Rhodes,1853—1902),英国政治家、商人,非洲南部英国殖民地罗德西亚(Rhodesia)的开拓者,"罗德西亚"一名即来源于"罗兹"(Rhodes)。——译者

要更加确定得多。至于我们的其他殖民地，它们身上则具有更浓烈的帝国主义气味，而非殖民主义气味。占殖民地人口少数的英国移民及其家属，按照母国的社会政治习惯和法律进行生活：在大多数情况下，少数外来移民维持着对占本地大多数人口的土著的政治经济统治，而他们自身又处于帝国主义政府或其所扶持的代理人的专制统治之下。这种情况不仅是英国海外殖民地的普遍状态，在欧洲其他国家的海外殖民地中也很常见。法国和德国在亚非地区建立的“殖民地”，并非是法德国民生活方式在海外的移植地；它们之中没有一个地方能够代表真正的欧洲文明，即使阿尔及利亚也是如此；它们的社会政治经济机构与其宗主国之间没有丝毫的相似之处。

殖民主义，就其最好的意义而论，是民族性的自然外溢。殖民者将自身所代表的文明移植到新的自然和社会环境中，这就是殖民主义的标准。我们千万不要被名称所迷惑；德国和法国的“殖民”政党，在一般的目的和方法上，与英国的“帝国主义”政党是完全一致的，其实，后者才是更加准确的名称。西利教授[①]曾经很准确地表述过帝国主义的性质：“一个国家的前进超出国家范围之外时，其权力就变成危险和虚假的。这是多数帝国的情况，也是我们英国的情况。当一个国家扩张到其他国家的领土内时，即使成功地征服了它们，也不能加以消灭或完全把它们逐出。即使出现这种局面，仍然需要战胜巨大而永久的困难，因为屈服的或敌对的国

① 约翰·西利(1834—1895)，英国政论家和历史学家，著有 *Expansion of England*、*The Life and Times of Edward I* 等。——译者

家是不能完全被同化的，依然成为祸害和危险的永久原因。”①

作为一种政策，帝国主义的新奇之处，在于它被若干国家同时所采用。关于帝国主义竞争的观念，基本是近代以来的产物。古代帝国和中世纪帝国共同分享的基本理念，即是能够将已知世界中所有国家囊括进某种霸权的抽象名词，比如罗马帝国使用的“罗马和平”。当充分享有罗马公民权的公民不仅遍布英法，而且在亚非地区等已知世界都存在的时候，帝国主义就包含了纯粹的国际主义的成分。罗马帝国衰落了，单一帝国凭借政治权力支配文明世界的理念却并没有随之而消失。相反，这种理念仍然贯穿于神圣罗马帝国的盛衰沉浮之中，甚至当东西方在公元四世纪末期分裂的时候，行政可以分权但政治必须统一的帝国理念仍然残存着。历经多次分裂或对立，尽管有很多王国和地方分离出去，但是帝国却仍然在观念层面保持统一状态。虽然雄心仅限于西欧，但是查理曼大帝已经很自觉地公开宣示了这种理想。哈布斯堡王朝的路德福不仅复活了这种理想，而且还致力于将其在中欧地区实现，他的后裔查理五世，通过统一奥地利、德意志、西班牙、荷兰、西西里和那不勒斯地区，赋予了这个名词以特别实际的意义。在后来的时代中，建立欧洲帝国的梦想相继鼓舞了彼得大帝、叶卡捷琳娜女王和拿破仑，到后来德皇威廉三世能够怀揣世界霸权的野心，这一切都顺理成章。

维科、马基雅维利、但丁和康德等诸时代的政治哲学家，都将帝国认定为和平的唯一保障，即与单一国家内部封建秩序相一致

① *Expansion of England*, lect. iii.

的诸国家间的等级组织。

这样的帝国虽然并不总是以民族平等作为基础理念，但是却和国际主义精神有着相通之处。中欧帝国的崩溃以及随之而来的民族性的削弱，将18世纪欧洲知识界灵光一现的国际主义精神重新激发为一种新的现代情感。“在法国大革命前夕，在欧洲发现所有的才智之士——莱辛、康德、歌德、卢梭、拉瓦特、孔多赛、普里斯特利、吉本、富兰克林——都是世界公民，而不是任何特定国家的公民。歌德承认他不知道爱国心是什么，并且以没有爱国心而高兴。各国有教养的人对各处的上流社会都是四海为家。康德对巴黎的生活就比对普鲁士的生活感到更大的兴趣。意大利和德国都是地理上的名词；那些国家有许多小州，这些州没有政治生活，但是对文化的一般进步却很有兴趣。革命本身在本质上说是有人性的，又是世界主义的。如拉马丁[①]所说，这是‘表现人类意志的日子’，因为所有像丹纳[②]那样的苛评都不能阻止我们看到，领导伟大革命运动者的性格绝不会忘却伟大斗争的重大性质。革命战士敝衣赤足，把蛮横的反动分子从法国土地上赶走，他们不但为国家的目的而战，而且还模糊地指导为一般人类的目的而战。不成熟和不完整地来说，‘革命’的概念即是所有人应当享有的一部分权

① 阿尔封斯·德·拉马丁(1790—1869)，法国19世纪第一位浪漫派抒情诗人，同时也是浪漫主义文学的前驱和巨擘，代表作品有诗集《沉思集》和小说《一个女仆的故事》等。——译者

② 伊波利特·阿道尔夫·丹纳(1828—1893)，法国著名的文艺理论家和史学家，历史文化学派的奠基者和领袖人物，丹纳的艺术哲学对19世纪的文艺研究产生了深远的影响，有《艺术哲学》、《拉·封丹及寓言诗》和《英国文学史》等作品传世。——译者

利的概念”。[①]

人类世界主义这朵过早开放的花朵，注定会凋谢在下个世纪强劲的民族主义思潮复兴之前。即便是在有教养的阶级的狭小圈子里，世界主义也极易从一个高贵的、充满激情的理想转变为一种空洞的感伤，在1848年的欧洲革命中昙花一现之后，它除了一点阴燃的余烬之外便无迹可寻了。甚至是在大陆上保持了一定程度国际主义精神的社会主义思潮，它对官僚主义和资本主义的斗争，也被紧紧地束缚在民族国家的范围之内，以至于“国际”仅仅表现为一种神圣的抱负，而难以将其倡导者所宣传的真正的兄弟般的感情付诸实施。

民族主义一路的高歌猛进似乎摧毁了国际主义复兴的希望。但实际上，两者之间并不存在根本上的对立。在形式或精神上，真正的国际主义都是以强大而自尊的国家的存在为前提的，它们为了共同的利益而寻求联合。与从分散的、颓废的国民生活中生发出来的无政府世界主义比起来，这样一种历史发展更为符合社会发展的规律。

民族主义是通向国际主义的康庄大道，如果它出现偏差，那么我们有理由怀疑，这是歪曲了民族主义的本性和宗旨。帝国主义就是这种曲解，在帝国主义制度下，各民族超越了简单的同化的界限，把不同民族类型之间的健康的、有激励作用的竞赛变为互相竞争的帝国之间你死我活的斗争。

富有侵略性的帝国主义不仅以助长列强之间的仇恨来挫败走

① 克拉克，《进步评论》1897年2月号。

向国际主义的运动，它对弱小民族自由和生存的侵犯，也相应地激发了他们民族意识的觉醒。与因为怨恨和自卫热情而鼓荡起来的民族主义相比，充溢着贪婪的敌意和以牺牲他国来扩张的民族主义，是对民族主义自然本性的更大偏离。从这个角度讲，在那些因为太远而不能吞并、内部太团结而不能臣服的弱小民族中间，侵略性的帝国主义反倒成为一种对当地民族主义的刺激性因素。我们已经激发了南非白人族群中危险的、强有力的民族主义倾向，在中国，我们和其他列强一道创造出此前并不为中国人所知的愤恨的民族主义。在以上两种场合中，弱小民族内部团结的、平和的力量逐渐转变为敌视外国的排斥力量，这是对民族主义的损害，也是对真正国家权力的滥用。最可以肯定的恶果，便是对国际主义的阻碍。早期的民族主义基本上是包容性，它对其他国家虽然缺少同情，但并不公开敌对，各国可以无障碍地实现共同繁荣发展。19世纪初期的民族主义大体就是这样子的。支持自由贸易的政治家们，试图通过自由国家之间的经济和思想交流来有效推动非正式的国际主义的发展，在当时来说，他们的这种梦想并非没有根据。

民族主义在帝国这条沟渠中泛滥成灾，使这一切此类的希望化成泡影。共存的诸民族之间因为无直接利益冲突而能够互相帮助，但是共存的帝国之间则会因为领土和工业的扩张，而必然成为彼此的敌人。不仔细分析促使“市场争夺”更为白热化的近代资本主义生产条件，便不能完全了解帝国主义国家之间在经济领域的对抗，但政治上的对抗却是相当明显的。

对亚非地区的争夺已经从根本上重塑了欧洲国家的对外政策，唤起了超越自然界限和历史联系的同情联盟，驱使所有的大陆国家耗费更多的人力物力在陆海军装备上，吸引新兴的美国从孤立主义[①]中摆脱出来并积极加入争夺热潮，由此出现在世界政治舞台上的重大的、突发的事件，不断威胁和扰乱着人类的和平与进步。对热衷于此的国家来说，新政策产生的最显著、最可怕的影响在于，促使了它们推行更加励精图治的治国战略。为一般民众提出的国家命运和帝国主义文明使命等说法，虽然在其真正含义上互相矛盾，但在为流行的帝国主义辩护方面却可以互相补充，这已经在德国形成了一种名为“现实政治”的处心积虑和贪得无厌的马基雅维利主义政策。这重塑了德国的全部外交战略，并且无所顾忌地将民族扩张作为外交政策的自觉动力。对土地的渴望和对市场的争夺，致使德、俄、英等国公然否认它们本应捍卫的条约义务。外交辞令、腹地、利益范围、势力范围、主权、宗主权、公开或隐蔽的保护国等等的灵活性，有时会在“租地权”、“修订疆界”、“特许权”等词汇的掩护下逐渐演变为对殖民地的巧取豪夺，而这正是帝国主义精神的讽刺发明和表现。德国和俄国已经公然以本国物质利益的最大化作为公共行为的唯一判定标准，其他国家也都毫不迟疑地接受了这个标准。虽然国家间的相处之道总是取决于自私和短视的考虑，但是在国家间的交流和相互依赖日益密切的时代，有意识地和慎重地采取这种标准，对于文明事业来说则是一个充满危险的严重倒退。

① 孤立主义是一种外交政策，它起源于第一任美国总统华盛顿，对于美国的外事活动影响颇深。它通常由防务和经济上的两方面政策组成。在防务上，孤立主义采取不干涉原则，即除自卫战争外不主动卷入任何外部军事冲突；在经济文化上，通过立法最大程度地限制与国外的贸易和文化交流。——译者

第一篇

帝国主义的经济

第一章　帝国主义的尺度

考察近30年来的史实，可以有效廓清笼罩在帝国主义一词上的诡辩。在这期间，许多欧洲国家，首先是英国，吞并或在政治上实际控制着亚洲和非洲的广大地区，以及太平洋和其他地方的无数岛屿。这项扩张政策的实行范围，尤其是英国所获得的领土的巨大面积和特殊性质，即使是那些关注帝国主义政策的人也并未充分理解。

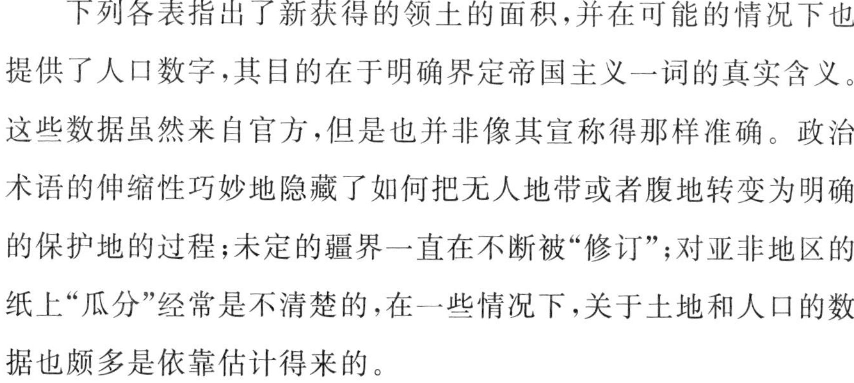

下列各表指出了新获得的领土的面积，并在可能的情况下也提供了人口数字，其目的在于明确界定帝国主义一词的真实含义。这些数据虽然来自官方，但是也并非像其宣称得那样准确。政治术语的伸缩性巧妙地隐藏了如何把无人地带或者腹地转变为明确的保护地的过程；未定的疆界一直在不断被“修订”；对亚非地区的纸上“瓜分”经常是不清楚的，在一些情况下，关于土地和人口的数据也颇多是依靠估计得来的。

1870年以来获得的领土，在某些情况下，可能为之前某一欧洲强国所有。但是必须注意到列入表中的领土，仅限于这期间的确属于列强政治控制下的那些领土。英国领土的数据是相当惊人的，这需要稍加说明。我认为应当把埃及这个“隐蔽的保护地”及其广大的苏丹属地、属于特许公司[①]的全部领土，以及由英国代理人实际政治支配的印度土邦[②]，均列入公认的殖民地和保护地。

所有这些土地都应被认定为大英帝国的属地，如果延续以往的政策，帝国主义对这些土地的掌控无疑会更加牢固。

在另外一些例子中，比如西非，表中所列的属地虽然小部分是在 1870 年之前获得的，但是目前殖民地的绝大部分面积是近期获得的。比如没有被列入表中的黄金海岸的增加面积，它远远超过了拉各斯和冈比亚的旧殖民地面积，它从 1873 年的 29,000 平方英里增至 1893 年的 39,000 平方英里。

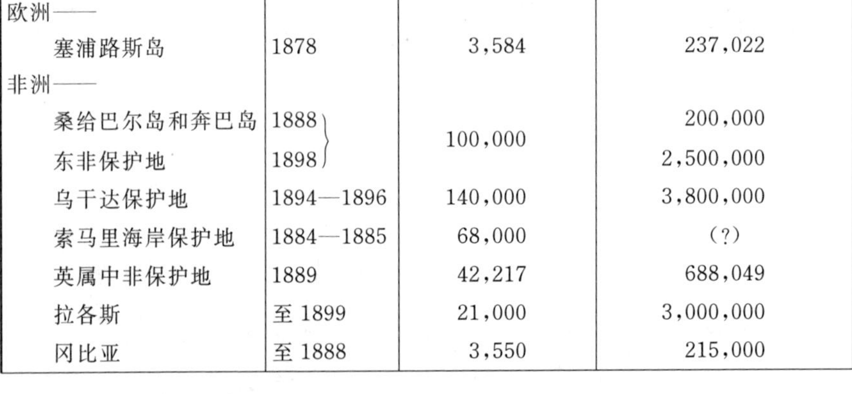

	获得年份	面积(平方英里)	人口
欧洲——			
塞浦路斯岛	1878	3,584	237,022
非洲——			
桑给巴尔岛和奔巴岛	1888	100,000	200,000
东非保护地	1898		2,500,000
乌干达保护地	1894—1896	140,000	3,800,000
索马里海岸保护地	1884—1885	68,000	(?)
英属中非保护地	1889	42,217	688,049
拉各斯	至 1899	21,000	3,000,000
冈比亚	至 1888	3,550	215,000

① 特许公司是殖民国家开发殖民地的工具，从 17 世纪开始，由各殖民国家特许设立，在殖民地不仅有商业上的独占权，而且有政治上的统治权。比较著名的特许公司有英国东印度公司、英帝国东非公司等，它们在殖民地占有大量土地。——译者

② 土邦原是印度封建王朝内部分裂割据的产物，英国占领印度之后，推行分而治之的殖民统治政策，保留了由土著王公统治的土邦制度，使其互相之间彼此掣肘，以达到永久统治印度的目的。印度约有 600 个土邦，其中占印度总人口四分之三的 40 个土邦，都曾与东印度公司订有条约，其他土邦也都订有相关约定。1858 年，东印度公司将其在印度的管辖地移交给英国皇室。土邦名义上由土著王公统治，但实际统治权掌握在英国派驻的监督官和其他官吏手中。——译者

续表

	获得年份	面积(平方英里)	人口
阿什蒂	1896—1901	70,000	2,000,000
尼日尔海岸保护地	1885—1898	400,000—500,000	25,000,000—40,000,000
埃及	1882	400,000	9,734,405
埃及苏丹	1882	950,000	10,000,000
西格里夸兰	1871—1880	15,197	83,373
祖鲁兰	1879—1897	10,521	240,000
英属贝专纳	1885	51,424	72,736
贝专纳保护地	1891	213,000	200,000
特兰斯凯	1879—1885	2,535	153,582
滕布兰	1885	4,155	180,130
蓬多兰	1894	4,040	188,000
东格里夸兰	1879—1885	7,511	152,609
英属南非特许地	1889	750,000	321,000
德兰士瓦	1900	119,139	870,000
奥兰治河殖民地	1900	48,826	207,503
亚洲——			
香港(沿岸)	1898	376	100,000
威海卫	——	270	118,000
索科特拉岛	1886	1,382	10,000
上缅甸	1887	83,473	2,046,933
俾路支	1876—1889	130,000	500,000
锡金	1890	2,818	30,000
拉吉普塔纳(州)	1881 以后	128,022	12,186,352
缅甸(州)	1881 以后	62,661	785,800
查谟和克什米尔	1881 以后	80,000	2,543,952
马来保护国	1883—1895	24,849	620,000
北婆罗洲公司	1881	31,106	175,000
北婆罗洲保护地	1888	——	——
沙捞越	1888	50,000	500,000
英属新几内亚	1888	90,540	350,000
斐济群岛	1874	7,740	122,676

上表的统计数据并不完整。我们印度政府控制下的包括几处土邦在内的广大地区并没有被统计进去，不过，这些土邦也缺乏可用的面积统计和人口统计，甚至连大概的数字都没有。比如掸邦、缅甸边疆，以及于1893年列入英国“势力范围”并此后作为更接近的保护地的上缅甸边疆、吉德拉尔、巴雅摩、斯瓦特和瓦齐里斯坦等地区。在1871年到1891年间，英属印度的面积已经增至104,993平方英里，人口达到2,533万，但是在此期间和以后新建立的土邦，却并没有可靠的统计数据可资利用。这里所提供的数据只是个并不准确的估计值，但那些可资利用的数据都来源于英国殖民部的官方出版物，并根据《政治家年鉴》中的相关数据加以对证和补充。这些数据并不能说明这30年来我们殖民扩张的全貌，因为有几处殖民地自身的扩张并没有统计在内。但是，这些数据却足以说明，一个只有12万平方英里本土面积和4,000万人口的国家是如何成长为一个领土广袤的帝国的。

在30年的时间里，如此小的一个国家就增加了4,754,000平方英里[1]国土面积和大约8,800万的人口，这不能不说是一件有重大历史意义的事件。

据罗伯特·吉芬爵士估计[2]，大英帝国（包括埃及和苏丹）拥有1,300万平方英里领土以及4亿—4.2亿人口（其中5,000万

① 根据罗伯特·吉芬爵士计算，英国在1870—1898年间领土面积增长了4,204,690平方英里。

② 参见吉芬爵士1898年1月在殖民地协会宣读的一篇论文，《帝国各组成部分的相对增长》。

属于英国人种和语系）。我们发现，帝国面积的三分之一和人口的四分之一都是在 19 世纪的最后 30 年中获得的。这同其他的独立估计值是相当一致的[①]。

这种帝国扩张的特征，在新增领土统计表中表现得很清楚。虽然为了方便起见，把 1870 年作为自觉的帝国主义政策的起始之年，但是显然这一运动直到 19 世纪 80 年代中期才开始突飞猛进。领土面积的大量增加和对非洲的大肆瓜分，是从 1884 年开始的。

① 1900 年英国的殖民地和附属国：

	面积（平方英里）	估计人口
欧洲附属国	119	204,421
亚洲附属国——		
印度（1,800,258 平方英里，居民 287,223,431 人） 其他（27,321 平方英里，居民 4,363,257 人）	1,827,579	291,586,688
非洲殖民地	535,398	6,773,360
美洲殖民地	3,952,572	7,260,169
澳洲殖民地	3,175,840	5,009,281
合计	9,491,508	310,833,919
保护地		
亚洲	120,400	1,200,000
非洲（包括埃及、埃及苏丹）	3,530,000	54,730,000
大洋洲	800	30,000
保护地合计	3,651,200	55,960,000
总计	13,142,708	366,793,919

数据来源：摘自莫里斯《殖民史》第 2 卷，第 87 页，及 1900 年的《政治家年鉴》。

在15年间，大英帝国的领土面积增加了300万—325万平方英里[①]。

在殖民扩张的行列里并非只有英国。在这一时期，帝国之间的竞争成为近代帝国主义的首要特征。德法战争结束之后，两国开始推行新的殖民政策，此后10年间这种政策肯定会显示出效果来。由于一直处于强敌和可疑盟友的包围之中，刚刚完成统一的

① "Liberalism and the Empire," p. 341.

	1884—1900	面积（平方英里）	人口
英属新几内亚	1884	90,540	350,000
尼日利亚	1884	(?)450,000	(?)30,000,000
蓬多兰	1884	4,040	188,000
索马里兰	1884	68,000	(?)
贝专纳	1884—1885	264,000	272,000
上缅甸	1886	83,470	2,947,000
英属东非	1886	860,000	2,500,000
祖鲁兰（包括多哥兰）	1887	15,000	240,000
沙捞越和文莱	1888	65,000	545,000
彭亨（海峡殖民地）	1888	10,000	57,000
罗德西亚	1889	470,000	718,000
桑给巴尔	1890	1,020	200,000
英属中非	1891	42,217	900,000
乌干达	1894	150,000	4,000,000
阿善堤	1896	21,000	(?)3,000,000
威海卫	1898	270	118,000
九龙	1898	400	100,000
苏丹	1898	950,000	(?)10,000,000
德兰士瓦和奥兰治河殖民地	1900	167,000	1,301,000
总计		3,711,957	57,436,000

注：截至1884年1月，英帝国总面积为8,059,179平方英里，总人口为248,000,000。

德意志帝国极容易从与美国和其他国家的对照中激发自身的冒险精神，并因此形成殖民帝国的理念。在19世纪70年代，一部有力的著作[①]开始鼓吹殖民政策，该政策随后经由俾斯麦的铁腕推行开来。1880年，“德国南洋商务殖民协会”得到德国官方的支持，这是德国官方协助促进海外贸易的最早案例。同年，德国涉足萨摩亚群岛。1884年，德国开始推行在非洲设置保护地和吞并大洋洲诸岛的政策，这是其明确向帝国主义迈进的标志。在以后的15年中，德国的海外殖民地扩展到约100万平方英里，统治人口约1,400万。它的殖民地大部分都位于热带，而白人总共不过数千人。

在80年代早期，法国国内同样掀起了一股旧殖民精神复兴的思潮，其代表人物是杰出的经济学家保罗·利莱－博利厄。法国于1880年开始在塞内加尔和撒哈拉地区进行扩张，翌年吞并突尼斯，并于1884年参加到对非洲的瓜分浪潮中，同时加紧了对亚洲东京[②]和老挝的侵略。自1880年以来，法国夺得了350万平方英里的领土和3,700万人口，这些地区几乎全部都在热带和亚热带，居住着“劣等种族”，不适宜法国进行殖民。

1880年意大利远征埃塞俄比亚的惨败一度挫伤了其帝国主义的野心，它在东非的属地只限于厄立特里亚和索马里兰保护地。

① 法布里的《德国需要殖民地吗？》（*Bedarf Deutschland der Colonien*）是其中最有影响力的一部专著。

② 法帝国主义在越南实行分治政策，将越南分裂为东京、安南和交趾支那三个部分。——译者

另外有葡萄牙[①]和比利时两个欧洲国家直接参与了新帝国主义的竞争。根据1884—1886年的非洲协定，葡萄牙获得了刚果海岸安哥拉的广大地区，并于1891年实际控制了东非的广大地区。成立于1883年的不伦不类的刚果自由邦以及此后大量附属地的增加，是比利时侵吞非洲的战果。

西班牙被排除在争夺世界的斗争的舞台以外。荷兰对其在东印度群岛和西印度群岛的广大属地的统治，在一定程度上带有帝国主义的味道，但却属于旧殖民主义：它并未参加新帝国的扩张。

俄国是北方唯一热衷于扩张的国家，与其他帝国主义国家不同，它以亚洲为主要目标，并直接拓展帝国的疆界。俄国殖民扩张的目的，并不限于在海外获取工业和农业等常规利益。这就很明显，虽然俄国的扩张比之新帝国主义较为正常和自然，但是同后者在亚洲的殖民利益必然互相抵触，而且这种扩张在我们所要研究的这一时期内得到迅速发展。

通过吞并夏威夷和接管古老的西班牙帝国的遗产，强大而进取的美国加入到帝国主义列强行列，成为贸易和领土争夺领域中的强大竞争者，这使得问题复杂化了。由于政治注意力和活动的焦点愈来愈转向太平洋国家，美国的商业野心也愈来愈促使它追求太平洋诸岛和亚洲海岸的贸易，那种曾经推动欧洲国家扩张领土的力量同样也在驱使着美国，使它实际上放弃了一直支配着它的孤立主义政策。

---

①　不过，葡萄牙在非洲真正推行帝国主义的历史，要追溯到两个世纪以前。参见提耳在其《南非历史的起源》(*Beginnings of South African History*)一书中关于葡萄牙帝国建立的动人记述。

莫里斯辑自1900年《政治家年鉴》[①]的殖民地比较表，反映了西方国家政治支配的扩张现状。

	殖民地数	面积		人口	
		本国	殖民地，其他	本国	殖民地，其他
联合王国	50	120,979	11,605,238	40,559,954	345,222,239
法国	33	204,092	3,740,756	38,517,975	56,401,860
德国	13	208,830	1,027,120	52,279,901	14,687,000
尼德兰	3	12,648	782,862	5,074,632	35,115,711
葡萄牙	9	36,038	301,100	5,049,729	9,148,707
西班牙	3	197,670	243,877	17,565,632	136,000
意大利	2	110,646	188,500	31,856,675	850,000
奥匈帝国	2	241,032	23,570	41,244,811	1,568,092
丹麦	3	15,289	86,634	2,185,335	114,229
俄国	3	8,660,395	255,550	128,932,173	15,684,000
土耳其	4	1,111,741	465,000	23,834,500	14,956,236
美国	6	3,557,000	172,091	77,000,000	10,544,617

从英国皇室对新吞并领地的统治方式来看，可以断然判明英国帝国主义的政治性质。

官方[②]把英国的“殖民地领土”分为三类——“(1)直辖殖民地，国王掌握全部立法权，并由本国政府管理下的官吏担任行政工作；(2)有代议机关而无责任政府，国王仅有立法上的否决权，但本国政府保留着公共事务管理权的殖民地；(3)既有代议机关也有责任政府，国王仅有立法上的否决权，本国政府除总督外对任何官吏

① 参见莫里斯《殖民史》第2卷，第318页，麦克米伦出版社。

② 参见“殖民部一览表”(Colonial Office List)。

无管理权的殖民地”。

1870年后被英国并作殖民地或保护地的39个地区中，没有一个被归到第二类或第三类。英国的海外殖民地也没有一个被真正赋予代议权和管理权。除了有少数白人居住的三个南非新国家之外，英国并不打算在这些殖民地上建立对议会负责的自治权；即便是在这三个南非国家中，无论本国政府还是殖民者，也都并不认真主张居民大众应当管理政府。

在这些地区中，有些保护地或封土在其土著王公的统治下，会享有一定程度的自治权。但在一些重大政治决策问题上，它们都完全服从于英国政府或英国官吏的绝对统治，总的趋势是收紧对保护地的专制统治，把它们在实质上变成直辖殖民地。除了在印度的两次试验外，各地的趋势都是日益收紧对已吞并的领土进行帝国主义统治，把保护地、公司管辖地和势力范围变成明确的英国直辖殖民地。

这倒并非是帝国政府的贪欲所致，而是考虑到我们所要统治的殖民地的气候和人口条件。几乎所有新开辟的领土都处于热带或靠近热带，这些地方并不适合英国居民的移居。而像南非和埃及等少有的几处适合欧洲人劳动和繁殖的地区，又被大量的“低等种族”所占据，在这种情况下，给予当地人像大洋洲和加拿大那样的完全自治权是十分危险的。

其他大陆国家的帝国主义更是存在同样情况。在自1870年以来相继沦陷为西方列强的广大殖民地之中，新帝国主义没有在一处推广本国的政治自由和公民自由。从政治上讲，新帝国主义其实是专制政治的扩张。

如上所述，从英国和其他大陆强国的帝国主义扩张中，我们发现帝国主义和殖民之间的区别，而这种区别已经为事实和数据所证实，并证实了如下几点论断：

首先，帝国的扩张主要是在并不适宜白人居住的热带或亚热带地区攫取政治统治权。

其次，几乎所有土地都是“低等种族”人口稠密的地方。

因此，近来帝国主义的扩张与在人口稀少的温带地区殖民是完全不同的，在那些地区，白人殖民者带来了本国的统治方式、工业和其他文明的技术。对这些新地区的“占领”，实际上一小撮白人，其中有官吏、商人和工业家，对当地广大土著的政治经济进行统治，而后者被认为是“低劣种族”而且不论在政治还是工业上都不配享有自治权。

附录

1884 年以来欧洲主要列强的扩张

	获得时间	面积(平方英里)	人口
		法国	
亚洲——			
东京(越南)和老挝	1884—1893	210,370	13,500,000
非洲——			
突尼斯	1881	50,840	1,500,000
撒哈拉地区	……	1,684,000	2,500,000
塞内加尔(扩张)	1880	200,000	3,500,000
军事占领区	1893	700,000	4,000,000
达荷美	1893	60,000	1,000,000
刚果	1884	450,000	8,000,000
科摩罗群岛	1886	620	53,000
马达加斯加	1896	227,750	2,500,000
大洋洲——			
新喀里多尼亚和附属国的扩张	……	……	……
总计		3,583,580	36,553,000
		德国	
非洲——			
多哥兰	1884	33,000	2,500,000
喀麦隆	1884	191,130	35,000,00
德属西南非	1884—1890	322,450	200,000
德属东非	1885—1890	384,180	8,000,000
亚洲——			
胶州湾(包括在山东的势力范围)	1897	200	60,000
德皇领地	1885—1886	70,000	110,000
俾斯麦群岛	1885	20,000	188,000
所罗门群岛	1886	4,200	45,000

续表

	获得时间	面积(平方英里)	人口
马绍尔群岛	1886	150	13,000
加罗林群岛	1899		
帛琉群岛	1899	560	40,000
玛丽安娜岛	1899	250	2,000
萨摩亚群岛,萨瓦伊岛和乌波卢岛	……	100	29,100
总计		1,026,220	16,687,100
俄国			
亚洲——			
布哈拉(附属国)	1873	92,000	2,500,000
希瓦(附属国)	1872	22,320	800,000
东北三省(军事占领)	1900	……	……
比利时			
刚果自由邦	1883—1894	900,000	30,000,000
葡萄牙			
非洲——			
佛得角群岛	1896	1,480	114,130
几内亚	1886	4,440	820,000
安哥拉	1886	484,800	4,119,000
东非	1891	301,000	3,120,000
亚洲——			
果阿邦、达曼、突尼斯①等	1887	9,036	860,000
澳门	1886	4	78,627
总计		800,760	9,111,757

① 原文如此,“突尼斯”应属非洲。——译者

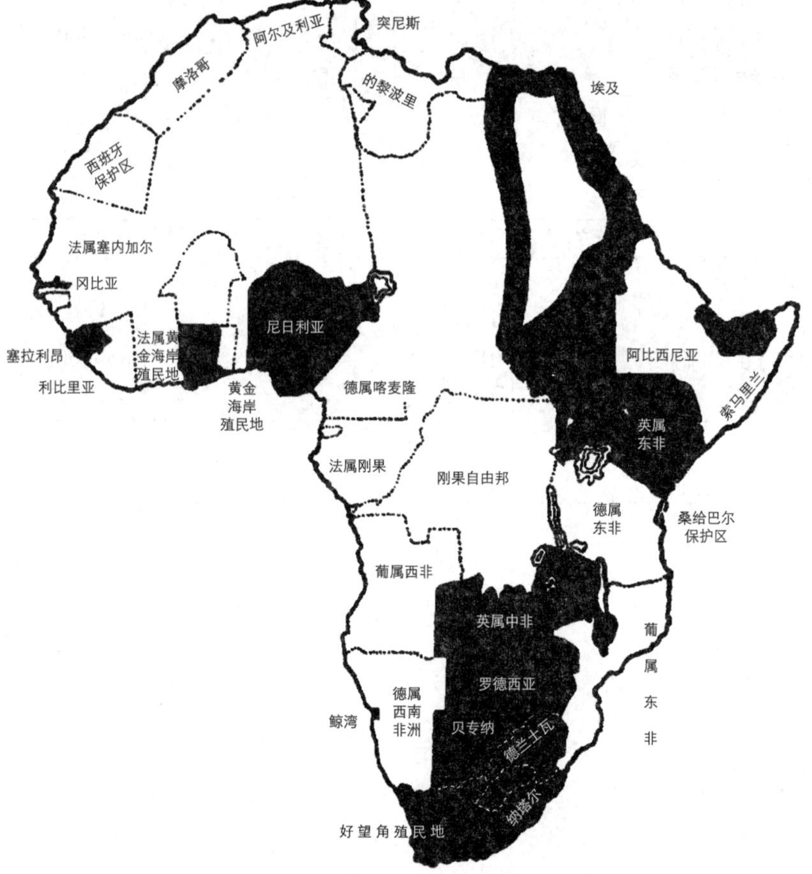

1902 年英国在非洲的殖民地分布

1873 年英国在非洲的殖民地分布

第二章　帝国主义的商业价值

为了占领殖民地和海外市场，英国动用了如此之多的人力、物力，并付出了许多精力，难道英国主要是靠海外贸易才得以存活吗？情况并非如此。英国通过海外贸易和殖民地贸易确实获得了大量财富，同时也增进了我们的国民福利，但是这在英国的工业生产中只占很小一部分。

尽管本国的工业体量难以直接估算，但是国家总收入，包括利润、工资、租金和来自各个方面的收入，总计为每年约 17 亿英镑。当然，这包括所有支出，不仅包括物质财富生产和分配领域的土地、资本和劳动力等生产性服务，也包括非生产性的专业服务和人工服务。以商品和服务为表现形式的实际收入，在年内被消费或保存。

英国在 1898 年（这一年的数据是最为正常的新数据，此后几年的数据受到战争因素影响很大）的进出口贸易总额为 7.65 亿英镑。如果我们将其中 5% 的利润也考虑在内，那直接来源于海外贸易的年度收入只是略多于 3,800 万英镑，大约是总收入的四十五分之一。

如果要估算直接产生自海外贸易的总收入，那还需要把由英国贸易企业支付的雇员工资、办公室租金等成本计算进去。

那时，在英国的总收入中，直接来源于海外贸易的收入只占很小的比例。

有人会说，你当然不可以将海外贸易所得仅限于贸易过程中的收入。本土产品出口总额在 1898 年达到 2.33 亿英镑，这些都应该被算作来源于或依赖于海外贸易的收入，因为对于生产这些商品的英国人而言，它最终以利润、工资、租金等形式进行了支付：要是没有出口贸易，这些收入也就不存在了。但是，这种似是而非的说法只是一种肤浅的经济分析。能够拥有广阔的海外市场当然是一件绝好的事，但是我们不能因此认为，如果这些出口商品不存在的话，用于制造商品的资本和劳动力也将不存在。外国人愿意在制造业领域与我们竞争其本国消费市场，对我国的制造业来说是一个优势，我国许多特定的产业因为国外市场的扩大而获得了长足发展。大量资本和劳动力能够被投入到特定领域，也取决于这些国外市场。但是，我们不能因此得出结论说，如果海外贸易没有增长，这些资本和劳动力就不会被投入生产，尽管其中一部分已经以不同形式投入生产。那种把国内需求当做一个定额，而任何多余的产品必须寻找国外市场否则就卖不出去的假设，是完全没有根据的。与之相反，如果以国内日益增长的消费需求为导向配置生产力，那投入到商品生产中的资本和劳动力就没有必然的限度。无论国内生产再多商品都能够被国内市场消费，因为消费能力会伴随着生产力获得同步增长。尽管某些贸易领域对海外市场有着紧迫的需求，但这并不表示，海外市场是经济发展的必要条件。除了自然资源和工业技术的限制之外，英国财富的生产、交换

和消费并没有受到其他任何自然限制[①]。对外贸易固然对我国有很大好处，但我仍坚持认为，那些我们通过高价出口商品获得的收入，在国内市场上同样可以获得。

不管我们有多少需要开拓海外市场的理由，海外贸易都不是我国制定商贸政策的决定性因素。

年份	贸易总额（单位百万）	人均贸易额			年份	贸易总额（单位百万）	人均贸易额		
		英镑	先令	便士			英镑	先令	便士
1870	547				1885	642			
1871	615				1886	619			
1872	669				1887	643			
1873	682				1888	686			
1874	668				1889	743			
平均	636	19	19	3	平均	666	18	4	5
1875	655				1890	749			
1876	632				1891	744			
1877	647				1892	715			
1878	616				1893	682			
1879	612				1894	682			
平均	632	18	16	6	平均	715	18	14	10
1880	697				1895	703			
1881	694				1896	738			
1882	720				1897	745			
1883	732				1898	764			
1884	686				1899	805			
平均	706	20	1	3	平均	753	18	15	6

① 关于这种非自然需求之于外贸的重大意义，见本篇第六章的相关分析。

另外需要引起注意的是，19 世纪的前 70 年中，在英国还没有明确实行强有力的帝国主义政策的时候，其海外贸易的增长要比国内贸易快得多，而在英国为了争夺海外市场而采取帝国主义政策的近 30 年中，其海外贸易比之国内贸易却没有增长。在 1870 年到 1898 年间，国家总收入从 12 亿英镑增至 17 亿英镑。下表给出了同一时期英国进出口总额的年度数据、五年平均值和人均贸易额：

考虑到 1870 年以后物价一般是下降的，虽然海外贸易在数量上确有巨额的增加，但这期间海外贸易无论在数量上还是价值上，都不能和国内贸易的数量和价值等量齐观，这是非常明显的。在这期间，人均收入增长了 20%，但人均外贸额却缩水了。

接下来，让我们来探究一下，帝国在为其扩张付出了巨大精力和财力之后，随之增长的到底是国内贸易还是海外贸易？换句话说，扩张政策能够带给帝国更大的经济自足吗？贸易是跟着国旗走的吗？

下表数据，显示了我们同殖民地和属地的贸易额占海外贸易总额的百分比。

贸易总额的百分比(%)①

年度平均	英国输入		英国输出	
	外国	英国属地	外国	英国属地
1855—1859	76.5	23.5	68.5	31.5
1860—1864	71.2	28.8	66.6	33.4
1865—1869	76.0	24.0	72.4	27.6
1870—1874	78.0	22.0	74.4	25.6

① 和下列各表不同的是，该表中的数据只包括英国和爱尔兰的产品出口，并不包括“外国和殖民地产品”的出口。

续表

年度平均	英国输入		英国输出	
	外国	英国属地	外国	英国属地
1875—1879	77.9	22.1	67.0	33.0
1880—1884	76.5	23.5	65.5	34.5
1885—1889	77.1	22.9	65.0	35.0
1890—1894	77.1	22.9	66.5	33.5
1895—1898	78.6	21.4	66.0	34.0

以长时间段为基础进行的比较，揭示了这样一个真相，即帝国主义政策对于海外贸易并没有显著影响。在英国的进出口贸易额中，对外国的贸易额和对属地的贸易额分别所占的比重，在1855—1859年和1895—1898年这两个时期几乎是一样的，即使在半个世纪中它的变动也不大。仅有的一个例外是，对属地的出口额占比在1865—1874年间发生了显著的下滑；而1875—1879年间的比重则又回升到原先的水平，此后就再也没有明显的变化。虽然自1870年以来英国的属地大量增加，"外国"的面积也相应减少，但这种帝国的扩张并未使以19世纪中期英国进出口贸易来表示的帝国内部贸易比例有所增加。

一项关于19世纪最后10年的贸易数据的深入研究，着重指出了最近的这种趋势。

对外国和英国属地的贸易

（单位 百万英镑）

进口

年份	英国输入		从英国属地输入额所占百分比(%)
	外国	英国属地	
1891	336	99	23
1892	326	98	23

续表

年份	英国输入		从英国属地输入额所占百分比(%)
	外国	英国属地	
1893	313	92	23
1894	314	94	23
1895	321	96	23
1896	349	93	21
1897	357	94	21
1898	371	100	22
1899	378	107	22
1900	414	109	21

出口

年份	英国输入		从英国属地输出额所占百分比(%)
	外国	英国属地	
1891	216	93	30
1892	211	81	28
1893	198	79	29
1894	195	79	29
1895	210	76	26
1896	206	90	30
1897	207	87	30
1898	204	90	30
1899	235	94	29
1900	252	102	29

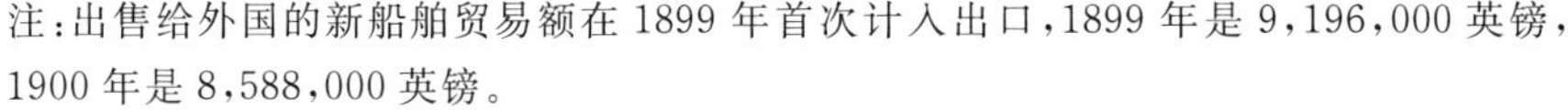
注:出售给外国的新船舶贸易额在 1899 年首次计入出口,1899 年是 9,196,000 英镑,1900 年是 8,588,000 英镑。

阿莱恩·爱尔兰教授对我国殖民地贸易所做的精细的统计研究,给予了“贸易跟着国旗走”的理念更沉重的打击。他对同一时期的研究,证实如下两件事实:

“英国所有殖民地和属地的输入贸易总额增长的速度，大大超过联合王国输入增长的速度。”“英国所有殖民地和属地的输出总额，比向联合王国的输出增加得更快。”[①]

下表[②]以殖民地从英国的输出和向英国的输入在英国殖民地和属地的进出口总值中所占的比例，来证明 1872—1875 年以来殖民地在商业上之于英国的重要性在逐渐下降。

每四年平均	从英国输入殖民地等的百分比(%)	从殖民地等输入英国的百分比(%)
1856—1859	46.5	57.1
1860—1863	41.0	65.4
1864—1867	38.9	57.6
1868—1871	39.8	53.5
1872—1875	43.6	54.0
1876—1879	41.7	50.3
1880—1883	42.8	48.1
1884—1887	38.5	43.0
1888—1891	36.3	39.7
1892—1895	32.4	36.6
1896—1899	32.5	34.9

换句话说，英国对帝国的贸易依赖是稳定的，而帝国对英国的贸易依赖程度则在急剧下降。

19 世纪末的最后六年是帝国扩张活动最为活跃的一段时期，对这一时期的进一步考察也更加证实了上述结论。

① 《热带的殖民》(*Tropical Civilisation*)，第 125 页。

② 以爱尔兰教授提供的表(《热带的殖民》第 98—101 页)为基础，并参照《殖民地领土统计摘要》(敕书第 307 号)修订了最新的数据。

年份	英国的进出口贸易总额（以百万英镑为单位）	英国与属地之间的进出口贸易总额（以百万英镑为单位）
1884	686	184
1885	642	170
1886	619	164
1887	643	166
1888	686	179
1889	743	188
1890	749	191
1891	744	193
1892	715	179
1893	682	170
1894	682	172
1895	703	172
1896	738	184
1897	745	183
1898	765	190

英国同外国的贸易以及同主要殖民地集团的贸易的真实情况，可以从截止到1901年12月的统计表[①]中分别看出：

	输入		输出	
	价值	百分比(%)	价值	百分比(%)
	英镑		英镑	
外国	417,615,000	80	178,450,000	63.5
英属印度	38,001,000	7	39,753,000	14
大洋洲	34,682,000	7	26,932,000	9.5
加拿大	19,775,000	4	7,797,000	3
英属南非	5,155,000	1	17,006,000	6
其他英国属地	7,082,000	1	10,561,000	4
合计	522,310,000	100	280,499,000	100

① *Cobden Club Leaflet*, 123, by Harold Cox.

从上表中可以清楚看出，帝国的扩张并没有带来我们同殖民地和附属国之间贸易的增加，出现大幅价值增加的是我们同外国之间的贸易。如果篇幅允许，我将会指出，同我们之间出现大幅贸易价值增加的国家，是因我们的扩张政策而对我们产生政治敌意的工业国家——法国、德国、俄国和美国。

我们从美国的进口贸易额，要超过我们从其他所有殖民地进口的贸易总额。在最后一个正常年份1898年，英国对外贸易总额是520,877,107英镑，而与属地的贸易额是182,660,716英镑。1898年，英国从美国进口额是126,062,155英镑，而从属地进口额是99,433,995英镑。与该年总进口额470,544,702英镑比较起来，从属地进口额大约只占五分之一。

关于新帝国主义还有一个重要问题。我们已经注意到了纯粹殖民主义和帝国主义之间的区别。这种区别显著地体现在我们同海外属地之间的贸易数据中。

下表显示了19世纪最后30年我们同印度、自治殖民地和其他殖民地之间的贸易活动。

	从英国输入的百分比(%)		向英国输出的百分比(%)	
	1867—1871	1892—1896	1867—1871	1892—1896
印度	69.2	71.9	52.6	33.2
自治殖民地	57.5	59.2	55.4	70.3
其他殖民地	34.3	26.4	46.4	29.3

数据来源：摘自弗勒克斯教授：《旗帜与贸易》，《统计学会杂志》，1899年9月号，第112卷，第496—498页。

关于比较的主要结果，弗勒克斯教授总结道，“英国殖民地贸易增长的主要原因，是由于英国与自治殖民地之间的贸易增长。

这些殖民地的对外贸易增长了将近一倍，她们同宗主国贸易的比例从56.5%增长到65%”。

自治殖民地和其他殖民地的区别，主要是热带殖民地和非热带殖民地之间的区别。虽然后一种更能说明帝国主义的经济特征，但是却并不十分精确。

作为一种特定的政治统治方式，帝国主义似乎仅限于没有自治政府和完全屈从于英国的殖民地和属地。但是，如果从经济状况上看，那些大多数土著居民没有分享到任何实质利益的自治殖民地，也属于帝国主义统治的范围。这就将没有人民自治政府的开普殖民地和纳塔尔也包括进帝国主义的范围之内。

联合王国向英国殖民地和属地的出口额

（开普殖民地和纳塔尔属于热带殖民地）

	1884	1885	1886	1887
热带殖民地	46,006,946	43,420,915	43,565,649	45,649,905
其他殖民地	34,869,842	34,574,005	32,105,752	29,720,351
	1888	1889	1890	1891
热带殖民地	49,004,638	49,956,824	54,542,324	50,853,312
其他殖民地	35,196,875	33,322,166	32,828,059	35,102,776
	1892	1893	1894	1895
热带殖民地	45,943,912	47,736,754	48,242,074	45,236,549
其他殖民地	28,804,605	24,413,409	24,546,471	24,960,745
	1896	1897	1898	……
热带殖民地	54,539,233	51,437,539	53,579,233	……
其他殖民地	29,597,704	29,237,524	29,847,538	

注：在该表中，“其他殖民地”包括澳大利亚、加拿大、纽芬兰、海峡群岛、直布罗陀和马耳他。

英国向其所有殖民地和属地的出口额，从1884年的80,876,788英镑略增至1898年的83,426,771英镑，与此同时，母国向非热带属地的出口额却显著减少，其缩减幅度远大于母国同热带属地贸易额的增长幅度。进一步的研究发现，造成这种现象的原因在于对开普殖民地和纳塔尔的不同划分，作为关键的殖民地，它们起着平衡热带殖民地和非热带殖民地、自治区域和帝国统治区域之间贸易额的作用。

在这一时期，英国向南非殖民地的出口额从4,102,281英镑增长至12,199,810英镑。如果将这些情况反常的殖民地排除，殖民地出口的些许增长立即会变为明显的负增长。如果再考虑处于亚热带地区但却充斥着黑人苦力的纳塔尔以及靠开普殖民地养活的广大热带腹地，我们可以将这些殖民地列入热带殖民地的范围，那整个热带殖民地的出口额要比非热带殖民地大得多。

如果严格界定"自治政府"，把开普殖民地和纳塔尔也包括在内(虽然后者于1893年才获得完全自治)，那自治殖民地的出口贸易额无疑比帝国主义直接统治下的殖民地要多。但是，考虑到南非殖民地的大多数人口被实际排斥在政治权力之外，我们拒绝将其与加拿大和澳大利亚列为一类，经济层面关于自治的争论消失了。

事实和数据所显示的真正区别在于热带殖民地和非热带殖民地之间；它们的政治关系取决于新帝国主义必然会卷入对热带国家的吞并和统治。通过对整个帝国的研究，我们认为，除了与印度的贸易外，我们与热带殖民地之间的贸易是最小、最没有价值、最不稳定的，特别是那些我们在1870年以后才加以殖民统治的地区。1884年以后我们输入贸易仅有的一次巨额增长，来自于澳大利亚、北美和开普殖民地等一些纯粹殖民地；我们与印度的贸易已经停滞；我们与非洲和西印度的热带殖民地之间的贸易，在大多数情况下都是不规则和衰退的。除了澳大利亚和加拿大日益坚决地要摆脱对英国制造品的依赖外，我们对外贸易的一般特征也是如此；与热带殖民地的贸易虽稍有增加，但却极为微小，而且波动很大。

除了仅有的一个例外，新帝国主义时代所获得的领土，都没有当作有价值的商业资产来看待[①]。只有埃及和英国的贸易额是巨大的；在其他属地中，仅有拉各斯、尼日尔海岸保护地和北婆罗门

① 下列数据来自官方，关于1900年和1898年我们与新获得的热带或亚热带属地的进出口贸易。

	进口	出口（包括英国的、殖民地的和外国的货物）
	英镑	英镑
塞浦路斯	110,286(137,934)	59,055(77,883)
桑给巴尔和奔巴岛	195,480(154,437)	78,876(122,072)
其他东非占领区（索马里兰、乌干达、东非保护国）	3,874(2,068)	145,229(149,646)
尼日尔海岸保护地	987,717(377,545)	808,567(706,206)
埃及	12,585,578(8,855,689)	6,159,468(4,626,881)
拉各斯	367631(1,133,646)	595,928(578,196)
冈比亚	22,372(54,229)	91,124(91,376)
英属中非保护国(1899)	159,435	79,349
大英北婆罗洲公司	3,885(1,601)	12,119(15,859)
马来保护国(1899)	11,200,000	6,800,000
英属新几内亚	250(190)	1626(1049)
斐济群岛	17,720(135)	32,571(18,135)
背风群岛(1899)	60,210	148,020
向风群岛(1899)	230,290	280,540

洲三处殖民地与英国的贸易额超过100万英镑。根据官方的统计，除了埃及外英国对殖民地贸易的体量实际上并没有超过1,000万英镑；尽管实际数字无疑要大于这个数据，但是它确实对于我们国家商业资源的增加贡献极小。据殖民部分析，除了数量外，同热带殖民地贸易的质量也是最低级的，大部分都是兰开夏最低廉的纺织品，伯明翰和谢菲尔德最低廉的铁器，以及大量的火药、烈酒和烟草。

关于新帝国主义的经济，上述例证可以让我们得出以下结论。第一，与国内工业和贸易比起来，英国对外贸易只占很小而且渐减的比例。第二，在对外贸易中，与英国同外国的贸易比起来，它同属地贸易的比例也是很小而且递减的。第三，在同英国属地的贸

下列关于税收和支出官方数据，扼要表明了我们最近在非洲所获属地的公共价值。

乌干达		
	税收	支出
1894—1895	7,577镑	63,937镑
1896—1897	39,191镑	147,641镑
1901—1902	52,050镑	224,731镑

英属东非		
	税收	支出
1891—1892	16,919镑	12,951镑
1901—1902	83,619镑	180,118镑

英属中非		
	税收	支出
1901—1902	527,85镑	104,612镑

注：这些数据来源于审计员、审计官和审计长提交给议会的年度决算报告，以及1901—1902年的保护国预算，至于完整的账目则并未搜集到。

易中，同热带殖民地的贸易，特别是同新占领的热带殖民地的贸易，其数量最小、进展最慢，而且波动最大，同时其产品质量也是最低级的。

附录

1870—1879 年和 1890—1899 年两个时期 18 种主要出口商品(占 1870—1879 年间出口商品的 59.4%)比较。+表示增长，-表示减少。

	价值	数量	价格
	百分比(%)	百分比(%)	百分比(%)
啤酒和麦芽酒	-20	-7.5	-13
煤	+100	+140	-18
棉纱	-32	+9	-36
棉织品	-9	+36	-33
棉织品(印染品)	+1	+59	-70
棉线	+90	+130	-11
鲜鲱鱼	+57	+98	-14
黄麻制品	+58	+145	-53
亚麻制品	-42	-17	-30
亚麻纱	-43	-38	-13
搅炼铁	-29	-29	-27
条形铁、角铁、螺栓铁、圆铁	-56	-39	-29
铁轨	-51	-8	-48
镀锡板	+36	+150	-48
钢铁总计	-8	+120	……
铜	+55	+130	-38
烈酒	+480	+183	+94
精梳羊毛纱线	-5.5	+56	-37
精梳羊毛纱	-29	-36	+14

人均出口额

	£	s.	d.		£	s.	d.
1870—1874	7	7	5	1870—1879 平均值	6	9	0
1875—1879	6	0	7				

续表

	£	s.	d.		£	s.	d.
1880—1884	6	12	11	1880—1889 平均值	6	8	3
1885—1889	6	3	7				
1890—1894	6	3	2	1890—1899 平均值	6	1	8
1895—1899	6	0	3				

数据来源:伯纳德·埃里森:《三十年来的出口贸易》,《经济评论》,1902 年 1 月。

第三章　帝国主义作为人口的出路

有一种广泛流行的观点认为，帝国的扩张之所以是值得的，甚至是必要的，是因为它可以吸收和利用我国日益增长的过剩人口。这种观点认为，“人类的自我再生产能力是无法遏制的：主导历史的首要力量是，人类对更丰足和更简便生存方式的追求所导致的人口膨胀趋势。英国是世界上人口最为稠密的地区之一；日益增长的人口无法在岛内找到足够多有报酬的职业；对于白领阶层和工人阶级来说，要过上一种体面和安定的生活变得越来越困难，所有劳动力市场都是过剩的，移民在经济层面上有重大的必要性。目前，迫于生活压力而移居海外的人，大都是我国体格最健壮和精力最旺盛的人。这些人的永久离开是一个重大损失，其中很多人服务于帝国的扩张政策：他们或是移居到荒无人烟地带，或是移居到低等民族聚居的地区，并在那里建立起英国的统治霸权。过剩的移民人口能够移居到英国国旗飘扬的土地上，是我们最迫切的国家利益，因此我们必须维持帝国扩张的政策，以便保护他们为追求就业而在海外建立的新家乡”。这种动机显然与贸易和投资方面的经济动机密切相关。英国贸易，特别是英国资本的海外扩张，自然会吸引一定数量的英国人口；需要商人、工程师、监工和机械师来充当企业家和管理者。所以，贸易和投资开拓到哪里，哪里就会形成侨民人口的核心。而这必然会随之出现许多政治问题，其中一个就是侨民问题：英国侨民不满外国的统治，要求他们的本国政府进行干涉。保护国外英国臣民就相当于保护英国的财产，不仅要保护侨民的私人财产，这往往是小事，还要保护关系更为重大的国内投资者的利益。但是除了某些特定的情况外，在英国臣民数量聚居的野蛮国家或半开化国家，如果英国没有可供行使的直接主权，所谓的保护就难以奏效。于是，英国一有扩张的可乘之机，就必须把帝国的保护推广到所有这类地区。

这是公认的理论和实践。像这类鼓吹帝国扩张的观点有多少正确性呢？试问：英国人口已经或将要过剩到迫使我们在世界其他地方“为子孙圈地”的程度了吗？事实并非如此。英国人口还没有稠密到像德国某些繁荣的工业区、尼德兰和中国那样的程度：随着近来人口的不断增长，财富以及对食物和其他生活资料的购买力也在以更大的幅度增长。现代工业的专业化确实导致了某些地区人口的拥挤，这虽然多少有害于国民福祉，但却不能因此将这种人口的增长看作是超过生活资料的人口过剩。我们也没有理由担忧未来会出现这样的人口过剩。没有明确的工业统计能够证实，我们的制造业和商业会一如既往地快速增长，但即便如此，人口也不会一直这样增长下去。这一点我们倒是有明确的统计资料：最新的两次人口普查表明，人口增长率正在走低，如果相同的因素持续发挥作用的话，英国人口将在本世纪中叶处于停滞状态。

既然如此，完全没有必要因为现在或将来的人口过剩而采取扩张政策。假如考虑到给过剩人口以移民的方便，我们是否有必要耗费巨大国力，并冒这样重大的风险来为他们夺取可供移居的

新领土呢?

英国移民总数在总人口中占的比例不大;在近些年的帝国扩张中,这一比例明显是在减小的:移民中只有少部分人去了英国属地,只有极少人去了在新帝国主义时代新获得的国家。这些最有启发性的事实,为下表官方的统计数据所证实,下表给出了自1884年帝国扩张高潮以来的移民统计数据:

从联合王国到欧洲以外国家的英国和爱尔兰籍旅客人数

年份	旅客至					总计
	美国	英属北美洲	澳洲和新西兰	好望角和纳塔尔	其他地方	
1884	155,280	31,134	44,255	——	11,510	242,179
1885	137,687	19,828	39,395	——	10,724	207,644
1886	152,710	24,745	43,076	3,897	8,472	232,900
1887	201,526	32,025	34,183	4,909	8,844	281,487
1888	195,986	34,850	31,127	6,466	11,496	279,928
1889	168,771	28,269	28,294	13,884	14,577	253,795
1890	152,413	22,520	21,179	10,321	11,688	218,116
1891	156,395	21,578	19,547	9,090	11,897	218,507
1892	150,039	23,254	15,950	9,891	10,908	210,042
1893	148,949	24,732	11,203	13,097	10,833	208,814
1894	104,001	17,459	10,917	13,177	10,476	156,030
1895	126,502	16,622	10,567	20,234	11,256	185,181
1896	98,921	15,267	10,354	24,594	12,789	161,925
1897	85,324	15,571	12,061	21,109	12,395	146,460
1898	80,494	17,640	10,693	19,756	12,061	140,644
1899	92,482	16,410	11,467	14,432	11,571	146,362
1900	102,797	18,443	14,922	20,815	11,848	168,825

作为对“过剩”人口外流的估量,即便上列数据也有两点是过多的。第一点,这些数据包括了很多并非真正移民的旅客和临时

观光者。第二点，要正确估计移民的净移出数，还必须将这些数据与移入数作对比。在1895—1900年间，我国由于移民导致的人口净减少额，平均每年87,224人。

考虑到上表中“其他地方”包括整个非欧洲世界、加拿大以外地区、澳大利亚和南非，因此十分清楚，我们帝国的其他地方只吸收了几千移民，同时移居到新的热带领土上的工业移民数量更是非常小。新帝国主义政策带给权势阶层一定数量的文职和武职，少数工程师、传教士、探矿者以及商业和工业企业的监工得到了暂时的职位，但这对一般就业的贡献非常小。

除了德兰士瓦和奥兰治河殖民地外，英国人并没向1870年以后获得的殖民地大量移民，这样的移民以后也不太会发生。由于新帝国主义时代所获得的土地大部分处于热带，这里并不适合真正的殖民；只有少部分人以商人、工程师、传教士和监工的身份，在这些地区断断续续地工作。新帝国之无补于殖民，更甚于无补于有利可图的贸易。

第四章　帝国主义的经济寄生性

一

在过去30年里，帝国主义作为一种商业政策而饱受诟病，一则因为这项政策耗资巨大但所开拓的市场却既小又不安全，二则因为它所激起的民族怨恨已经危及自身国民财富的安全，我们不禁要问："英国是如何被诱致从事这样不合算的事业的呢？"唯一可能的答案是，国家整体的经济利益屈从于把控着国家资源管理权的特定阶层的私人利益。这没什么可大惊小怪的，也无须苛责，因为这是各类政府的通病。托马斯·莫尔爵士[①]所写的名言至今还是真理："我见到的无非是富人狼狈为奸，盗用国家名义为自己谋利。"

虽然对国家来说新帝国主义政策弊端丛生，但却滋养了国内某些特定阶层和特定行业。庞大的军费开支、劳民伤财的战争、外交政策的风险与窘境、英国政治经济体制改革的停滞，这一切对国家有百害而无一利，但却为某些行业带来了可观的经济收益。

① 托马斯·莫尔(1478—1535)，欧洲早期空想社会主义学说的创始人，才华横溢的人文主义学者和阅历丰富的政治家，以其名著《乌托邦》而名垂史册。——译者

除非我们清醒地正视这一基本事实，并且了解这些与国家安全和全联邦公然为敌的局部利益究竟是什么，否则奢谈政治就是没有意义的。我们必须摒弃以下这种肤浅感性的观点，它把战争或其他的政治失策，仅仅归结为爱国敌忾心的爆发或政略失当。侵略和贪婪往往穿上正当防卫的外衣，这种诡计在战争爆发的时候不知蒙蔽了多少普通民众，甚至也包括很多身居要职的人。可以肯定地说，我们记忆中的战争，不管在冷静的历史学家看来多么富有侵略性，但却没有一次不是在捍卫国家荣誉和民族存亡的幌子下号召民众起来进行的所谓防御战争。

即便是战胜国也难逃战争带来的物质损失和精神创伤，此类战争充分暴露出来的可悲的荒唐，已经让那些公正的观察家不再寄望于任何国家能够通达事理，并认为这些天灾人祸丝毫没有政治上的理性可言。但是，深入分析商业和经济之间的关系就会发现，侵略性的帝国主义政策大体上并非盲目的种族情绪的产物，也不是野心勃勃的政客们的一时糊涂。它远比乍看起来要合理得多。对于整个国家来说不合情理的政策，对于国家的某些阶级来说却完全合情合理。一个账册完备、支出和资产对比平衡的完全社会主义国家将立刻摒弃帝国主义；一个明智的采取放任主义、在政策上兼顾各方经济利益的民主国家也会这样做。而在一个组织严密的利益集团占据优势的国家，它在政策制定上首先要向这个主导利益集团倾斜，从而不得不牺牲弱小而又分散的共同体的利益。

在进一步从这个假设出发来解释帝国主义之前，我们必须回答如下两个问题。当今英国是否存在这样一个组织严密的利益集团，它需要靠侵略性的帝国主义和军国主义政策来大发横财？如果确实存在这类利益共同体，它是否有能力在政治舞台上贯彻自己的意志？

帝国主义能直接带来什么经济收益呢？耗费巨额财政支出于舰船、大炮、海军装备和战略物资，当战争来临或警钟敲响的时候大获其利；国内外证券交易所发行的新公债和巨幅波动的行市；增加的士兵、海员以及使领馆职员；随着英国国旗取代其他国家国旗而增加的海外投资；获得出口市场，并为英国相关制造行业提供保护和支持；工程师、传教士、炒矿者、牧场主和其他移民获得就业。

从帝国主义支出或其相关结果中获得巨额回报的某些特定利益集团，于是起而反对公共利益，并且本能地基于强烈的互相认同而联合起来，去支持每一次新的帝国主义掠夺。

如果把6,000万英镑作为和平时期最低限度的军备支出而加以仔细分析，其中大部分支出直接流向某些大公司的钱柜。这些大公司从事于建造军舰和运输船只，并给它们进行装备和提供燃料，制造各种枪炮、弹药、飞机和汽车，供应军需的马匹、车辆、马具、食物和被服，承造兵营和其他大批非常规的日用品。通过这些主要渠道，数百万英镑养活了许多附属行业，其中大部分人很清楚地知道是在执行军需合同。这里我们就触碰到了商业性帝国主义的重要核心。其中一些业务，尤其是船舶制造、锅炉制造和军火制造业务，都是由实力雄厚的大公司经营，这些大公司的首脑都很清楚如何运用政治手段谋求经济利益。

这些人都是帝国主义的信徒；他们为了自己的利益而采取扩张的政策。

和这些人站在一起的还有输出品的大制造商，他们的生财之道是满足我们新开拓市场的真实需求或人为制造的需求。以曼彻斯特、谢菲尔德、伯明翰三个颇具代表性的地方为例，这些地方公司林立，竞相向新市场倾销纺织品、五金器具、引擎、工具、机械、烈酒和军火。在我们的殖民地、保护国以及势力范围，举借的公债大都用以购买英国制造的铁轨、引擎、军火或者其他象征现代文明的物资。新兴国家中诸如铁路铺设、运河开凿、工厂设立、矿山开发、工业和农业改良等大型公共工程，大大刺激了宗主国的工业制造巨头，并在他们心中形成了牢不可破的帝国主义信念。

尽管这些行业在英国工业中所占的比例并不大，但是其中一些行业却势力惊人，它们通过商会、国会议员以及其他半商业半政治的团体，对政策制定者施加一定影响，比如帝国南非协会或中国协会。

航运业对于帝国主义政策有着十分明显的利益诉求。航运业现在以保证帝国的安全和防御为借口，呼吁政府对该行业采取补贴政策，这就是很好的证明。

当然，陆海军不管从信念上还是从自身利益上来说，都是帝国主义政策的拥护者。陆海军的每一次实力扩张，都会增强它们的政治影响力。废除军队内的卖官鬻爵，相关职位转而向上层的中产阶级开放，这大大刺激了军队的帝国主义情绪。当然，这种鼓动因素大部分源于军官们对于荣誉的渴望和对帝国未定边界充满的冒险精神。这就是在印度进行扩张的动力之源。对于陆海军的扩张，国内的贵族阶层和富有阶级也给予了虽不系统但却强有力的同情性支持，他们这些人是想在军队里面为其子女谋求一个好的前程。

除了军职以外，还有印度文职，以及我们殖民地和保护地的大量官方和半官方的职位。在这些阶级看来，帝国的每一次扩张，都为他们的子女带来更多成为牧场主、种植园主、工程师和传教士的机会。印度政府一个高级官员查尔斯·克罗思韦特爵士在论述英国和暹罗的关系时，曾准确地概括了这一点："真正的问题在于什么人能够获得与他们贸易的资格，我们如何最大限度地利用他们来为我们的商品找到新市场，并使当今那些过剩的东西，即我们的孩子，得到就业。"

从这个观点看，我们的殖民地现在仍然像詹姆斯·穆勒[①]所讽刺的那样："是对上层阶级进行院外救济（即贫民救济院以外的救济——译者注）的庞大制度"。

在军队、外交、教会、教育、法律和工程诸多方面，英国政府提供了大量的文职和武职来缓解国内就业市场的压力，为更多冒险家提供机会，同时为声名狼藉的人准备了逃亡之所。新领土提供的就业职位在数量上是微不足道的，但是这却不成比例地激发了公众对扩大就业边界的狂热。扩展就业边界是帝国主义的强大动力之一。

虽然也掺杂了些情感上的因素，但主要是帝国主义政策直接带来的经济利益大大吸引了国内的军人、牧师、学者和文官阶层，并且令整个知识阶层都倾心于帝国主义。

① 詹姆斯·穆勒(1806—1873)，19世纪英国著名哲学家和政治经济学家，西方近代自由主义最重要的代表人物之一，著有《论自由》、《代议制政府》、《政治经济学原理》等。——译者

二

迄今为止，帝国主义最为重要的经济要素是关于投资的影响。资本日益增强的全球化趋势是这个时代最为重要的经济变动。所有的发达工业国都企图超越本国的政治界限，在外国或者殖民地扩大投资，并借此获得滚滚财源。

对于英国从海外投资中的获利总额，我们难以进行准确的甚至是约略的估计。但是，我们掌握有可以间接计算大部分投资额的估征所得税额，从中可以大概判断英国从外国和殖民地的获利总额及其增长率。

根据所得税估算的海外投资收益

	1884	1888	1892	1896	1900
来自印度的国库收入	2,607,942	3,130,959	3,203,573	3,475,751	3,587,919
印度铁路股票	4,544,466	4,841,647	4,580,797	4,543,969	4,693,795
殖民地和外国的公共安全收益	13,233,271	16,757,736	14,949,017	16,419,933	18,394,380
联合王国以外的铁路	3,777,592	4,178,456	8,013,838	13,032,556	14,043,107
外国与殖民地投资	9,665,853	18,069,573	23,981,545	17,428,870	19,547,685
合计	33,829,124	146,978,371	54,728,770	54,901,079	60,266,886

上表显示，帝国主义的兴盛时期是同海外投资收益的显著增长相一致的。在1884—1900年间，这些收益增长了近一倍，其中，来自国外铁路和海外与殖民地投资的收益增长率较快。

上述数据显示的只是全部海外收益的一部分。此外还有尚未囊括在内的数额庞大的收益，主要包括许多英国本土企业可观的商业利润，比如保险公司、投资信托和土地抵押公司，它们中很多企业从海外投资中获取了相当大一部分收益。从已经出版的人寿保险公司的投资报表中，可以看出此种形式的投资增长是多么迅猛，这些报表显示，它们投资在国外的抵押贷款金额，从1890年的600万英镑增至1898年的1,300万英镑。

罗伯特·吉芬爵士估计，以利润、利息和养老金为形式的海外投资收益在1882年是7,000万英镑，而到了1899年3月，吉芬爵士在一篇宣读于统计学会的论文中估计，这个数字是9,000万英镑。有理由相信，9,000万是个被低估的数字，因为所得税报表中的一些国外收入项目未曾统计在内，如果按照1882年数据中的各项占比计算进去的话，那1899年的海外收益应该是1.2亿英镑，而不是9,000万英镑。吉芬爵士大胆估计，在1882—1898年的16年间，新增的海外公共投资总额达8亿英镑，“虽然其中一部分可能是名义上的，但实际投资肯定相当庞大”。

对于1862年以来英国在国外和殖民地的投资额及其增长情况，马尔霍尔先生给出了以下估计：

年份	总量	年均增长率
1862	144,000,000	……
1872	600,000,000	45.6

续表

年份	总量	年均增长率
1882	875,000,000	27.5
1893	1,698,000,000	74.8

最后一个总额需要特别注意，因为这是一个优秀的经济学家为“政治经济学辞典”所作的最完整调查。这一投资数据可以按照下列项目分类：

贷款	英镑（百万）	铁路	英镑（百万）	杂项	英镑（百万）
外国	525	美国	120	银行	50
殖民地	225	殖民地	140	土地	100
自治区	50	其他	128	矿山及其他	390
合计	800	合计	388	合计	540

换句话说，1893 年英国的海外投资大约占到英国财富总额的15%：这些投资近半数是给外国政府和殖民地政府的贷款；其余大部分投入铁路、银行、邮电和其他公共事业的投资，这些事业项目均归政府所有、为政府所控制，或者实际上由政府支配；剩余的大部分则被投到土地、矿山或者和地价息息相关的工业上。

所得税报表和其他统计材料表明，19 世纪末英国的海外投资总额绝不会少于 20 亿英镑。考虑到吉芬爵士认为 1892 年的 17 亿英镑是个“保守”估计，那这里提出的数字可能低于实际的数字。

现在，即便对以上这些估计仍然心存疑虑，我们也不得不承认，此类海外投资是帝国主义经济中最重要的因素。不论我们采取哪一个数字，有两件事实是明摆着的。第一，海外投资的利息收益，远远高于一般进出口贸易的利润收益；第二，在我们的国外贸易和殖民地贸易以及由此带来的收益在缓慢增长的同时，进口总

额中代表海外投资收益的部分却在迅速增长。

我在上一章中曾指出，对外贸易的利润收入在我国国民收入中所占比重非常小。担负着巨大成本和风险的新帝国主义，在开拓对外贸易方面收效甚微，尤其是考虑到新获得市场的容量和性质，这似乎是不明智的。但是，海外投资的统计数据清楚地说明了支配政策选择的经济力量。工商业阶级从新市场上赚不到多少钱，他们所付的税，如果他们知道的话，远高于他们的贸易所得，而投资者的情形则完全是另外一回事。

可以不夸张地说，目前英国的外交政策主要致力于争夺有利可图的投资市场。英国越来越广泛地成为一个依赖海外纳贡而生存的国家，那些坐享贡品的阶级愈加渴望利用公共政策、国库的金钱和公共权力来扩充他们私人投资的领域，并保卫和改善他们既有的投资。这或许是近代政治中最重要的事实，其中隐藏的暗影对我们国家造成了极其严重的危机。

不仅英国如此，法国、德国和美国也是如此，在所有近代资本主义为财阀和中产阶级带来滚滚财源的国家都是如此。债权国和债务国之间的区别众所熟知。英国曾一度是最大的债权国，国家政策沦为投资阶级谋取私利的工具，这一点在英国晚近的战争和侵并史中表现得很明显。但是，法国、德国和美国却都在沿着同一道路高歌猛进。关于帝国主义行径的性质，意大利经济学家洛里亚有如下概述：

“如果一个债务国由于收入微薄而不能为按期支付的利息提供充分的担保，这时会发生些什么事情呢？有时候随之而至的是债务国的灭顶之灾。法兰西第二帝国之所以企图征服墨西哥，完全就是为了保证持有墨西哥证券的法国公民的利益。但更为经常的后果是，债权国指派一个金融委员会来保护他们的权利及其所投资本的安全。但指派这样一个委员会的真正结局是事实上的征服。在这方面，我们可以举出埃及的例子，埃及实际上已经沦为英国的一个行省；而突尼斯也以相似的方式成为其债主法国的附属国。埃及人民在债务问题上抵御外国统治的斗争，最终因资本家的联合绞杀而归于失败，英军用金钱换来的特勒凯尔比之战①的胜利，是财富在战场上获得过的最为辉煌的胜利。"②

"债权人"和"债务人"这两个术语有助于我们理解某些经济事实，但当用它们来指称国家的话，则会遮蔽帝国主义最重要的特征。因为如上述分析，虽然多数——即使不是大多数——债务是"公共的"，但债权却差不多都是私人的。在埃及的案例中，政府与债权人的合作并不划算，它保证了债权人利息的获取但自己却不能从中分一杯羹。

侵略性的帝国主义给纳税人造成了沉重的负担，对于工商业阶层殊少价值，对国民来说也是一种严重的隐患。但是，投资者却将其看做巨额利润的源泉，如果在国内无机可投，他们就会坚持要求政府协助他们在国外实现资本增值。

面对庞大的军备支出，毁灭性的战争以及政府为扩张领土而使用的厚颜无耻的外交手腕，我们不禁要问：这到底是为了谁？答案毫无疑问是投资者。

---

① 特勒凯尔比是埃及北部的一个村庄，位于苏伊士运河以西。1882 年，英国殖民军队曾在这里与埃及的起义军队进行过一场战斗。——译者

② 洛里亚：《关于政治制度的经济学说》，第 273 页，索南夏因出版社。

据罗伯特·吉芬爵士估计①，英国政府 1899 年从全部对外和殖民地贸易中得到的年收入是 1，800 万英镑，这是按照贸易总额 8 亿英镑的 2.5%推算出来的。这就是我们称之为对外贸易的全部利润。这个数目虽然可观，但是却不足以驱使政府采取帝国主义政策。只有将投资产生的 9，000 万或 1 亿英镑纯利润考虑进来，我们才能真正理解帝国主义的经济动力来自何方。

那些把资金投向外国的投资者，会充分考虑该国政治条件可能产生的风险，因此极力利用本国的政治资源来使风险最小化，并以此保证他们的资本能够增值。投资者和投机阶层通常还希望英国在别国的领土上插上自己的旗帜，以便于他们找到新的投机乐园。

三

如果说投资者的特殊利益容易损害政策的社会公益性，那么在投资中扮演主要角色的金融家的特殊利益则更具危险性。普通的投资者无论在经济上或政治上，多半只是供大金融机构驱使的鹰犬，这些金融机构并不看重股票和证券带来的利息，而是将其作为在金融市场上投机的工具。证券交易所的巨头持有大量股票和证券，通过操控股价波动来套利。这些大企业经营业务遍及银行业、经纪业、票据贴现业、债权发行业以及公司发起业，它们构成了

① 《统计学会杂志》第 112 卷，第 9 页。

国际资本主义的神经中枢。这些大企业紧密联合在一起，彼此之间有着最密切和最迅捷的联系，坐落于各国经济中心的核心地带，就欧洲而言，主要被拥有数百年金融经验的神秘家族所控制，它们对于国家政策的制定具有独一无二的影响力。除非得到它们的许可和通过它们设立的机构，要快速调度大规模的资本是不可能的。是否有人认真考虑过这么一个问题：假如罗斯柴尔德家族①出面反对的话，欧洲有没有哪个国家能够打得起一场大战，或者募集一笔巨额国债？

每一项涉及资本流动或者现有投资价值巨大波动的重大政治行动，都必须得到这一小撮金融大王的许可和实际的支持。这些人手中的财富和商业资本主要是股票和债券，他们必须下双重的赌注，首先是作为投资者，其次，却是主要的，作为金融经纪人。作为投资者，他们的政治影响力和一般的投资者没有什么区别，除非他们对所投资领域拥有实际支配权。但是，作为投机家或者金融经纪人，他们却是帝国主义经济的决定性因素。

募集新公债、推动新公司上市和引发股价持续发生大波动，是这些金融家的三条生财之道。其中每一条都牵涉到政治，并让他们成为帝国主义的支持者。

为菲律宾战争所缔结的财政协定，让皮尔庞特·摩根先生及其同伙大赚了数百万美元；甲午战争让中国首次背上了沉重的国

① 罗斯柴尔德家族，是发迹于19世纪德国的一家金融家族，创始人是梅耶·罗斯柴尔德，该家族对欧洲乃至世界政局都有很大的影响力。

债，中国因最近的冲突需向欧洲侵略者支付的赔款，大大充实了欧洲的金融市场；每一次从无可奈何的外国君主那里勒索到铁路或矿山租借权，都为筹集资本和开设公司提供了有利可图的机会。针对亚洲国家的军事恫吓政策以及煽动欧洲商业国家展开对抗的政策，都会大规模扩大军备开支，并使国债累增，这种政策引发的疑惧和风险，会造成有价证券价值的持续波动，这对于老练的金融家是甚为有利的。每一次战争、革命、无政府主义的暗杀行动或其他社会骚动，对于这些人都是有利可图的；他们像魔鬼一样，从每一笔强制性的政府支出和每一次国家信用的波动中，贪得无厌地榨取着利润。詹姆森袭击事件[①]对于“了解内幕”的金融家而言是一次天赐良机，这从这些人在事件发生前后“持股”的比较中可以看出来；这次袭击引发的战争，给英国和南非都造成了重大损失，但却成为大金融家们巨额利润的源泉，他们经受住了不可预计的损耗，却通过有利的战时合同和“逼走”德兰士瓦相对弱小的金融势力，从而大大补偿了自己的损失。这些人是这场战争唯一的获利者，他们的大部分利润来自于他们移居国的公共损失，或者他们同胞的私人损失。

诚然，金融家们并不必然会支持战争。工业体系的基本结构是他们进行投机的根本基础，如果战争会对工业基本结构造成重

① 詹姆森袭击事件(Jameson Raid)，1895 年 12 月 29 日，在英国殖民者罗兹的策划下，英国南非公司的经理詹姆森率领一支 800 人的军队，入侵德兰士瓦共和国，结果遭到布尔人军队的围歼，詹姆森被俘，英国入侵被击溃，史称“詹姆森袭击事件”。——译者

大而持久的损害，这些金融家就会转而寻求和平，例如英美之间爆发委内瑞拉危机的时候就是这样。但是，每一笔财政支出的增长、每一次国家信用濒临崩溃的动荡以及每一场以国家资源为抵押的私人豪赌，都让那些大债主和大投机家有利可图。

这些证券交易所的财富，它们的运作规模以及它们全球性的组织，使它们成为帝国主义政策的主要决定因素。它们是帝国主义这门行当的最大股东，并且有的是办法去影响国家政策。

如果忽略其他一些非经济因素，诸如爱国主义、冒险精神、军工企业、政治野心和博爱主义在帝国主义扩张中的作用，而仅仅突出金融家在其中的权力，这似乎有点狭隘的经济阴谋论的嫌疑。与其说金融是帝国主义的动力，不如说它是帝国主义引擎的操控者，它本身既不是这架引擎的燃料，也不直接产生动力。金融操控着政治家、军人、博爱主义者和商人所产生的爱国力量；从其中激发的扩张热潮虽然强大而且真实，但却是盲目和混乱的；金融势力往往能够敏锐地汇聚这些能量，以供帝国主义扩张政策驱使。有野心的政治家、边防军人、狂热的传教士和进取的商人，他们或者可以建议甚至推进帝国扩张的步伐，也可以为此培养爱国舆论，但最后的决定权还是掌握在金融势力手里。那些大金融家通过手中的报纸操控着社会舆论，这保证他们能够对“高层政治”施加直接影响，在所有的“文明”国家，报纸日益成为金融势力的驯服工具。当专门的金融报纸把某些“事实”和“舆论”强加于企业家阶层的时候，一般报纸往往会有意无意地成为金融家的传声筒。例如惯于煽动国内好战情绪的南非新闻，就是南非金融家的私产，这种为制造舆论而掌握报纸的做法，在欧洲各大城市并不少见。在柏林、维

也纳和巴黎，很多有影响力的报纸都被大金融企业所掌握，他们的目的并非从报纸经营中直接牟利，而是要通过操控社会舆论和公众情绪影响国家政策，并进而影响金融市场。在英国，这一运作模式尚未如此成熟，但是金融和报纸的联盟却越来越紧密，或者是金融家控股报纸，或者是报纸的业主染指金融业。除了金融报纸和金融家掌控的一般报纸，伦敦金融城还对当地主流报纸施加巧妙而持久的影响，并通过它们影响地方性的报纸，同时报纸的利润完全依靠广告收入，这使它们根本无意冒犯金融资本家，因为后者控制了如此多的广告业务。何况廉价报刊天然偏爱那些轰动性的政策，所以它们明显倾向于帝国主义，在支持帝国主义政策的金融家或者政治家需要鼓动爱国情绪的时候，它们总是乐于提供最大的便利。

为帝国主义效劳的具体经济力量是：一个广泛的、彼此很少有联系的集团，其中有的人从事工商业，有的从事其他各种行业，他们从扩大军事和民政的职务中，从军费开支中，从开拓新地区和同新地区的贸易中，从这一切活动所需要的新资本的动员中，谋求有利可图的生意和收入丰厚的职位——他们把总金融家的实力看作自己的中心领导力量和指导力量。

这些经济力量的活动并不公开。它们将爱国主义作为自己的保护色。它们的代理人满口唱着高调，什么拓展文明的疆域，建立贤明政府，传播基督教，废除奴隶制，还有提高低等种族的地位等。有些商人对此信以为真，他们往往怀揣一种真实但又模糊的想法，希望能够实现这些高调，但是他们的心思主要是在生意上，而且非常清楚，无私和慷慨对于实现这些高调根本无济于事。罗兹先生把“女王陛下的国旗”说成是“世界上最大的商业资产”[①]，这个描述才是他们真正的心理写照。

① 这句话和其他不少透露出来的话一样，是掺杂在书的内容中的，见芬特克斯：《塞西尔·罗兹：他的政治生涯与演讲》，第823页。

第五章　帝国主义的保护贸易基础

商人们在决定是否要扩大生意之前，总是会权衡更多的投入能否带来更多的收益。这条规则对于商业国家是否就不适用呢？按照这种观点，我们可以把近年来增长的军事支出看作是为保护现有殖民地市场而付出的保险费。

为了搞清楚新帝国主义的财政状况，我们把1884年以来新增的军备支出和殖民地贸易的增加值，作了一个比较。

年份	军备支出（英镑）	殖民地贸易与属地的进出口贸易（英镑）	年份	军备支出（英镑）	殖民地贸易与属地的进出口贸易（英镑）
1884	27,864,000	184,000,000	1892	33,312,000	179,000,000
1885	30,577,000	170,000,000	1893	33,423,000	170,000,000
1886	39,538,000	164,000,000	1894	33,566,000	172,000,000
1887	31,768,000	166,000,000	1895	35,593,000	172,000,000
1888	30,609,000	179,000,000	1896	38,334,000	184,000,000
1889	30,536,000	188,000,000	1897	41,453,000	183,000,000
1890	32,772,000	197,000,000	1898	40,395,000	190,000,000
1891	33,488,000	193,000,000			

虽然现在无法识别这些开支用在新市场和旧市场上的金额分别有多少，但把增加的费用归之于新帝国主义政策，并且拿这些增加额与新领土产生的贸易价值作比较，却无可厚非。因为，欧洲列

强在重商主义的鼓动下加大了维护旧市场的投资力度，但英国却没有贯彻以遏制帝国扩张和削减军费为特征的科布登主义。外国对我们与日俱增的敌意是由于我们近30年来采取的侵略性的帝国主义政策，所以，应当把日益增长的军备支出作为政策成本列入商业的资产负债表。

总之，这笔新费用完全是一个重大的商业错误。个人照这样经营生意必然会破产，而国家就是再富有，背上这样沉重的政策包袱，最终难免被拖垮。

贸易应当建筑在互惠互利的基础上，但与此相反，我们耗费了巨大的代价去“抢夺”新市场，但是最后拿到手的市场却既小又不稳定，而且基本上无利可图。这笔巨额支出唯一显而易见的后果是，我们不断同自己最好的贸易伙伴发生纠纷。

不仅抢夺这些市场对于我们来说得不偿失，而且如下一种假设也毫无根据：一旦这些市场落入同我们竞争的贸易保护主义国手中，我们的贸易额将会成比例地减少。如果我们没有虚掷金钱在获得这些新领土上，而是让法国、德国或者俄国去承担获取和开发这些领土的成本，那么我们海外贸易的增长额，是否必然抵不过那些因此萎缩的殖民地贸易额呢？将贸易看作是一个特定量，一个国家之所得，必然是另外一个国家之所失，认同这种观点的人对国际贸易基本原理一无所知。它是分离主义一种变相的表现形式，而分离主义就是主张各个国家应单独设立账目，却忽视了迂回贸易才是发达工业国最为重要的业务。

法国对马达加斯加的占领，使英国无法开展对马达加斯加岛的贸易；德国侵夺中国的山东省，也就剥夺了我们同该省贸易的一切可能。但这绝不意味着法国和德国能够独占这些新市场的全部利益。诸如此类的推测完全不符合自由贸易的基本原则。就算中国被列强瓜分殆尽，而且往最坏处推测，每个国家都通过征收关税限制英国和中国之间的直接贸易，但英国最终仍然能够从中国对外开放的贸易中获得暴利。只要稍稍承认对外贸易的复杂性，我们就能注意到，通过直接或者迂回贸易的方式，英国与法国、德国和俄国的贸易会大幅增长，这让我们能够充分分享中国市场带来的贸易利益，而且这和我们花钱和冒险才能得到的利益一样多。法国、德国和俄国为了垄断贸易，在中国和非洲划分势力范围，英国并不像人们相信的那样会丧失相应的市场。文明国家在工业领域的贸易来往让彼此之间的合作关系日益复杂，任何一个国家都无法独占市场利润。一个国家可以比那些把贸易市场独占私有的国家分享更多的贸易果实，这并非难以想象。

这些一直都是老生常谈的贸易经济学知识，也是最起码的启蒙常识。为什么它们被遗忘了呢？

答案是帝国主义拒绝自由贸易，并且以保护贸易作为经济基础。帝国主义者因此顺理成章地转变为贸易保护主义者。

如果法国或德国独占了我们本可以获利的市场，从而相应减少了我国的对外贸易额，那我们也就可以以同样的方式垄断另外的市场。年轻时代曾经信奉自由贸易主义的“老一辈”政治家已经退出历史舞台，帝国主义政策的推行必须要依赖于贸易保护主义。

帝国主义总是致力于加强新获得的市场和宗主国的联系，因为在它看来，只有这些分离的市场贸易额增长了，我国的总贸易额才能增长；所以，国家每年因此耗费的巨额支出就显得必要而且合理。从其他贸易国的利己活动中增加我们的贸易额，这是自由贸易期待的贸易增长。自由贸易主义认为，即便其他国家通过保护性关税限制我们同其殖民地进行直接贸易，我们仍然能够从其殖民地的发展中获得好处，当然，如果他们允许我们自由进入其殖民地市场和国内市场，这样对大家都会更加有利。经过欧洲竞争市场的调节，法国在东非的橡胶贸易增加了橡胶供给同时也为英国消费者降低了橡胶价格，正如大陆国家对食糖生产商的出口奖励政策使英国的孩子们能吃到便宜的糖果一样。

这些间接的利益并非什么含混的猜想。贸易保护国对殖民地的开发让所有的商人都能从中得到商品和价格方面实实在在的好处。“门户开放”对于我们的贸易确实有利，但也并非不可或缺。如果我们为了维护“门户开放”而不得不花费大量金钱和冒很大风险，那就不如让我们最好的贸易伙伴自己关上大门，而我们则通过更间接的迂回贸易的方法来获得利润，这样对我们更加有利些。在实行这种节制政策方面，英国比其他国家更为有利，因为英国拥有的发达的海运业，完全可以保证它能够从外国开发的新市场中获得相当一部分的纯利润。虽然缺乏完整的统计，但众所周知的是，现在英国和外国的贸易、外国之间的贸易以及它们同自己属地之间的贸易，其中相当大一部分依赖于英国的船舶业。只要保持这一优势，英国除了通过迂回贸易继续获利之外，还必然能够直接参与甚至主导我们欧洲竞争对手的国外市场的利益分配。

基于以上考虑，我们应当期待其他国家分担扩张和开发新市场的成本，而我们则等待着从日益增长的世界财富中分一杯羹。为了开发新国家供西方工业国进行贸易，我们已经承担了太多这

种费钱、费力又充满风险的工作；我们最近的冒险比起前些时候的冒险，是费钱多而获利少，而扩张的进一步努力，看起来要服从收益递减律，即物质资本和智力资本投入愈多，贸易的增长却愈少和愈不稳定。对于我国能源和资源最有利的投资回报界限，我们是尚未达到还是已经超过了呢？从利己主义出发，我们难道不是应该把开发新的热带或亚热带国家的工作，留给法国、俄国、德国和美国这些摩拳擦掌的野心国家吗？如果西方工业文明必须担当全球的政治和经济治理重任，那就让这些国家去分担吧。为什么我们应当接下全部重担，而所获又如此之少呢？假如为了共同利益，落后国家必须要由发达国家来开发，那为了合理节约力量起见，把这些工作分派给其他国家的"帝国主义"去干吧。如果其他国家逃避这些责任，我们应该规劝他们去承担，这要比为难我们早已不堪重负的双肩要有利得多。既然其他国家现在不但渴望接下这些重担，并且还由于怨恨我们不肯放手而不断威胁着欧洲和平，英国如果再为了进一步的扩张而削弱自身的政治经济实力，那真是要发疯了。

附录

年份(截止到每年3月31日)	军备支出(战费除外)			超常规战争支出①	军备战费总支出	全国总支出
	陆军	海军	总计			
1895	17,900,000	17,545,000	35,445,000		35,445,000	93,918,421
1896	18,460,000	19,724,000	38,184,000		38,184,000	97,764,357
1897	18,270,000	22,170,000	40,440,000		40,440,000	101,476,669
1898	19,330,000	20,850,000	40,180,000		40,180,000	102,935,994
1899	20,000,000	24,068,000	44,068,000		44,068,000	108,150,236
1900	20,600,000	26,000,000	46,600,000	23,000,000	69,600,000	133,722,407
1901	24,473,000	29,520,000	53,993,000	67,237,000	121,230,000	183,592,264
1902	29,312,000	31,255,000	60,920,000	59,050,000	119,970,000	188,469,000
1903	29,665,000	31,255,000	60,920,000	59,050,000	119,970,000	188,469,000

① 数据来自于财政大臣向议会提交的各种财政收支报告，不过遗漏了“国债的年度利息”。在1902年4月14日的财政预算演说中，迈克尔·希克斯－比奇爵士估计，过去三年(截止到1902年3月31日)花在南非和中国的战争费用大概是65,034,000英镑。其中45,420,000英镑由国库和偿债基金(每年4,640,000英镑)支付，此外11,964,000英镑是依靠增发国债。

第六章　帝国主义的经济根源

人们往往错误地以为，像英国这种发达工业国很有必要运用国家力量兼并领土以获得新的市场，仅仅靠罗列事实和数据，并不足以破除这种谬见。事实已经证明，我们最近为获得热带国家的领土付出了高昂的代价，但随之得来的市场却贫乏而又动荡。在我们同自己的殖民地的贸易增长基本停滞的同时，我们同欧洲竞争对手的贸易却利润丰厚和前景可观，而它们的领土我们无意吞并，它们的市场我们不能强占，不过它们强烈的敌对心理却由于我们的扩张政策而与日俱增。

但是，这些论据也并非无懈可击。帝国主义者可以这样争辩："我们必须为日益增长的工业品寻找新的市场，必须为过剩的资本和人口寻找新的出路：对于经济体量庞大而又迅速发展的国家来说，这样的扩张是维持生存所必须的。我国越来越多的人投身制造业和商业，从而生活和工作都有赖于外国的食物和原材料。为了能够买得起这些东西，我们必须向国外销售商品。在本世纪的前 75 年中，由于在工业制造和运输业上对大陆国家和殖民地的领先优势，我们可以通过自然的商业扩张过程毫不费力地做到这一点。只要英国能够牢牢控制某些重要工业品的世界市场，帝国主义政策就是多余的。然而最近 25 年来，英国在这方面的霸权受到了严重挑战：其他国家尤其是德国、美国和比利时迅速崛起，虽然这尚未遏制我们的外贸增长，但它们的竞争已经让我们越来越难以通过销售过剩货物而获利。这些国家对我们的旧市场乃至属地的侵占，迫使我们必须采取强有力的措施来获得新市场。迄今为止，这些新市场多位于欠发达国家，主要是热带地区，当地广大居民对于我国的商品有着日益增长的需求。我们的竞争者也出于同样的目的夺取和兼并新领土，一旦吞并之后就终止我们同这些地方的贸易往来。英国必须要运用外交和军事手段来迫使当地首领同我们打交道：经验表明，夺取和开发新市场最保险的手段，是建立'保护地'或者直接吞并。这一政策最终的经济价值绝不仅限于当前这些市场的价值；在当地培育人们对现代文明成果的消费习惯是一个渐进的过程，必须将当前帝国主义政策的成本看作是一项资本投资，从中收获利益的是我们的子孙后代。现在的新市场可能都不算大，但却可以为我国庞大的纺织业和金属工业的过程产品提供出路，当我们打开有着广大人口的亚洲和非洲内地市场，贸易规模必然将迅速扩大。

"资本对海外投资市场的需求更加迫切，也更加重要。此外，当工业家和商人满足于同外国的贸易来往之时，投资者倾向于通过政治上的兼并以投放更多的投机资本，而且这种倾向相当强烈。资本由此产生的强大压力是毋庸置疑的。如果国内没有太多有利的投资机会，就会形成大量的储蓄；它们必须在其他地方寻找增值的机会，若这些资本能够被充分用于开辟贸易市场和为英国企业寻求出路上，那对国家是非常有利的。

"不管帝国扩张要花多少钱，要冒多大的风险，对于我们国家的持续存在和发展来说，这都是必要的[①]；抛弃帝国主义政策，就意味着我们置身于世界发展之外，其他国家到处可以干涉我们的贸易，甚至削弱我们从外国进口食物和原料以养活本国人民的能力。如此看来，帝国主义不是一个备选项，而是必选项。”

美国近年来的发展历史为这种经济论调提供了最好的政治注脚。这个国家本来被两个密切联系民意和传统的两个政党强有力地控制着，但它在缺乏物质和精神准备的条件下突然打破保守政策，投身于帝国迅速扩张之路，它对那些不能享有美国公民权的人民进行武力镇压，这严重危及了自由平等的原则和实际。

这仅仅是夸张的爱国狂热，为了实现国家使命而爆发的政治野心吗？并非如此。冒险精神和美国的“文明使命”等促成帝国主义的力量都显然从属于经济动力。这种戏剧性的变化，应该归因于80年代以来美国工业革命的空前发展。在那期间，凭借着得天独厚的自然资源、充沛的劳动力资源、智力资源和组织才能，美国发展了世界到目前为止装备最完善、生产率最高的工业经济体系。在保护性关税的强力培植下，美国的钢铁、纺织、器械、服装、家具和其他制造业，在短短30年内就从幼年走向成熟，并且度过了剧烈的竞争时期，在大托拉斯的有力控制下，其生产力超过了欧洲最先进的工业国。

经过一段时期的残酷竞争之后，继之而起的是激烈的合并过程，这使大量财富落入少数工业巨头手中。这个阶级收入的增长

① “确实，如果战争不能为新资本征服殖民地获得商业垄断地位，或独享某些商业路径的使用权，那发动战争的意义何在呢？”（洛里亚：《社会的经济基础》，第267页。）

远远超过其奢侈生活的需要，于是自发的储蓄以空前的规模发展起来。这些储蓄投资到其他工业上，会使得这些工业受到同样的集中力量的支配。因此，一方面是寻求投资机会的储蓄在大幅增长，一方面是现有资本的经济使用更加严格。毫无疑问，追求高档和舒适生活人群的迅速增加，确实吸收了大量新资本以满足他们的需求。但是，实际的储蓄率以及对现有资本的节约利用，大大超过了全国对工业品消费的增长。同旧经济理论相反，生产力远远超过实际的消费率，即使降低产品价格也不能保证消费有相应的增长。

这不仅仅是个理论问题。美国许多托拉斯或联合企业的发展历史就是这个方面非常明显的现实案例。在企业合并之前的自由竞争中，“生产过剩”是一个长期现象，所有的工场和工厂为了继续开工，不得不降低价格来挤垮相对弱小的竞争对手。设备最差、位置最不利的工厂纷纷倒闭，通过完全采用最新式的机器的办法降低生产成本，这就是形成托拉斯的第一步。伴随这个过程而来的，可能是商品价格的上涨和消费受到某些限制：有时托拉斯借提高价格获取大部分利润，有时通过只让最好的工厂开工来终止竞争消耗，降低生产成本。

到底采取哪种方法，对于目前的经济论调来说都无所谓；理由是“托拉斯”和“联合企业”等工业集中过程，立即限制了能够有效使用的资本量，并增加了可以涌现新储蓄和新资本的利润份额。一般来说，在由资本过剩引发的激烈竞争中，托拉斯的老板们显然无法在“托拉斯化”的工业内部找到他们愿意追加投资的机会。新发明和行业内部生产以及分配上的节约，可能多少吸收一些新资本，但这种吸收极为有限。石油或糖业托拉斯的老板必须要为其储蓄寻找其他投资场所：如果他们早就把联合的原则应用于该行业，他们当然愿意运用其过剩资本在其他工业中建立同样的联合企业，这无疑会使普通储蓄者更加难以找到合适的投资场所。

残酷竞争和企业兼并状况确实说明，资本已经充斥于现代机器工业。现代机器大生产条件下，商品生产是否会超过市场容量的相关理论问题，我们在这里不谈。只要指出下面一点就足够了，像美国这种国家，迅速增长的生产能力将超过国内市场的容量。美国经济学家一致承认，在一些较发达的工业领域，最近几年这种情况已经在美国出现了。美国制造业的资本已呈现饱和状态，无法再吸收新资本。它们纷纷寻求"企业联合"以避免过度竞争造成的浪费，这种企业联合可以节制资本并保证一个有利的投资环境。对于石油、钢铁、制糖、铁路、银行等工业和金融业巨头来说，它们面临着一个两难处境：要么花钱花到自己都不知道怎么花，要么去夺取国外市场。摆在它们面前有两条出路，告别过去的政治孤立，面向未来采取帝国主义政策。它们没有为了国内市场的利润关闭次等工厂和严格限制产量，而是动用储蓄扩大生产投资，在调节国内市场产量和价格的同时，把过剩商品按照低于国内市场的价格向外倾销，以此"硬逼"国外市场。它们还可以动用储蓄向国外寻求投资场所，首先偿还当年为了兴建铁路、矿山和工厂而向英国和其他国家借入的资本，然后它们自己变成外国的债权人。

工业大亨和金融大亨所属的、同时又属于他们的共和党，之所以把帝国主义作为政策和政治实践，其明显的原因正是这种对国外的工业品市场和投资市场的突然的需求。罗斯福总统及其"天定命运论”[①]、负有“文明使命”的政党的冒险热情不应当使我们迷惑。需要帝国主义的是洛克菲勒、皮尔庞特·摩根、汉纳、施瓦布先生及其伙伴们，是他们把帝国主义加在这个西方的伟大共和国的头上。他们需要帝国主义，因为他们想利用本国的国家手段为资本寻找有利的投资场所，否则，这些资本就成为多余的了。

为了在某国进行贸易或者投资，确实没有必要占领它，而且毫无疑问的是，美国在欧洲国家也能为其过剩产品和资本找到出路。但这些国家大部分都能做到自给自足：它们大都建立关税壁垒以应付工业品进口，英国甚至被迫重新捡起贸易保护政策。美国的大工业家和金融家为了寻求最有利的赚钱机会，不得不把目光投向亚太地区和南美洲；贸易保护主义者在理论和实践上，都坚决主张在其获得的市场上建立尽可能强势的垄断地位，而来自德国、英国和其他贸易国的竞争，驱使他们与其最看重的市场建立特殊的政治关系。古巴、菲律宾和夏威夷都是盛大宴会之前的开胃小菜。此外，这些工业和金融巨头对政治实际上的操控能力是对帝国主义政策的另外一种刺激，就像我们之前指出过的，在英国和其他国家发生的那样；为了帝国扩张而耗费的财政支出，是下列这些人巨额利润的来源：如磋商贷款的金融家，造船商和掌握补助金的船主，军火和其他帝国主义装备的承包商和制造商等。

政治变革的突然爆发，显示了需求的迫切性。在 10 年之间，美国的工业品出口贸易额翻了三番，照这个速度，美国在 10 年之

① 天定命运论，源自 19 世纪 40 年代末期北美大陆盛行的殖民扩张主义运动，美国民主党人奥沙利文于 1854 年最早为美国的对外扩张活动贴上“天定命运论”的标签。——译者

内可望超越我们发展缓慢的出口贸易，在工业品输出国中名列首位①。对于美国积极进取的实业家来说，这并非可望而不可即的；凭借其自然资源、劳动力资源和管理才能，他们完全可以做到这一点②。美国实业家对政治有着更加强有力的支配能力，这让他们能够比英国同行更加直接和迅速地实现自己的经济利益。美国大跃进式的资本主义发展，已经不能满足于国内市场而迫切需要外国市场来消化商品和资本，在这种压力之下，"美帝国主义"就呼之欲出了。

众所周知，受同样的经济压力驱使，欧洲国家也在走上同样的道路。过多的制造工厂引发的生产过剩以及无法在国内找到稳妥的投资机会的资本，迫使英国、德国、荷兰和法国把愈来愈多的经济资源投放到本国以外的地方，这就推动为取得新地区采取政治

① 1890—1900 年美国的出口贸易

年份	农产品(英镑)	工业品(英镑)	杂项(英镑)
1890	125,756,000	31,435,000	13,019,000
1891	146,617,000	33,720,000	11,731,000
1892	142,508,000	30,479,000	11,660,000
1893	123,810,000	35,484,000	11,653,000
1894	114,737,000	35,557,000	11,168,000
1895	104,143,000	40,230,000	12,174,000
1896	132,992,000	50,738,000	13,639,000
1897	146,059,000	55,923,000	13,984,000
1898	170,383,000	61,585,000	14,743,000
1899	156,427,000	76,157,000	18,002,000
1900	18,093,000	88,281,000	21,389,000

② "在这场经济优势的竞赛中，我们有三张王牌，铁、钢和煤。我们一直是世界的粮仓，现在我们希望成为世界的工厂，然后我们要成为世界的票据交换所。"(1898 年美国银行家协会主席在丹佛的谈话。)

扩张的政策。过多产品无法销售引起的周期性贸易衰退是这场运动的经济根源。1885 年，贸易萧条委员会的一份多数派报告，对此有个概括性的描述，“由于时代性的原因，对于我们商品的需求不再按以前的速度增长；我们的生产能力超过了我们的需要，并且会突然大大地提高；这部分是由于我国不断累积的资本之间的竞争”。少数派报告直接了当地把这种情况归因于“生产过剩”。德国目前正在经受资本和生产过剩带来的沉重压力：它不得不占取新市场，它遍布世界的领事们正在“全力推动”德国的对外贸易；在小亚细亚地区强买强卖，在东非、西非、中国和其他地方，德意志帝国强力开辟殖民地和保护地，就为了德国商业势力寻找出路所在。

生产方法的每一次进步，所有权和管理的每一次集中，都似乎加强了这一倾向。当各国相继进入机器工业时代并采取先进的工业化生产方式之后，工业家、商人和金融家利润空间越来越小，并且越来越热衷于利用政府的力量来吞并和监管远方的未开发国家，以满足他们的特殊需要。

有人说这个过程是不可避免的，表面上看起来是如此。到处都是生产力的过剩，到处都是寻求增值的过剩资本。所有的实业家都承认，他们国家的生产能力的增长超过消费能力的增长，生产的商品越多，就越难销售获利，而且现有的资本越多，也越难找到有利的投资机会。

这些经济条件就是帝国主义的根源。如果国内消费群体的消费标准和生产能力保持同步增长，就不会有过剩的商品，就不会出现资本喧嚣着利用帝国主义来开辟新市场的情况：对外贸易确实需要存在，但是用少量过剩的工业品来向国外交换我们日常所需的食物和原料，将不是什么难事，如果我们愿意把全部储蓄投资于国内工业，也能够找到合适的场所。

这一假定并没有什么不合理之处。无论生产多少或能够生产多少，就能消费多少，因为产品分配体现为地租、利润或工资，这构成了社会成员的实际收入，一个人可以消费它们，也可以同其他需要这种消费品的人进行交换。每一种东西生产出来，也就有相应的消费能力产生。如果说商品不能被消费，或因为没有与之适应的消费能力所以某商品无法被生产，又如果说商品得不到消费，所以一些资本和劳动不能得到充分运用，这种自相矛盾的说法的唯一可能的解释，是因为有消费能力的人群不对商品提出有效需求。

如果由于引导错误，本应当进入农业或其他领域的资本进入了某些制造业，当然可能在该领域中引起生产过剩。但是，用引导错误来解释现代工业周期性的生产过剩和萧条，或者说在主要工业领域产生过剩之时其他工业仍能大量容纳剩余资本和剩余劳动，这是谁都不会认真主张的。生产力过剩的一般特征是银行里累积有大量无法找到有利投资机会的闲置资金。

这种现象背后的根本问题明显是："在一个社会中，消费为什么不能自动和生产保持同步呢？""为什么会出现消费不足或过度储蓄呢？"因为能够紧紧约束生产的消费能力，显然有一部分被截留的，换句话说，是"储蓄着"或储存着以备投资之用。所有预备投资的储蓄并不意味着生产的呆滞；事实恰恰相反。从社会的观点来看，物质形态的资本被充分用于生产那些能够被消费的商品，这在经济上是合理的。超过这个数量的储蓄采取不为当前消费所需的过剩资本形式，或成为游资，或排挤正在运行中的资本，或在政府的庇护下向外投机，这才会引起弊害。

但可能有人会问，“为什么会有储蓄过度的倾向呢？为什么有消费能力的群体不去消费而把储蓄保留起来呢？”换个问法，为什么需求压力不能产生与之适应的消费量呢？要回答这些问题，我们不得不先弄清关于财富分配的争论。如果收入或消费力的分配能够一直契合市场需求的话，消费显然将会和生产同步提高，因为人类的需求是无限的，那样就不可能出现储蓄过剩。但在一个经济社会中情况正好相反，分配和需求并不相关，而是取决于其他因素，有些人的消费力大大超过他们的需要，而其他人的消费能力则连其基本的生理需要都难以满足。下面的阐述可以澄清争论，“生产量由于现代机器生产的进步而持续增长。这些产品可以经由两条渠道得以消化：部分产品被工人消费，而其他产品则由富人加以消费。由于受限于竞争性的工资制度，工人工资无法和生产效率同步增长，工人这条渠道的堤岸犹如岩石砌成，不能扩大。工资以生活费用为基础，而并不取决于劳动效率。贫矿矿工的日工资和临近富矿矿工的日工资没什么差别。富矿矿主得到了利益——他所雇佣的工人则得不到。给富人输送商品的渠道又分成两股支流。一条支流输送富人所‘消耗’的必需品和奢侈品。另一条则是已经‘泛滥’的输送‘储蓄’的支流。输送富人消耗品的这一支流，即富人所消耗的奢侈品的总量，虽然多少可以扩大一些，但由于能够恣意挥霍的富人毕竟是少数，因而扩大的程度总是有限，而且这同另一条支流相比，无论如何只占很小的比例，因而资本的泛滥也就难以避免。富人绝对不会如此聪明，把商品消耗到阻止生产过剩的地步。为了容纳日益增长的新资本洪流而不断加宽加

深的防洪渠道，正是为富人输送储蓄的那条支流，它不仅突然发现自身已不能继续扩大，而且实际上已经在壅塞之中了”。[①]

虽然这段论述过分强调了富人和穷人之间的分裂，也夸大了工人的软弱，但是它却有力而准确地阐明了一个至为重要但却被忽视的经济真理。储蓄的“泛滥”当然并不全都是由“富人”的过剩收入造成的；职业界和工业界的中产阶级也都有份，甚至工人也多多少少地参与了这一过程。但是储蓄的“洪流”，却明白无误地是由于富人剩余收入自动转为储蓄引起的。这一点在美国表现得尤其明显，美国的大富豪发财很快，他们的财富已经远远超出了满足他们所能想象的任何需求。按照上述比喻来说的话，溢出的水流应该重新进入生产领域。在自由竞争盛行的地方，其结果必然是生产力和产品的长期拥堵，迫使国内物价下跌，耗费大量金钱在广告和拉拢订单上，并周期性地引发经济危机以及随之而来的经济崩溃，这时大量的资本和劳动力都处于闲置状态。托拉斯或其他联合企业的主要目的，就是通过限制产量来代替生产过剩，以避免这种耗费和损失。为达到这一目的，它收窄甚至堵住资本的旧投资渠道，使泛滥的水流维持在当前商品生产所需要的流量水平上。这种针对行业的严格限制，虽然为各个托拉斯的个别经济所需要，但却不适用于托拉斯老板们，他们被迫发现新的国外渠道来为他们的生产力和过剩储蓄寻找出路，以补偿国内因严格限制工业生产造成的损失。这样，我们就得到了结论：帝国主义致力于为工业巨头寻求销售国内剩余产品的国外市场与增殖国内剩余资本的国

① *The Significance of the Trust*, by H. G. Wilshire.

外投资场所，以便扩大能够容纳他们剩余财富洪流的渠道。

工业的发展并不必然导向帝国主义，这一点已经很明确了。并非工业的发展要求开辟新市场和投资场所，而是消费力的不合理分配导致国内资本和产品无法被充分吸收。作为帝国主义经济根源的过剩储蓄，包括地租、垄断利润以及其他不劳而获的收入或过剩收入，这些收入都不是依靠脑力或体力劳动得来的，都没有存在的正当理由。这些过剩储蓄和生产领域毫无关系，同消费的满足也不相一致：它们形成无法进入再生产过程的剩余财富，而这些积累继续转化成为过度储蓄。现有的政治经济局势应该变动一下，把所有者的过剩收入或者用于提高工人工资，或用于向社会缴纳赋税，最终结果是将其消费掉而不是储存起来，这两种方法都会刺激消费——也就没有必要去夺取国外市场或国外投资场所了。

国内有如此众多食不果腹、衣衫褴褛、住处简陋的人群，这表示国内市场尚有巨大空间，而在此时耗费财政收入的一半去夺取国外市场，很多人会觉得这是个很荒谬的举动。根据朗特里先生谨慎的统计，我们会发现有超过四分之一的城镇居民属于饥饿人口[①]。如果在经济上稍加调整，将富人过剩储蓄中引发泛滥的那部分多余产品，转而用于提高这四分之一贫困人口的收入和消费标准，就没有推行帝国主义的必要了，社会改良也会因此取得巨大成功。

为了帮我们的商品和剩余资本寻求新市场，而在军备、战争、冒险和蛮横的外交政策上耗费大量自然资源，这并非事物的本性。

① 《贫困：城镇生活研究》。

一个以真正的经济和教育机会平等为基础的先进之邦，在发展生产力的同时会相应提高民众的消费标准，并能够在自己的国土上合理安排无限的资本和劳动力。收入分配方式如果能够将国内各阶级的需要转变成有效需求，那就不会有生产过剩，不会有资本和劳动力的闲置，也不会有争夺国外市场的必要了。

对现代经济体制最有力的责难，在于生产者到处感到难以为其商品找到消费者：代理人和经纪人阶层的惊人膨胀，花样百出的广告，以及分配者阶层人口的普遍增多，都证实了这一事实。在健全的经济体制之下，压力将倒转过来：进步社会日益增长的需求将会持续刺激生产者的发明创造能力，并因而促进生产力的发展。周期性爆发的经济萧条证实了生产诸要素的同时过剩，深刻地揭示了经济分配的谬误。这并不意味着仅是生产力使用的计算错误，也不仅是生产力短期的暂时过剩；这尖锐地揭示了发达工业国长期普遍存在的经济浪费，而这种浪费植根于消费需求和消费能力的分离。

如果收入分配方式能够避免过剩储蓄，资本和劳动力就能在国内获得充分的运用。当然，这并不意味着我们不需要对外贸易了。那些我们在本国不能生产的商品或虽能生产但不够物美价廉的商品，仍需要通过国际贸易来获得，这里如果说还有压力，那将是消费者渴望向国外购买在本国买不到的商品的一种健康压力，生产者再也不必盲目地运用政治经济手腕来为其“过剩”商品寻找需求市场。

关于争夺市场，生产者当然要比消费者着急得多，而这也是经济分配错谬的最好证明。帝国主义就是这种错谬经济的结果；而

“社会改良”是它的救治方法。“社会改良”在经济学意义上的主要目的，在于提高一国私人消费和公共消费的水平，使其与该国最高的生产力程度相符合。即便是像戒酒运动中那些志在废除或减少不良消费形式的社会改良家，他们也一致承认，必须要同时提倡一些较好的消费形式取而代之，因为这有助于提高一般消费水平。

没有必要去开辟新的国外市场；国内市场就可以无限扩展。只要对“收入”或者说购买力加以合理分配，英国无论生产什么都能在本国消费掉。经济资源的不合理分配导致英国工业的专业化畸形发展，某些专门面向国外市场的产业产能过剩，这使之前的观点显得不真实。如果英国工业革命的发展是建立在所有人都能获得土地、教育和立法平等机会的基础上的话，那工业的专业化就不会这样糟糕（虽然通过大力选拔才智之士和有组织能力的人，可以获得更可观的发展）；国外贸易固然会更稳定，但其重要性则会降低；民众的生活会更加富足，而目前国民消费率，可能为比现在更多的公私资本，提供更多充分的、持续的和有利可图的运用机会[①]。过度储蓄或扩大消费之来自于富人的过剩收入，即使从纯资本的观点来看，也是一种自杀式经济；因为只有消费才能刺激资本，并使其得到利润。“占有者”阶级占有的消费能力超出自身的需要，而且又不能服务于资本的增殖，这是典型的“狗占马槽”。所

① 英国古典经济学家受其节约说和资本增值说所限，难以接受如下见解，即通过不断提高国民舒适生活标准可以无限扩大国内市场，他们早就鼓吹为了投资必须开拓海外市场的学说。所以穆勒写道：“资本扩张将很快达到其最高界限，如果界限本身不能继续扩大并留出较多余地的话。”（《政治经济学原理》）在他之前的李嘉图在给马尔萨斯的一封信中写道：“如果我们随着资本的积累能够相应为岛国寻得一片新沃土，那利润就绝不会下降。”

以，那些以剥夺占有者阶级剩余的社会改良政策，并不会像他们恐惧的那样真正伤害他们；他们对这些剩余的使用，无非是强迫国家实行破坏性的帝国主义政策。保证国民安全的唯一道路，在于将占有者阶级不劳而获的收入，转而用于提高工人阶级的工资水平或充实公共财政，使之能够用在提高消费水平上。

为了达到这一目标，有的改良主义者主张提高工资，有的则主张增加国家税收和财政支出，这让社会改良面临两条分歧的道路。这两条道路本质上并无不同，而是互为补充。工人阶级运动无论依靠个人互助还是向立法院和政府施加政治压力，其目的在于提高国民收入中的劳动收入份额，主要包括工资、养老金和伤害补助金等形式。国家社会主义的目的，在于对财产和收入课税，以便将收入中“不劳而获”的部分纳入国库用于财政支出，留给生产者必需的收入以激励其进行财富的创造，并把不致发生垄断且国家无须或无法经营的产业留给私人经营，以便全社会都能分享因工业社会密切而必要的共同劳动而增加的“社会价值”。以上所述当然不是社会改良运动唯一的或最被公认的目标。但是在本书的分析中，这些都是要点所在。

所以，工联主义和社会主义是帝国主义的天敌，因为它们要争夺“帝国主义者”的剩余收入，而正是这些剩余收入构成了帝国主义政策的经济动力。

以上论述当然尚未完全概括这些力量之间的全部关系。如果对这些关系进行政治分析，我们就会发现，帝国主义倾向于摧毁工联主义，并且“蚕食”或者说寄生在国家社会主义体内。但如果仅从经济角度来看，工联主义和国家社会主义在遏制帝国主义方面是互补的，一个主张将过剩储蓄用于提高工人阶级收入，一个主张将过剩储蓄转化为财政支出，这都会提高国内消费能力从而减轻对国外市场的需求压力。当然，如果工人把这笔增加的收入拿去“储存”起来而不是消费掉，又或者对这部分不劳而获的课税，被用来减免占有者阶级的其他税收，那就不会出现我们上面说的结果。然而，对工联主义和社会主义的措施也不要抱有太多期望。虽然目前还没有足够的自然刺激迫使富裕阶级拿他们的过剩收入去继续挥霍，工人阶级家庭却易受经济需要的有力刺激，因此一个善治政府，应该通过创新社会支出的有效形式提高民众生活水平，并将之视为自己的首要责任。

我们的论述并不涉及政治经济政策的实际问题。这是我们坚持的一种经济理论——这一理论如属正确，可以消解那种认为扩大外贸进而进行帝国扩张是国民生活所必需的谬论。

从节省精力的角度来考虑，国家和个人面临着同样的“人生的选择”。一个人可以把全部精力耗费在获取身外之物上，一块又一块田地，一个又一个谷仓，一家又一家工厂——使“自我扩充”遍及于财产的最大范围，积聚着在某种意义上带有他权力和利益烙印的、属于“自我”的物质财富。他汲汲于贪得无厌的发财计划，但却牺牲了本性中更值得追求的高尚品质和趣味。这两种追求并不是截然对立的。亚里士多德说过，“先谋生而后修身。”因此，为了舒适的生活而追求物质财富，就连最聪明的人都不会反对；但如果把时间、精力和兴趣耗费在追求财富的数量上，却因而牺牲了高尚趣味，浪费了个人才能，这就是一种错误的生活方式。个人的经济生活同样如此：就是集约耕作还是粗放耕作的问题。在土地充足的地方,粗鲁无知的农民一般都倾向于花钱购置更多的田地,并在田地上进行粗劣的低级耕作;老练而讲究技巧的农民则会专注于小块土地的精耕细作,充分利用土地的种种特性,使之适应市场上最有利可图的需要。其他的人生事业也是如此;即使是在生产规模最大的经济场合也存在某种限度,明智的生意人是不会跨过这一限度的,因为他明白如果这样做的话,他从机械化的产销经济中获得的利益会因为生产管理这块短板而大大减少。

要数量还是保质量,这样的难题到处都有。帝国的全部问题也正在于此。在人口数量、自然资源和领土面积受到限制时,一个民族或者尽力改进本国的政治和经济管理,只出于最合理安排增长人口的目的才去开辟新疆土;或者像一个散漫的农民那样受惑于新市场的投机价值和快速回报以及对新领土的贪婪,不顾帝国扩张带来的政治和经济上的损耗,而只管把他们的权力和精力扩展到全球各处。必须要明白,集约耕作和粗放耕作两者不能兼得,只能二选一。一个国家或者效仿丹麦和瑞典的先例,集中精力于农业进步,发展兼顾普通和专业的多元化公共教育体系,将最成熟的科学技术应用于特色的制造工业,在本国有限的领土上维持国民蒸蒸日上的舒适生活和道德品性;或者像英国那样,为了在地球的遥远角落夺取不中用的市场和资本投机的场所,让帝国吞并数百万平方英里的土地和难以同化的人口,而耗费大量的财力和武力,结果却造成农业落后、土地荒芜、城市人口过度膨胀,而且在教育方法和新科技应用上落后于其他国家。

我们已经说明,刺激和推动这种错误经济方式的推动力量是阶级利益。目前这种局势几乎无法逆转。除非从根本上斩断这些经济根源，或者剥夺那些帝国主义为之服务的阶级的剩余利益，要不然仅仅批评帝国主义或军国主义政策是毫无用处的。

第七章　帝国主义的财政

上一章对经济力量的分析，说明了帝国主义国家的财政特征。正如我们所看到的，帝国主义只不过是私人势力，主要是资本家利用政府机器获取海外利益的工具。操控国家政策的这一因素赋予财政支出和征税以特殊的性质。

19 世纪最后 30 年(1870—1900 年)，英国财政支出具备如下特征：

第一个特征是国家财政总支出的增长速度。这个增长速度远比外贸增速要快得多。因为 1870—1875 年国外贸易年均价值 6.36 亿英镑，在 1895—1903 年间增至 8.68 亿英镑，而同期财政支出却从 6.316 亿英镑增至 9.445 亿英镑。这个增长速度高于国民总收入的增长速度，据粗略统计，同期国民总收入从 12 亿英镑增至 17 亿英镑。这一增长速度在后半期大大加快，因为即使不把战时财政支出计算在内，帝国的普通财政支出从 1888 年的 8,742.3 万英镑增至 1900 年的 1.286 亿英镑。

该财政支出数据最显著的特征是直接生产性支出在国家总收入中所占的比例非常小。粗略地说，四分之三的钱被用于陆海军费和偿还军事债务，也就是说一英镑中只有五先令被用于教育、民政以及暧昧不明的地方税补助金。①

唯一令人满意的是财政支出中教育经费总额和占比在逐渐增加。大部分用于地方税补助金的款项，只是给土地所有者的津贴而已。

该时期军备支出的增长，比财政总支出、贸易总额、国民收入以及其他国家财源的增长要快得多。在1875年国家财政支出6,500万英镑中，军备支出还不到2,450万英镑；而在1898年财政支出的9,900万英镑中，军备支出达到4,300万英镑。

继南非战争的巨额支出之后，军备支出连年扩大，每年增加额不少于1,500万英镑。

在四分之一个世纪稍多一点的时期内，军备支出从2,500万英镑增至6,000万英镑，这是帝国主义财政最显著的事实。如上所述，金融家阶级、工业阶级和职业阶级构成了帝国主义政策的经济核心，他们用手里的政治权力向国家榨取这笔国帑，用于增殖资本、寻求投资场所以及开辟商品市场，同时从这笔国帑的支出中，获得有利可图的承保业务和优厚体面的职位，而这又是一笔巨额的收入。

作为帝国主义政策的操控者，金融和工业资本家用所谓真诚的信念来掩饰其贪欲，并对其他未能直接得益的势力集团进行金钱贿赂，以获取他们的同情和支持。

这就说明，日益增加的巨额地方税补助金虽然表面上被解读

① 但是，用于国债项下的一部分经费，既然有助于减少债务，就应当被看作是生产性支出。在1875—1900年间，债务减少了14,000万英镑，相当于每年减少580万英镑。

为是对税负的减轻，但其实大部分是对土地所有者的津贴。教会和酒水行业的支持被以更低廉的价钱收买过来；对前者是减轻什一税和增加对教会学校的补助金，对后者在于淡化禁酒运动的影响和在税收方面给予特别照顾。

资本帝国主义势力构成了国家财政政策的中枢，我并不是说其他工业和政治势力在其中没有自己的诉求和影响力，而只是说，在解释实际政策时必须将资本帝国主义势力看作是真正的决定性因素。

我们把资本主义体系下几乎全部有组织的势力，包括土地资本，视同帝国主义。参与促成帝国主义政策的众多势力大都谋取以下两种利益中的其中一种：或者是帝国主义政策带来的利益、贸易利润或职务；或者是与军事和民政支出相关联的利益、利润或职务。

除了一切政治上的理由外，确认日益增长的财政支出是某些组织完善而且有影响力的势力集团的直接财源，并且确认对于一切此类势力集团，帝国主义是增加财政支出的工具，这并非言过其实。

资本家是这一明显的寄生性政策的指挥者；但是同一动机对工人中间的特殊阶层也起作用。在很多城市中，最重要的工业部门都要依靠政府的定货；冶金工业和造船工业中心的帝国主义也在很大程度上可以归因于这个事实。下院议员随意运用他们的权力来为其选民谋取合同和直接交易；而每一次财政支出的增长都加强了这种危险的倾向。

然而，帝国主义财政最显著的意义还不在于财政支持，而在于征税。那些以权谋私的利益集团,如果他们首先为充实国库而筹款,那他们的目的将很难达到。他们把自身纳税的直接负担转嫁于其他阶级和后代,就成为当然的自卫手段。

公正的税收政策应该使国家收入取自于土地的非劳力增值以及一些行业的利润,这些行业凭借法律或经济的保护免于激烈的竞争,从而能够得到高额的利息或利润。此等课自收入之不劳而获部分的税收,是最容易负担的,而且也不会妨碍工业的发展。然而,这却意味着向构成帝国主义的经济根源的那部分课税。因为,恰恰就是这部分不劳而获的收入趋向自动的积累过程,并且迫切需要在海外寻找投资场所和商品销售市场,从而把政治力量导向帝国主义。所以,健全合理的税收体系将击中病患的要害。

另一方面,如果资本帝国主义力量公开把税负重担转嫁到人民身上,则在平民政治体系之下这样昂贵的政策将难以运行。一定要让人民付税,那就一定不要让他们知道自己在支付,或者不让他们知道付了多少,并且把付税的时期尽可能地延长。

举一个近代史上的例子。为了获得南非土地和矿藏的控制权,金融和政治势力诱使英国政府耗费了2亿国帑,如果这笔钱要税吏强行向每个公民摊派几英镑现金——这份税款后来是通过更加不正当的手段征收来的——则会非常困难。

通过从收入或财产中直接征税来支持帝国主义是不可能的。在平民政治占主导地位的地方,如果公民了解他们以现金付税的代价,那么军国主义和战争将是不可能的。所以帝国主义到处推行间接税,虽然不够直接和便利,但却有利于隐藏真实的目的。或者这样说可能更恰当,即帝国主义利用一般人的懦弱和愚蠢,到处骗他们花钱购买公债，利用公众的愚笨来达到自己的目的。即使在严重的紧急事件的压力下，任何政府也难以做到对收入征收所得税；甚至对动产课以财产税也常发生逃税，而且这总是不受欢迎的。英国的例外情况实际上证明了这一规律。

进口税的废除和自由贸易的确立，标志着新兴工商业财阀统治对土地贵族统治的政治胜利。在英国凭借先进的工业生产方法进行急剧贸易扩张的时候，自由贸易有助于工商业阶级以更低廉的价格进口原材料和降低劳动者生活成本，这让他们衷心支持重新征收1842年皮尔[①]提议的所得税，以便废止或减少进口税。当克里米亚战争[②]给英国突然造成巨大压力时，自由贸易政策正大行其道，自由党内阁为了避免回到保护贸易，就扩大所得税的适用范围，并进一步废止进口税而使所得税更加难以被撤销。现在没有一个政府能够撤销所得税，因为寻找新的替代性税种不得人心，这会使所得税的撤销得不偿失，而所得税税源丰富并且易于计算，这也非其他税种所能比拟的。

对于受过英国政治经济学训练的金融家来说，他们基于经济原理和个人的信念，会倾向于赞同征收所得税；而对于相互竞争的政党来说，他们为了用阶级性的税收政策取悦新参政的民众，就会更加赞同这一点。本世纪中叶在全欧洲沸腾的革命思想，英国巨大工业中心的迅速成长以及由此带来的贫穷、愚昧和骚乱，这让建

① 皮尔(Sir Robert Peel，1788—1850)，英国托利党领袖，曾于1834—1835年和1841—1846年两度出任英国首相，是英国19世纪举足轻重的政治人物。——译者

② 克里米亚战争，指在1853—1856年间，欧洲列强之间因为争夺巴尔干半岛的控制权而爆发的战争，以英法联军的胜利和俄国的失败而告终。——译者

立正式的民主政治看起来是非常冒险的尝试，两个政党都在用布施和贿赂的方式来驯服这个新兴的怪物。1885—1886年旧自由党的分裂，第一次让动产和不动产具有同等的重要性，实行累进所得税和遗产税的真正民主预算成为可能，而且似乎正当其时。无须否认，威廉姆·哈考特爵士和他的同僚真诚地认为这项政策是公正而且适宜的；但必须记住，他们在面临帝国主义和教育都需要增加经费时，除了改变他们曾经坚决拥护的自由贸易政策，并对商业势力发起进攻外，并无其他办法，而这种进攻有可能引起商业势力对他们所赞同的工人阶级事业的反攻倒算。通过累进税和遗产税对"财产"进行财政侵犯，是一种非常政策，这主要两种原因相互纠缠的结果——突然恢复到已被抛弃的保护贸易措施的困难以及迎合民众对于面目尚且模糊的民主政治的爱好。

所以帝国主义的变态是和直接税相伴相随的。其他没有一个国家的政治是这样运行的。在欧洲大陆上，军国主义和帝国主义的兴旺得益于间接税的征收，并通过征收关税充实国库，从而使农业和工业势力轻而易举地击败任何倾向于自由贸易的运动。在英国，通过直接征收财产税和所得税来支持帝国主义的政策，看起来难以为继。有产者阶级的政府已经摆脱了自由贸易的传统；就农业和某些主要工业来说，一些领导人和绝大部分群众都毫无疑问是贸易保护主义者。他们不再对普选权赋予人民的力量感到恐惧，也不准备继续征收财产税来迎合人民；他们已经摸透了这个"怪物"的脾气，他们以为借助"同行"和教会就可以驾驭它，而且可以通过保护关税来哄骗它为帝国主义继续买单。拉丁文中的"Panem et circenses"，翻成英语的意思是"低廉的酒和狂欢庆祝"。

普及教育不是用来防卫，而是用来煽动帝国主义情绪；它把粗俗的傲慢和浅薄的哗众取宠的观念，灌输给大部分愚钝的群众，让他们用一种模糊和迷惑的眼光来观察当代历史和纷纭世事，那些有组织的势力就这样引诱、恫吓和驱使大部分受骗者，以为自己所用。

如果自由党能坚持和平、节约和改良的原则，拒绝超出莫尔斯沃思等人主张的真正的“殖民主义”，并抵制公债持有人鼓动的“进取的外交政策”的诱惑，他们也许能够抵抗对自由贸易的攻击。但是，外国列强的行动和科学战的新技术让帝国主义的开支迅速增长，自由党陷入进退两难的处境。在代表有产者阶级利益的保守党和组织松散的社会主义工党之间，自由党是一个标榜温和的缓冲党，它的领导人全都出身于有产者阶级，这让它不敢大胆尝试以直接征收财产税和所得税的方式满足帝国主义财政日益增长的需求。它没有勇气抛弃帝国主义政策，也不能坚持让那些从帝国主义政策中获利的阶级来承担这个成本。

不要指望自由党会进一步征收累进的所得税和财产税来为好战的帝国主义政策买单，它既没有这个愿望，也没有这个能力。当一个税种税源丰富而且易于征收的时候，要废除它是很难的；当财政支出恢复到正常地步时，所得税将会减少，而全部支出的增加(据一位统计权威估计，单军费就有 2,000 万英镑)，将取给于间接税。

现在借间接税来增加大量可靠的税收，即意味着放弃自由贸易。这样一种巨额的稳定收入，只能依靠对输入的必需品和生活上、贸易上的主要便利品进行课税。当然，强调为财政收入而课税就不是保护贸易，这种说法是完全没有根据的。如果征收糖和茶叶的进口税，如果对小麦、面粉、外国肉类、主要产品的工业原料以及在国内市场上有竞争性的制成品课以进口税，虽然其目的在于增加财政收入，但其经济效果却是保护贸易。

也许帝国主义的财政还不准备承认“保护贸易”这个名词及其全部经济政策。它在准备阶段可以用其他名词。对甜菜糖征收反倾销税就装作是自由贸易的手段：一经承认，就以类似理由为借口采取全套的反倾销税。若以有补助和低于“成本”价格生产等理由对监狱制造的商品课税，就必然会有同样的措施来抵制外国“血汗”工厂的商品。对煤课以出口税，必然会对同样能提升本国制造竞争力的引擎和机器课以同样的税。但是，保护贸易最有力的借口是军事需要。列强环伺下的军事国必然会要保证国内有充足的战备资源、新兵队伍和大量的粮食补给。我们的国防安全不能托付给在城市里出生长大的人口，让粮食供应依赖于外国更加危险。从这两方面看，需要限制城市人口的过度膨胀，并极力复兴农业，使民众重新回到土地上去。

有两种办法看来是可行的。一种是对土地制度进行大刀阔斧的改革，由公共团体强制征收或租赁地主的土地所有权，通过提供充足的贷款建立广泛的小农经营，使农民能够安心农业生产。另一种办法是实行保护贸易政策，对进口的谷物、牲畜、水果和乳制品重新征税，以此刺激本国农业发展并使人口留在土地上。

考虑到占有者阶级的政治统治地位，第二种办法无疑更好一些。土地占有的利益和工业利益现在已经完全交织在一起，这让城市的工业家不可能拒绝向农村地主提供援助。地方税补助金就是这一事实的明证。政治经济学家会证明，现在的“保护贸易”最主要的结果是提高地租，谷物税会提高面包的价格，从而实际提高工资并损及利润，而如果课税真能够刺激集约农业的发展并实现粮食自给，便无补于财政收入。贸易保护主义者并不会对这一矛盾感到难堪，因为他知道，他视之为"票仓"的民众会在其中"两害相权取其轻"。

为了保证体格健壮和具有军事才能的农民留在土地上，在最近的将来，保护农业的呼声要压倒所有经济上的反对意见，保护贸易的影响会被精心设计的土地改革所冲淡，在英国土地上产生一个新的"自耕农"阶级，并在损害赔偿金之外再在英国地主的口袋里加进一大笔收买费。

另一条通往保护贸易的隐秘渠道是造船业。这里不是为了课税，而是为了出口奖励金。英国如果想要在战争和贸易中占优势，就必须开放商贸通道，也必须要有足够的船舶和海员来护卫防御。英国大量的海外贸易最初无疑凭靠的是航海条例，而政治上的迫切需求和商业利益的结合，将会促进这种政策的恢复。这些都是倾向于保护贸易的主流因素。但是，没有任何理由假定这些政策只会限于农业、糖和其他有补助的进口货物以及煤的出口税和造船业的出口奖励金。纺织、冶金和其他重要制造业等主要部门，甚至在国内市场的垄断地位都遭到了荷兰、德国和美国的威胁，早就丧失了对自由贸易的信心，而在当初英国生产技术领先各国的时候，它对自由贸易可是欣然支持的。工业的地方化是贸易保护主义政客手中最厉害的一件武器。尽管某些工业势力给自由贸易运动提供经济和智力上的支持，但是保护贸易是生产者拥护的政策，而自由贸易则是消费者拥护的政策。地方化可以使政治家迎合一个城市或邻近地区各行业的利益，并且让资本家和工人都相信，如果他们的行业受到政府保护以对抗外来企业不公平的竞争，他们将获得更多的利益：丝毫不提及他们作为消费者因为利润和工资的购买力下降带来的损失以及保护贸易给其他地方的行业造成的冲击。这种迎合各个生产者利益的做法，在教育水平和知识程度较低的人群中肯定能取得成功。虽然大家都承认保护贸易首先只是提高某些特定行业的工资和利润，但却坚决反对保护贸易可能导致物价普遍上涨的负面后果。

但是，贸易保护主义政策的整个性质可能因为帝国主义的烟幕而显得模糊不清。保护贸易将不是保护贸易，而是帝国内部的自由贸易；保护关税将隐藏起排外的一面，并乔装为帝国的关税同盟。经济方面的巨大变革需要政治机器发挥作用，于是就创造了这个机器。英国的帝国主义本质上虽不仅是一种经济活动，但它创设的号称帝国联盟的政治成就，其实为了竭力掩饰它所偏好的保护主义的财政制度。这种通向保护贸易的道路，帝国主义在任何场合都尝试过，张伯伦先生在 1897 年的奇妙尝试就证明了这一点。英国在南非的灾难性政策引发了财政需求的恶性膨胀，而这给了贸易保护主义政策抬头的政治机会。这种政策将设法利用殖民地人民在南非战争中靠拢宗主国的狂热忠诚，使正式的联邦建立在这样一个基础上，即他们甘愿为帝国的防卫和扩张贡献财力和人力。这是争取帝国联盟的尝试，成功与否是另一件事情。在这里称之为走向保护贸易的道路之一。

所以，保护贸易在很多方面都是帝国主义的天然同盟。

帝国主义的经济根源，即是强大的有组织的工业和金融势力，意图凭借公众的钱财和力量，来为它们的剩余商品和资本攫取并巩固私人市场。战争、军国主义和“进取的对外政策”都是达到这一目的的必要手段。这项政策意味着财政支出的大量增加。单以为商品取得市场这件事而论，如果要他们自己掏腰包，通过征收所得税和财产税来买单，那就得不偿失了。他们必须想方设法把这笔负担转嫁到公众身上。但在有普选权和代议制政府的国家，这件事就不能光明正大地干。课税必须是间接税，并且必须征之于消费品或构成一般消费标准的普通用品，还要在征税过程中保证需求不会减退或者转向其他代替品。保护贸易不仅通过向软弱和无辜的消费者课税来服务于帝国的财政，而且同时保护了本土生产者免于外来竞争，使其能够抬高国内物价从而扩大利润，这就为有势力的经济集团谋取到了二次利益。那些把正常状态的对外贸易看作是商品和劳动公平交换的人们，似乎难以理解，为什么这些经济集团一边竭力把外国商品排挤出国内市场，一边又不遗余力地把他们的商品推向国外市场。但是，我们必须要提醒这些经济学家，这里的主要动力不是贸易而是投资：出口额大于进口额是最有利的投资方式，当一个国家或者严格点说这个国家的投资者阶级，贪婪地想要成为债权者或者寄生国，那就没有理由让进出口长期保持平衡。所谓帝国主义在经济方面的整个斗争都趋向于日益加深的寄生性，而从事于这场斗争的阶级需要将保护贸易作为最有力的工具。

作为帝国主义财政的分支，保护贸易的本质和目标已经被英国的情况所充分揭示，因为取代早已被广泛接受的自由贸易政策的必要性暴露了保护贸易各种不同的手段和它所依仗的势力。在其他已经走上或刚刚走上帝国主义道路，而且在爱国主义、文明等假面具掩盖下的各种经济利益同样错综复杂的国家里，保护主义是传统的财政政策；问题只是如何扩大它的范围和使它走上必要的轨道。

但是，保护贸易并非是帝国主义唯一适当的财政方法。在任何时候，借用消费者的纳税来应付当前支出，都会受到数量上的限制。帝国主义政策的推行，经常会碰到战争和军备方面难以预计的巨额经费缺口。这些缺口都非现有的税收能够填补。这些支出必须作为资本支付，其偿还可以无限期推迟，或者用可以缓付和止付的偿债基金来应付。

发行公债是帝国主义正常的和最显著的特征。就和保护贸易一样，发行公债也有双重目的，它不仅为逃避所得税和财产税提供了第二种手段，而且也成为闲置储蓄寻求增值的一种最可靠的形式。因此，不断发行大量公债，不仅是现有财政收入无法满足帝国主义支出的必然结果，还是突然性的战争勒索和其他公共罚款的必然结果。帝国主义财政的直接目的就是发行愈来愈多的公债，正如同私人放债者怂恿他的顾客陷入财政困难以使他们求助于自己一样。对国外投资的分析表明，公债或国家担保的债券绝大部分都为其他国家的投资者和金融家所持有；近代历史表明，在埃及、土耳其和中国，公债持有人和潜在的公债持有人都参与政治活动。这种财政手段不仅在国外可以大量获利，而且可以成为侵略的主要工具和借口。对金融阶级而言，持有本国大量的国债是有利可图的。这类公债的流通和交易是赚钱的生意，也是在紧要关头施加重要政治影响的手段。在流通资本持续过剩的情况下，增发国债就成了必要的金融排水措施了。

帝国主义连同它引起的战争和军备，毋庸置疑需要对大陆国家的增发公债负责，而当英国空前的产业繁荣和美国的孤立让这些大国避开了近数十年的毁灭性竞争时，它们的免疫期也就到头了；这两个竭尽全力致力于帝国主义的国家，将愈来愈屈服于打扮成帝国主义者和爱国主义者的放债阶级。

第二篇

帝国主义的政治

第一章　帝国主义的政治意义

一

关于帝国主义的政治特征和倾向的惊人无知，《殖民史》这本学术著作中的下列引文为此作了最好的注脚："地球全部陆地面积的 1/5 在实际上或理论上被英国国旗所覆盖，同时这个星球上有 1/6 的人口处于各种形式的英国殖民统治之下，了解了这个事实，那英国领土的范围之大就是言语所无法形容的。行使权力的名目多种多样，过程也有所不同，但这许多机构追求的目标却非常相似。根据相关地区不同的气候、自然条件和居民，管理和实施的办法也是不一样的。采取何种手段要视当地实际情况而定；没有什么一成不变的政策方针；数十年来，英国政治家在同一块领土上的统治方式就经常变更。看来只有一条不变的行动准则，即最大限度地增进殖民地的利益，尽快发展当地的政府管理体系，最终将与殖民地的关系提升为合作伙伴关系。在这股仁慈之光的照耀下，英国的主要殖民地虽未解除名义上的束缚，但却获得了实质的自由；同时，其他隶属领土也迫切渴望获得这种自由，在另一方面，地方独立的权利又使得英国易于将许多藩国同化进自己的政治体系

之内”。[①] 这意思是说,英国人和罗马人一样是天生的统治种族,我们之所以施行殖民政策和帝国主义政策,是为了要把国内民众享有的自治艺术推广于全世界,我们确实正在缔造这项事业[②]。

现在,暂且不讨论英国代议制的优缺点,宣称以此为“行动的不变准则”教化我们的属地,就是对殖民政策和帝国政策真相的最大误读。对于帝国领土上的广大居民,我们并未给予真正的自治权,也没有当真要这样去做,或当真相信我们能够这样做。

在本土以外的36,700万英国臣民中,真正享有立法和行政上的自治权的人口,不超过1,000万,换句话说,只占1/37。

政治自由以及在此基础上的公民自由,在绝大多数的英国臣民中是绝对不存在的。只有澳洲和北美的自治领才有真正负责的代议政府,然而即便在那些地方,如西澳大利亚有相当数量的外来人口,昆士兰[③]存在大量奴隶劳工,这都冲淡了当地民主政治的纯粹性。好望角和纳塔尔最近发生的事件表明,移植到这些国家的英国制度在形式上和精神上是何等脆弱,那些地方的大多数居民经常被排除在政治权利之外。在所谓的自治殖民地中,选举权及其衍生权利事实上被白种人所独占,那里有色人口和白种人口的比例分别是4∶1和10∶1。

在我们某些较老的直辖殖民地,管理方面有代议制的成分。虽然国王指派的总督独揽行政权,并由他提名的委员会协助其事,

① 莫里斯:《殖民史》第2卷,第80页。

② 劳里埃爵士在1902年7月8日的演讲中说:“英帝国是一群自由国家的集合。”

③ 昆士兰,澳大利亚东北部州名。——译者

但是立法会议席的一部分由殖民地人民选举。属于这一类的殖民地有：牙买加、巴巴多斯、特立尼达岛、巴哈马群岛、英属奎亚那、温德华群岛、百慕大群岛、马耳他岛、毛里求斯岛和锡兰。

在这些殖民地，代议制的范围和影响都很不相同，但没有一个地方的选举成分在数量上超过非选举成分。因此它变成了咨询机关而不是真正的立法机关。不仅非选举成分在数量上超过选举成分，而且在所有这些场合，殖民部对议会通过的措施可以任意行使否决权。此外，在几乎所有的场合，选举权被附加了很高的财产条件，这就阻碍了有色人种按照他们在这个国家的人口比例和实际利益来行使选举权。

1898年，受到这个条件限制的直辖殖民地人口达5,700万[①]。

英帝国绝大多数臣民都处于直辖殖民地或保护地的统治之下。在这两种统治下，他们都享受不到英国公民的重要政治权利；也接受不到英国自由政体的艺术熏陶。直辖殖民地的居民没有任何政治特权。由殖民地任命的总督，在立法和行政上都有绝对权力；辅佐总督的委员会通常由他自己或本国政府选定，委员会的职能仅限于咨询，而且它的政策建议经常被忽视。在非洲和亚洲我们攫取的广大保护地中，没有任何议会政治的迹象；英国因素只体现为对当地政府的肆意干涉行为。割让给特许公司的地方是个例外，受商业目的驱使的商人，被允许可以在英帝国官员的不完全干涉下，对土著居民行使专制的统治权。

此外，在印度的某些土邦和藩国，帝国事实上仅限于管理对外

① 在一切主要特征上，印度和埃及都属于直辖殖民地之列。

关系、武装保卫以及镇压国内重大骚乱，国家的行政权实际上掌握在王公或酋长手中。无论这种安排多么高明，也不能因此说英帝国是自由政体的培育者。

凡是在英国实际统治之下的地方，就不会有自由和自治；凡是有某些自由和自治的地方，就不会有英国的实际统治。在帝国的居民中，只有不到5%的人能够享受到作为英国文明基础的政治自由和公民自由。除了加拿大、澳大利亚和新西兰的1,000万英国臣民，没有多少人能够在重要事项方面享有充分自治，或与宗主国正在"从殖民地关系提升为合作伙伴关系"。

对于研究英国现状和未来发展的人来说，这就是全部事实中最重要的事实。在这些小岛上，我们用以驾驭全世界低等种族庞大集团的统治方式，其实与最值得我们骄傲的统治方式是相悖的。

这里的问题不是我们的统治是否就比殖民地和隶属种族的自我管理要好，也并非是否比其他欧洲帝国的统治要好，而在于我们提供给殖民地的是否是我们向来引以为傲的治理艺术。

上述引文中的观点，即英国19世纪不断变换的殖民政策，确立了培育属地自治的"不变准则"，这显然是完全不符合史实的，也与忠诚的殖民政治家的证词相悖，因此不值得作进一步的正式反驳。我们政党内阁的结构、老一辈殖民大臣的无知和冷漠、殖民集团和殖民势力的卑劣行动，使得殖民政治长期以来介乎摇摆不定和孤注一掷之间；所谓的"不变准则"，是某些商业势力利用高压让政治权力为其火中取栗。在19世纪的大部分时期，号称在"仁慈之光"照耀下的殖民政策是个臭名昭著的谎言。在那些不把殖民地当作负担的政治家眼中，殖民地是包括罪犯、贫民和废物在内的过剩人口的垃圾倾倒场，或者是英国贸易的潜在市场。只有少数比较开明的政治家，比如莫尔斯沃思和韦克菲尔德先生，才以同情的目光注视着澳大利亚和加拿大民主主义的兴起。但是，基于培育自由政体的愿望来规划殖民政策，不但不是“不变准则”，而且在英国任何负责的殖民大臣那里也从来没有成为过准则。

当 70 年代新帝国主义萌芽初现，“帝国”概念被赋予更多政治意识的时候，英国的帝国使命在于普及自由政体思想，这种说法确实在一时间成为自由派政党的口头禅，英国在澳大利亚和加拿大的所作所为似乎也在暗示人们，上述这种说法也并非空穴来风。议会政治的理论和实践“如火如荼”；自由党的殖民总督忙着在印度和西印度进行政治实验；南非殖民地的政治进程似乎暗示帝国的广大臣民很快就可以得到实质的自治；主要或者完全由自治国家联合成为大英帝国的远大梦想，开始迷惑着不少政治家。

有些人——虽然人数越来越少——仍然抱有这样的见解和信心，即我们正在逐渐将大英帝国变为一群实质上自治的国家。他们认为，我们在印度和埃及的地位之所以是正当的，是因为我们正在训练当地人如何有效执政，当他们听闻锡兰和牙买加政治中的“代议”因素，就自以为帝国政治的发展趋势正走向这个目标。他们承认政治自由在目前帝国政治中的比重还很小，但却辩解称这是训练低等种族的必经阶段：我们的臣民绝大部分都是“幼稚”的，必须慢慢地和谨慎地训练他们掌握自治的艺术。

如果有人以为主政唐宁街的要员和殖民地能干的官吏中仍有相当大数量的人会相信他们治下的居民能够被训练实行有效的自治，或者在其政策影响下迟早能达到这一目标，那这些人就被骗了。极少有官员还抱有这样的见解，即我们能够把西方的管理艺术教给或者说正在顺利地教给印度的庞大人口。一般认为，英国治下自治政府的英国式改革都是失败的。印度政府确实取得了实际成功，公认具有良好的秩序和司法，但这是由于英国能干的官吏的专制治理。土著官吏大多受训成为低级下属，有极少人会升迁到高位，但这既不是主要目标，也并不意味着这些土著官吏在将来能成为自由印度的公仆，而非帝国政府的官僚。

在其他实例中，比如在埃及，我们让土人担任某些行政工作，这种对低级官吏的训练也并非一无是处。我们在许多殖民地维持秩序、确保公正和开发物质资源方面所取得的成就，大都是因为我们学会了尽可能雇佣土人事务官从事琐碎的行政工作，并使我们的统治得以平稳地适应当地的情况。保留当地的法律、风俗习惯和早先其他殖民者强制推行的法律体系[①]，虽则使枢密院的最后判决复杂化，但却大大有利于当地琐细的行政工作。

帝国不但在法律上而且在其他统治方式上的多样化，引起了许多历史研究者的赞叹。有人说，“大英帝国进行统治的方式方法几乎千变万化。有一些殖民地在历史上的不同时期经历过各种统治阶段，1891 年单在英国境内同时施行的统治方式约有三四十种

① “所有被英王征服或割据的国家，都可以保留其最初的法律规章制度（不应与英国有关属地的一般法律相抵触），直至其被主管当局废除为止。现在，因为许多独立国和其他国家的属地成为英国的附属国，所以在很多英国属地仍然全部或者部分保留着外国的法律制度。特立尼达岛保留了不少西班牙法律；德默拉拉、好望角和锡兰保留了不少荷兰法律；下加拿大按照“巴黎的习惯”保留了法国的民法；圣卢西亚保留了它在属于法国的时候的法国旧法律。”（Lewis，“*Government of Dependencies*，” p. 198）

之多。现在，有些地方彻底施行纯粹的专制统治，而帝国也有些殖民地，那里的殖民政府从属的程度已经很微弱，几乎感觉不到了”。[①]

究竟这是殖民政策“弹性”特征的显著证明，还是一个偶然的案例，没有必要在这里讨论[②]。

关键的问题在于，越是说统治方式具有无限多样性，就越说明

① Caldecott, “English Colonization and Empire,” p. 121.

② 金斯利女士关于西非的研究，很好地揭示了所谓“弹性”政策在殖民部统治管理殖民地过程中的实际作用。“西非总督在采取任何重大举措之前，应该要咨询殖民部官员的意见，但由于殖民部不像总督那样充分了解当地情况，如果总督确实才能出众，那殖民部也帮不上什么忙，而如果总督才能平庸，那殖民部对他也无所妨碍。因为，无论如何总督是殖民部的代表；在殖民部和其他欧陆国家的国际交往方面，总督确实无法劝说殖民部听取自己的意见，因为殖民部对这些事务了如指掌；但是在西非土著和贸易方面，一个意志坚定的总督却可以说服殖民部，让其允许自己尝试哪怕一些奇怪的想法，因为殖民部既不了解土著，也不了解西非贸易。所以，你们看，一个西非属地的总督所处的地位是不妙的。他得不到委员会有价值的帮助，也没有一批资深的专家能够经常给其提供建议；除了大陆政策方向这方面，他其实是受到一个外行委员会的牵制……在总督之外，还有医疗、法律、秘书、警察和海关等系统的官员。他们大都从事于书记工作。书记工作是直辖殖民制度中不可或缺的，而海关工作则直接为这套制度提供经济来源。由于气候原因，这些部门中实际上必须有两套干部——这是一套完善的体制应该具备的；有些官员的工作通常是由属员来完成的；属员同样可以做得很好，但是报酬却非同样优厚，除了那些完全事务性的部门之外，其他部门因为属员的工作而很难保持政策上的连续性，而且开支也必然很大。对于政策连续性要求比较高的首先是总督的工作——一位总督赴任，开始推行一套新的政策方针，在他回国休假的时候就委托殖民地的秘书代行其职，秘书绝不会像其主管那样热心同一套政策，于是这套政策也就难以贯彻下去。总督回来后又得费力重新开展起来，但由于离开过一段时间，他也绝不会像从前那样熟悉地方事务；随后总督再度回国，或者去世，又或有新的任命；接下来是新总督上任，又开始实行新的政策方针，与其共事的秘书可能也换了新人；总之，工作总是逡巡不前的。关于我们在西非殖民地的政策，我的一个医生朋友给出了一个在我看来是唯一公正的评价，他说这种政策是一种间歇性的昏迷症。”（《西非研究》，第328页）

了帝国通过扩张推行的并非都是英国式的自由政体。

帝国大多数臣民生活于其中的政体，从目前情况来看显然不是英国式的，它并不是建立在被统治者同意的基础上，而是建立在帝国官员意志的基础上；统治形式固然是多样化的，但实质上却都不是自由的。即便我们运用更为开明的管理方法也无法掩盖这一特征。不但在印度如此，在西印度群岛也是如此，在任何有色人种占人口多数的地方，不管愚昧还是开明的舆论，都倾向于反对建立英国式的议会政治。在一般人看来，议会政治与高等种族的社会经济权力并不相容。

当英国强行将生活习惯和思想异于我们的外族人和有色人种纳入统治范围时，既想嫁接议会政治的幼苗又想同时保持良好的外事秩序基本上是不可能的。要么按照英国标准以专制的管理来维持良好的秩序和司法公平，要么对殖民地进行微妙的、耗费巨大的、含糊和混乱的英国式自治试验，我们必须在两者之间选其一，而事实上我们处处都决定选择前者。在实际控制不严的保护地允许有较大自治自由的第三种健全的统治方式，曾在少数场合比如巴苏陀兰、贝专纳的部分地区以及印度少数几个邦采用过，但并不很受欢迎，在大多数场合看来也不再行得通。这就很明显，自由党声称训练低等种族民主自治的旧观念已经信用扫地，它只不过是策动国家采取新的吞并步骤时的宣传伎俩而已。

埃及就是个经常被引用的案例。我们不是以征服者而是以拯救者的身份进入这个国家的；我们的确给大部分人带来巨大的经济利益，他们不是野蛮人，而是古老文明的继承者。全部统治机构实际上是受我们支配的，对我们言听计从。我们改革税制、促进司法公平、清除公共事务上的许多腐败现象，并宣称在很多方面改善了埃及农民的生活条件。但是，我们所做的这一切真的是推动埃及向一个自治国家过渡吗？

下列米尔纳爵士的言论，并不是顽固的旧世界官吏的典型，而是现代的、较开明的、老练的帝国主义言论的典型：

> “在埃及不久的将来，我更愿意重视增进公务员的品德和才华，而非是1883年我们赋予这个国家的代议政治制度。作为一个真正的英国人，我当然尊敬所谓选举权、议会、人民代表、多数意见以及其他，等等。但是，作为一个埃及国情的观察者，我不能对下面这个事实视而不见，即照我们所理解的民治在人们能够预见到的更长时期内是绝对做不到的。人民既不理解，也不需要民治。一旦他们有了它，将会感到非常痛苦。除了少数愚蠢的理论家外，没有谁想把民治给予人民大众。”①

但是，我们当初进入这个国家，本来是要做米尔纳爵士反对要做的事情的，即在几年之内教会当地人自治，然后让他们自己去管理政府。

我不想在此讨论我们所从事的统治事业的价值，也不想讨论我们是否有权利主宰弱小民族的命运。但事实很明显，大英帝国无论如何都不是英式自治艺术的训练场所。

---

① *England in Egypt*, pp. 378, 379.

根据上面的分析，对帝国从总的方面来看，我们应该如何评价新帝国主义呢？正如我们所看到的，帝国的版图囊括住有野蛮人和“低等种族”的广袤热带和亚热带领土；即便在遥远的将来，拥有健全殖民生活的地区也难以有数量上的增长。在少数英国殖民者能够移居的地方，如南非一些国家，黑人人口在数量上占据优势，以致不可能采用自由的议会政治。

总之，新帝国主义扩大了英国专制政治的疆域，这远远超过少数民主殖民地的人口和实际自由的进展。

新帝国主义并没有促进英国自由政体和民治政府的传播。只要被我们兼并的国家和民族由我们管理，那管理总是采取显然是专制的方法，这些方法主要是由唐宁街决定的，在允许自治的殖民地兼并的情况下则部分地由殖民统治中心决定。

二

现在英国政治专制的大扩张开始影响到国内政治，对此应该给予高度关注。当一个受过普通教育的英国人被问及如何描述殖民帝国时，他心中似乎是惊人的茫然无知。他本能地会想到加拿大、澳洲和南非，对其他地方则一概不知。然而我们在这里要谈的帝国主义在19世纪最后25年的扩张以及接下来要进行的进一步扩张，与加拿大和澳洲毫无共同之处，与“白人的非洲”也殊少相同之处。

当罗斯伯里爵士[①]发表他的“自由、宽大和非侵略性的帝国”

① 罗斯伯里爵士(1847—1929)，英国自由党政治家，曾于1894—1895年任英国首相。——译者

的名言时，他肯定没有想到英国在中西非、苏丹、缅甸边境和马塔贝莱兰的广大侵占地。但是，区分纯粹殖民主义和帝国主义之间不同是重要的，考虑到两者与国内政策的关系，这种区别也是必不可少的。

近代英国的殖民主义并没有让我们的物质和精神资源枯竭，因为它有助于建立自由的白人民主政权，这种非正式的联合和地方分权的政策，不致于让英国的统治管理过度吃紧。这样的联合，无论是像现在这样非正式地稍稍依附于帝国主权，还是拥有较正式的政治和财政主权，都可以被视为政治和军事力量的源泉。

帝国主义恰好同这种自由的、有益的殖民地联合相反，总是使外交政策变得更加复杂，权力更加集中，而繁忙事务的压力让议会政府无暇他顾并且负担过重。

19 世纪中叶，国内两大政党中的温和派提出了和平、经济、改良和民主自治等进步口号，虽然对这些口号的解释各有不同，但与这些口号相对照，帝国主义的真正政治性质却能看得更为清楚。迄今我们还没有发现官方对这些政治原则的公然背弃，大部分声称是自由主义者的人仍旧相信帝国主义与这些美德是相一致的。

但是，这种观点却并不符合事实。帝国主义长期以来发动了多次战争；这些战争大都是因为白种人侵略“低等种族”引起的，而且以强占领土而告终。在非洲、亚洲和太平洋的每一次扩张都充满血腥；每一个帝国都在积极备战以应付对外事务；不停地修订边境线，派遣远征军，并寻找制造战争的口实。英国统治下的和平从来就是无耻的谎言，近年来达到了骇人听闻的欺骗的最高峰。在印度、西非、乌干达、罗德里亚，战争可谓连绵不断。除了新崛起的美国向没落的西班牙挑战外，各大列强之间彼此暂时能够和平相处，但是这种自我克制不仅代价高昂，而且非常不稳定。和平原则作为一项国策，不仅与战争不相容，还与为害更大的军国主义更不相容。除了德法之间的世仇外，正在拖垮大部分欧洲国家的军备竞赛的原因，还在于领土和商业扩张上的利害冲突。关于我们同法国、德国、俄国的对外关系，如果说 30 年前有一个交恶点的话，那现在就有一打；在关于非洲和中国利益问题上的列强之间的外交紧张几乎月月都有，国家之间在经济利益上的对抗让外交形势更加充满危险，因为政府政策的制定明显是被金融集团所操控的。

若要和平就要准备战争的观点，即军备是和平最好的保证，是假定被号召献祭于战争的各民族之间存在着实际利益的不可协调的矛盾。

我们的经济分析已经证明，真正利益不可调和的集团，只是那些包括投资者、承包人、出口生产商和某些职业阶层在内的实业家集团；这些集团僭取人民的权力和意见，利用公共资源以谋求私利，并耗费民众的膏血和金钱用于庞大的、灾难性的军事竞赛，它们将之伪饰成国家与国家之间的对抗，而这其实并无丝毫的事实根据。为了防止俄国攫取朝鲜而联合日本对抗俄国和法国，这并不符合作为财富生产者或纳税人的英国人民的利益，而仅仅是一群商业政客获利的手段。黄金投机家为了私利煽动的南非战争，将作为冒充民族主义挑起战争的显著案例而载入史册。

但是，爆发战争并不表示这种政策的成功，而是表示了它的失败；它的正常的和最危险的结果不是战争，而是军国主义。只要把这种对领土和外国市场的竞争性扩张诬称为“国策”，国家之间的利益对抗似乎就是真实的，人民就需要为了维持劳民伤财的战争机器而不断流血流汗地苦干。

如果逻辑在这类场合适用，则备战越充分战争就越不易爆发的观点正是军国主义的反证法，因为它意味着获得持久的世界和平的唯一方法在于所有国家将全部精力集中于战争艺术，从而使战争在实际上成为不可能。

对这些自相矛盾的说法，我们无须加以考虑。众所周知的事实是，作为帝国竞争的结果，越来越多的时间、精力和金钱耗费于军备开支，帝国主义者认为这一趋势无法阻挡，这就将“军国主义”提上了实际政治的日程表。英美两国一直庆幸自己躲开了欧洲大陆的军备竞赛，现在则正在向其迅速靠拢。为什么呢？是不是有人曾经建议这两个国家为了国防和保护海外的纯白人殖民地必须要发展强大的军事力量？完全不是。防卫并不是英国军国主义化的借口。澳大利亚和新西兰并不受任何强国的威胁，即便存在威胁，英国的军队也无法给予相应的援助；英国的陆军同样也不能抵御假想敌对我们加拿大自治领的攻击；即使是位于殖民地和热带属地边界的南非也是英国的军事力量鞭长莫及的。对热带和亚热带地区的盲目吞并以及对“低等种族”的统治欲望，趋使我们走上了军国主义的不归之路。

如果我们想要保持 1870 年以来获得的全部领土，并且与新兴工业国竞争，以进一步瓜分亚洲和非洲，我们就必须准备战争。列强在南非战争中暴露的敌意，源于我们采取的政策，由于这种政策我们在全世界领土和市场的吞并中已经而且继续比对手保持领先优势。欧洲列强的联合对于英国现行的军事和经济政策是一个威胁因素，那种认为我们为了帝国的生存不得不进行战斗的论调，无非是表示英国的帝国主义者将不惜一切代价继续从事侵并领土的大业。1896 年罗斯伯里爵士对最近 20 年来的政策有生动的描述，并为和平作了强有力的呼吁。

> “英帝国……需要和平。因为最近 20 年来，尤其是最近 12 年来，你们已经狂热地染指邻近的领土或者那些你们所欲求的土地。我敢说都是十分正当的，但是导致了两种结果。第一个结果是，你们把其他国家的妒忌激发到难以忍耐的程度，其中包括许多或者几个友好国家，现在你们——由于你们的殖民政策，不管是正确还是错误——从它们身上得到的只能是嫉恨，而不再是善意。第二，你们攫取如此大量的领土，要把它们纳入殖民管理，或者使其能够防御，或使其俯首帖耳，还需要很长的时间……在 12 年里，你们用吞并、领地或所谓势力范围等形式，已经为帝国增加了 260 万平方英里的领土……原本只有 12 万平方英里的联合王国在最近 12 年里一下扩张了 22 倍之多。我说，决定许多年命运的政策，即使你们想改变，也已经无力回天。你们可能被迫拔出了剑——我希望不致如此；但是直到英国的领土变得巩固、富足、安定和文明时止，英国的外交政策必然是和平政策。”①

自从这些言辞发表以来，英国又在苏丹、东非和南非增加了大

① 1896 年 10 月 9 日于爱丁堡。

量未同化的新土地,同时英国还卷入了难以预料的风险和麻烦中去,提出这种警告的预言家本身就是促进他所抨击的愚蠢行动的有力工具。

帝国主义——不管它采取的是进一步的扩张政策,还是严格保持划为英国势力范围的热带领土——都意味着眼下的军国主义和不远将来的毁灭性战争。现在,这一真理首次在国民面前尖锐而露骨地提了出来。如果我们拜倒在摩洛神①的祭坛下,那地球上的王国都是我们的。

军国主义使英国面临以下难题。如果帝国用以自卫和扩张的军队仍旧建立在志愿兵制度的基础上,靠经济上的引诱来招揽人才,则常备军或者国民军的大量增加只能依靠增加薪饷,以便不像以前那样从不熟练的劳动力市场或农业地区去吸收,而是从城镇熟练的技工中去吸收。只要稍加思索就可了解,军队每一次增员都意味着向较高工资标准的阶层去吸收,从而全军薪饷必须依最近增加的薪饷率加以调整。战时招募兵员要比平时更为迅速,因为在明显的经济动机之中还夹杂着其他动机。和平时期的每一次兵员招募,薪饷率都会超比例地增加——具体增加多少只有通过实验才能得出结论。在正常的经济景气时期,将薪饷率增加一倍,或者改进其他招募条件而使开支有同额的增加,我们的志愿兵队伍很可能只增加 50%,而如果我们要想将常备兵增加一倍,就必须将薪饷率增加三倍。另一方面,如果这种巨额军事开支的前景

① 摩洛神崇拜盛行于上古时代的地中海东南岸地区,包括迦南人、亚扪人和希伯来人等。古代迦南人膜拜摩洛神的方式是,父母把自己的子女当作祭品放到火里焚烧,以求得摩洛神的保佑。——译者

让我们放弃纯粹的志愿兵制度，而依靠征兵或其他强制服役的形式，我们军队的战斗力就难免受到损害。志愿兵制度下曾经盛行的选拔体格和道德兼优的士兵之风，已经消匿无踪了，城镇居民根本无力承担艰苦的军事服役，这个问题开始暴露出来。在试图同一个从田间招募兵员的军事强国作战之前，我们将会发现把无能的贫民窟工人和弱不禁风的城市职员转变成为适宜于长期海外服役、保家卫国的战斗队伍，是一个愚蠢的企图。一个城镇居民占70%的国家，在体力方面绝不是邻国的对手，因为作为最后手段的战争既不取决于军事将领的才能，也不取决于武器的优越，而是取决于与工业化城镇不相兼容的粗野的忍耐力。

只有通盘考虑间接成本和直接成本，才能真正清楚军国主义的危险性所在。由城市人口组成的志愿军或者招募军，和农民组成的军队相比往往要接受更长期的和更频繁的训练；让本应接受生产技术训练的青年转而从事毁灭性工作，这会造成劳动力的更大浪费，而且对先进国家技术性行业造成的损害要比落后国家大得多。在这些经济损害中，由于青年的退出而造成的劳动时间的实际损失还算是最小的；在青年最适于学习技术作业的时候，把他们抽出来，转而从事显然是机械性的纪律训练，由此对工业技能和特性造成的损害更为严重，因为贫民和庄稼汉虽然在军事训练中可以获得机智，变得敏捷但是熟练工阶级则会因军国主义的压抑而丧失更多的个人创造性。

新科技知识、工业技艺和企业组织管理的融合趋势，对自由、大胆创新、个人进取心和发明创造提出了迫切需求，也只有如此我们才能在世界竞争中占据优势，在这个时候将青年人禁锢在兵营之中或进行各种形式的军事训练无异于自杀。有人会说我们众所周知的商业劲敌德国也已经背上这块重担，这种辩解毫无意义；如果说我们在对阵已经背负这一重担的德国时仍然没有胜算，那说明当我们背上如此重担时，将被德国轻而易举地击败。不管拥护者辩称军事训练有多少好处，但对工业效能来说却毫无用处。军国主义的经济成本是双重的；大量增长的军事经费必然由贫困的人民来买单。

至此为止，我单从经济方面分析了军国主义的后果。更为重要的是军国主义的政治意蕴。这一切正在消解着人民自由和公民道德的基础。对这个问题稍加思索，就可以驱散关于军人生活光环的一切诡辩。在善良公民的活动和士兵的活动之间存在着截然的对立。士兵的目的并不像传言那样是为国捐躯，而是为国杀人。士兵临到死时也就失败了；他的任务是杀戮，在他成为专业的杀手时，他才可以称得上是一名完美的士兵。以屠杀同胞为己任，士兵因此形成的职业性格与一般公民的性格是相异和对立的，后者致力于帮助同胞的生存。如果有人争论说，源于军队结构和职能的这一最终目的，在战场之外对普通士兵的意识并没有多大影响，那我们的答复是，缺乏对于这一目的的自觉，士兵的整个日常生活，操练、演习和全部军事训练就是没有用处和没有意义的，而这些特性对于性格产生的堕落影响，并不比屠杀同胞的念头来得小。

军事生活对人精神上的影响是众所周知的；即使那些军队效用的辩护人也不能否认，这会让人脱离文明生活。短期的服役，比如国民兵役，也不能避免这种影响。如果服役是长期而严格的，足以充分发挥作用的话，它就必然包含了这些确实构成军事效用一部分的精神影响。马奇·菲利普斯先生在他对普通士兵生活的赞扬中，对这一点是说得何等明白啊！

> “士兵作为一个阶级（我指的是多数在城市和贫民区成长起来的）都是些全然抛弃了公民道德标准的人。他们非常漠视这些标准。这就是为什么公民们必然厌恶他们的缘由。在生活的游戏中，他们奉行的是另外一套法则，结果造成许多误会，直到最后公民们说不再与他们周旋了。在士兵们看来，谎言、偷窃、酗酒和下流话等都不是什么坏事，他们像穴鸟那样偷窃。至于语言，我原以为商船上水手的话是很下流的，但是就肮脏程度而论士兵与前者完全等同，而就猥亵程度来说就有过之而无不及。说下流话是士兵的强项。士兵还热衷于撒谎。撒谎有如跑马一样地放肆，这是个非常形象的比喻。他们仅仅为了取乐，就精心捏造出各种谎言。抢劫也是他们的一大快事。除了获得赃款，还会因为享受毁灭带来的快感而抢劫。”[①]作者对士兵违反公民准则的品性表示同情，这证实了上述描述的真实性。
>
> “偷窃、撒谎、抢劫和污言秽语是极坏的事情吗？如果是坏事情，那士兵就是坏人。但是，由于种种缘故，自从了解了他们，我认为这些事情并不像我以前想的那样坏。”

这个判断本身就是对军国主义的有力批评。该判断出自于一

① *With Remington*, by L. March-Phillips, pp. 131, 132.

个有纯正人格和教养的人之口，这就是战争产生败坏影响的最有力证明。

在这一非正式的证据之外，还要提及沃尔斯利爵士《士兵手册》中意味深长的证言。

> “作为受过教育的国民，我们以为凭借谎言取胜是一种耻辱；‘间谍’这个词的涵义像奴隶一样令人生厌。我们一直强调，诚实是最好的政策，真相终将取得胜利。这些箴言对于孩子们的习字簿是很好的，但是人们要是想在战争中履行它们的话，最好是永远封剑入鞘。”

英国在19世纪取得的秩序和进步，是由普通公民的教养和实践以及工业发展所保障的，同时也借助于自然资源和历史事件的某些便利。我们准备把两个对立的原则——一个是助长善良公民的发展，另一个是助长优秀士兵的发展——的永远冲突，来代替军人的伦理规则或迷乱国民的精神和行为吗？

现在姑且不论工业伦理退向军事伦理所引起的道德滑坡，我们不能不注意到，对商业道德的伤害必然给国家的财富生产能力带来毁灭性的损害，并破坏帝国经费的根基。

在这种困境面前有一个逃避的道路，不过这条道路却充满着更严重的危险。我们已经看到，新帝国主义的注意力主要集中在热带和亚热带国家，白人在那里统治着广大的“低等种族”。当更为廉价、人数更为众多、更易被驯服的军队可以在当地招募到，或可以把他们在各个热带地区来回运输的时候，英国人自己为什么要去发起那些防御或者进攻性的战争呢？开发热带地区资源的工业劳动，可以在白人的监督下由当地的“低等种族”负担，为什么军国主义不可以建立在同样的基础上呢？对黑种人、棕种人和黄种人来说，军事训练完全是一种“有益的教育”，可以驱使他们在英国军官的监督下去为大英帝国而战。这样我们就能节约有限的军事力量，把大部分力量留作国内防御之用。雇佣廉价的外国雇佣兵这种简易之道，并不是什么新策略。组织大量以“文明的”武器装备，用“文明的”方法训练，并由“文明的”军官指挥的土著军队是东方帝国晚期以及后来的罗马帝国普遍采用的策略。这证实了一种最危险的寄生策略：委托野心总督所指挥的忠诚度可疑的“被征服种族”来保卫宗主国人民的生命和财产安全。

帝国主义盲目症的最奇怪的症候之一，就是大不列颠、法国等帝国主义国家走上这条道路时所抱持的那种漫不经心的态度。在这一点上，英国是最突出的。我们在战场上对印度取得的胜利，大都是靠土著人获得的；在印度以及最近的埃及，庞大的后备军都是由英国指挥官统率；除了南非，我们在非洲进行的领土争夺，几乎都是土著人在为我们而战。印度的例子充分说明，将这些国家军事力量中英国籍军队的比例减少到最低安全限度的需求是如何迫切，那是南非的事变驱使我们把最低限度的军队再减少15,000多人，同时我们在南非开了一个危险的先例，即雇佣大量的土著军队去对抗其他的白种人。

充分了解英国人以及掌权者的脾气，就会懂得我们是多么勇敢地踏上这条险途。正是对英伦诸岛近期可能遭受侵略的恐惧，才劝服了英国人民忍受真正有效的强制军事服役制度带来的痛苦；除非被侵略的危险迫在眉睫，没有一个政治家敢推行这样的计划。在有雇佣的土著军队可供替用的时候，就绝不会强制本国公民进行海外服役。让这些“黑鬼”为帝国而战，以此回报我们对他们的吞并、统治以及关于“劳动的尊严”的教导，这是一种非常流行的情绪，“帝国主义”政治家不得不顺从这种情绪以稀释英国军队在亚非等地军队中所占的比重。

这种形式的军国主义在最初是比较合算和方便的，但却意味着英国支配地位的削弱。虽然这减轻了军国主义对国内居民的负担，但却增加了战争的风险，英国人越是不直接卷入战争，战争就越频繁同时也越野蛮。依靠驱使“低等种族”互相残杀，煽动种族仇恨，并利用那些我们对之负有传播基督教和文明使命的人们的野蛮倾向，来为我们想象的利益服务，新帝国主义之下的帝国扩张由此完成。

我们并不是唯一推行这种可耻政策的国家，但这并没有让情况变得更好，而是更坏了，展望不久的将来，18 世纪我们同法国在北美和印度的可怕战争将会以更大的规模再度重演，而非洲和亚洲将会成为巨大的战场，以供为各个基督教国家而战的黄种人和黑种人军队进行殊死拼杀。当前帝国主义的发展趋势就是如此，这将导致西方国家的衰落，整个西方文明也可能因此走向崩溃。

无论如何，帝国主义总是会造成战争和军国主义，并将国家资源耗费于军备支出的无底洞中。帝国主义的虚假魅力也削弱了国家本身的独立性。英国不再拥有可供自己支配的百万英镑；它的全部财源都受制于德国、法国和俄国支配的政策。这几个列强的一举一动，都会迫使我们把本应该用在内政方面的资金耗费在战舰和军备上。我们在帝国扩张方面的优先地位和粗鲁莽撞，已将我们置于其他列强军事联盟的对立面。这些国家按照新工业主义的发展方针来开发资源，一方面驱使它们攫取国外市场，在世界各地反对英国领土所形成的讨厌障碍；另一方面为他们广开财源。现代工业主义的开展将会让我们的“对手”在公共财源方面和我们处于同样的地位。因此，就在我们比之前有更多的理由对军事联盟感到担忧之时，我们正在丧失使我们能够在海军军备上优于任何欧洲联盟的优势。

所有这些当前和将来的危险，都是新帝国主义结出的恶果，新帝国主义就是如此赤裸裸地成为和平和经济发展的不共戴天的仇敌。近 30 年来帝国主义军事是如何吞噬现代欧洲国家的财源，从下面这张欧洲各大国军备支出的增长表中可以看出来：

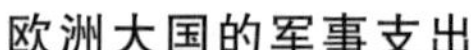

欧洲大国的军事支出

	1869—1870(英镑)	1897—1898(英镑)
英国	22,440,000	40,094,000
法国	23,554,000	37,000,000
俄国	15,400,000	35,600,000
德国	11,217,000	32,800,000
奥地利	9,103,000	16,041,000
意大利	7,970,000	13,510,000
合计	88,784,000	175,045,000

注：全部欧洲国家的军费增长，从 1869—1870 年的 105,719,000 英镑增至 1897—1898 年的 208,877,000 英镑。

三

有人认为，帝国主义和社会改良可以并行不悖。“他们争辩道，像我们这样的国家的能力并不是一个不变量，所以每一笔用于帝国扩张方面的支出都意味着相应地限制了国内的进步；各种不同的能力需要不同的出路，所以英国人天才的节约之道在于扩大其在国内外的活动空间；我们有能力在各方面推进帝国扩张的同时，促进国内经济的发展。在全世界获得的巨大成就，鼓舞了英国国民的活力，使其能够推动国内社会的进步，若走岛国孤立发展的道路，国内社会进步必将受到阻碍。”

关于国民能力的量的问题，现在没有必要从抽象原则的角度来争论社会改良和帝国主义之间是否有冲突。诚如军事扩张和国内防御的结合要受到人口数量的限制一样，劳动力即使在最细密而经济的分工之下，也会存在量的限制，但是这些限制并不常常易于发觉，而且有时也存在很大的弹性。因此，智识健全的人去做印度文官，并不意味着国内职业界和政界会遭受相应的损失，探险家、传教士、工程师、探矿者和其他帝国的拓荒者的冒险能力，在英伦诸岛之内无法寻找到合适的冒险场所和受到足够强烈的鼓舞。我们关于帝国主义的看法，既非从精确估算能力节约的数量角度来考虑它主要的政治和社会效果，也不是说放弃帝国主义就意味着让本能够在海外寻获广阔空间的个人或协作能力，束缚在严格的疆域范围之内。我们把帝国主义看作是一项公共政策，从这个角度来考量政府能力的节约使用问题。即使在这里，这个论点也主要不是数量节约的问题，虽然正如我们即将所看到，它显然包括在内。帝国主义和社会改良之间的冲突，内在于施政方法和过程的互相矛盾的政策之中。这种对立最明显的例证表现在财政方面。社会改良的最重要举措，如改进公共教育机构的改善、大量处理城乡土地问题和住房问题、国家管制酒类交易、养老金、改善劳动者条件的立法，都需要大量的财政支出，这笔经费主要来源于中央和地方当局的税收。现在由于军备开支的日益增长，帝国主义很明显把国库中本应用于上述目的的经费耗尽了。不但国库没有足够的经费花在公共教育、养老金或者其他改革事业中，像较小的地方政府同样无能为力，因为中央和地方的纳税人是同一群人，当他们受到国家非生产性赋税的盘剥时，就无力再承担地方税的增加。

任何一项重大的社会改良，即便它并不直接需求大规模的财政支出，在财政支出繁重和公共信用动摇之时，它也会引起令人难以忍受的财政混乱和危机。每一项社会改良都是对既得利益集团的打击，而这些利益集团会依靠活跃的帝国主义来吸引公众注意，以此来实现有效的自我防卫。在立法的时候，时间成本和政府精力的节约显然具有绝对的重要性。帝国主义要求把包含帝国荣誉和安全的“高级政治”居于首位，随着帝国的发展，问题的数量和复杂性也在发展，这些问题被要求给予密切的、迅速的和不断的关注，这就要占去政府和国会的时间。在这种情况下，要想让国会拿出时间充分讨论最重要的内政议题或者贯彻重大的改良措施就变得越来越不可能了。

对所有政治学者而言，实际情况已经很清楚了，无须再详细论述关于对立的理论。为了迷惑群众和转移国内对于社会弊病的愤慨，政府如何利用民族仇恨、对外战争和帝国荣耀，确实在历史上已经成为司空见惯的事情。根据我们的分析，既得利益集团是帝国主义政策的主要推进者，他们在其中有着双重利益，以国家为筹码博得自己的商业和金融利益。与此同时，他们保护自己在国内的政治经济霸权，以对抗民众的社会改良运动。城市的土地占有者、乡村大地主、银行家、高利贷者、金融家、制酒者、矿主、制铁业者、造船业者以及航运业、大出口制造业和大出口商、国家教会的牧师、大学、大的公立学校、合法工会和公务员，在英国和大陆都团结起来，共同在政治上抵抗对他们各自代表的权力、财产和特权的攻击。迫于压力，他们不得不承认以群众拥有广泛选举权为基础的政权形式，但同时竭力阻止群众运用这种权力来争取经济平等的斗争。自由党在大陆以及现在在英国的瓦解，只有从这个角度才可以得到合理的解释。只要新兴工商势力的崛起仍旧受到贵族和地主政治经济霸权的阻碍，自由党和平民政治的盟友就会日益慎重地减轻对人民的"信赖"，直到近 20 年间[①]，他们或者想和保守党进行政治联合，或者依靠抱着陈旧教条不放的过气领导人苟延残喘。自由主义之所以能够在像比利时和丹麦等地方继续发挥影响，是因为当地关于选举权和基本自由的斗争仍旧迁延未决，还可能同新兴的工人阶级政党达成某种暂时协定。在德国、法国和意大利，自由党在现实政治中的影响已经消失或者陷入瘫痪状态；英国的自由党已经背叛了自由的首要条件，正在摸索替代性纲领的道路上蹒跚而行。自由党的领导人已经把他们的党出卖给了股

① 指 19 世纪的最后 20 年。——译者

票赌博者和好战分子的联盟，他们发现自己已经无力保卫贸易自由、新闻自由、教育自由、言论自由以及陈腐的自由主义的任何基本原则。他们已经失去了民心。多年以来，他们把自己领导的虚假斗争称之为政治；直到南非战争的考验让自由主义的虚伪性昭然若揭之前，人民一直以为自由主义是真实的。并非自由党人公然抛弃旧有的原则和传统，而是他们既要和帝国主义勾勾搭搭，又愚蠢和徒劳地想与这个政敌的纲领撇清关系，这就让那些原则和传统失去了任何价值。对帝国主义的屈服表明，相较于自由主义的事业，自由党更加钟爱自己的领袖们所出身的占有者阶级和投机阶级的经济利益。他们的确不是自觉的叛徒和伪君子，但事实上他们已经把他们继承下来的社会改良事业出卖给了迎合他们企业利益和社会偏见的帝国主义了。一膳羹汤需要各种香料调味，但“汤料”却是阶级利己主义。大多数有影响力的自由党人都逃离了对于自由主义来说是真正考验的时代斗争，因为他们都是些“佣工”，缺乏坚定的政治原则，沉溺于所有浅薄和卑鄙的辩护中，动辄以目光短浅的、聒耳的“爱国主义”为托辞。

这一点虽然需要解释和证明，但对如此明显的真理，还是以承认为宜。自由党在英国只能作为可耻和无力的残余而苟活，除非它明确同帝国主义断绝关系，而它过去的领导人和政敌，都曾允许帝国主义阻碍国内社会改良。

在自由党的成员中，有少数人在很大程度上并非刻意欺骗，因为他们是为禁酒、租地法、教育等社会改良的个别重大问题所吸引。要让那些老实人承认，只要帝国扩张及其附属品（军国主义）仍然消耗着国家的时间、精力和金钱，帝国主义就是每一项社会改良政策的死敌。所以，自由党重整旗鼓，依靠同工人阶级政治组织的联合或合作，仍旧有可能以建立在民主政治基础上的社会改造作为唯一有效的武器同帝国主义展开斗争。

四

反对民主政治是帝国主义最根本的政治原则。帝国主义不仅惯于破坏对于民治机构有效发挥作用来说必不可少的经济改良举措，而且还致力于让民治机构陷入瘫痪。代议制并不适合于帝国，不管是从人还是从方法的角度来考虑都是如此。由伦敦官员和他们指派的密使来组成统治混杂的低等种族的政府，这种政治形式游离于公众认知和民主制度之外。议会中的外交大臣、殖民大臣和印度大臣，各部分的常设官员，属地中代表帝国政府利益的总督和官员，这些人都不是也不可能是民众意志的直接和有效的代表。外政优先于内政的必然结果就是立法权从属于行政权以及行政权日益集中于一个独裁政权。这一过程伴随着党性和政党活动的衰败，由皇帝或者内阁把持的独裁政权坚持将政党有效的批评言论当作是不爱国的行为，甚至会被认为近于叛逆。一位有才干的作家在论及德国最新的外交政策时，简要概括了扩张主义者的观点："他们宣称，在外交事务中国民应该团结地像一个人那样行动，政府的政策一经推行就不能更改，避免出现会削弱国家对外影响的批评言论……事实证明，政党争论始终围绕着关于国计民生的大事，否则政党内阁必然会变得软弱无力，不再能够处理重大事务……所以，随着行政权的重要性得到增强，立法权的重要性降

低，议会活动就被轻视为不切实际的批评家的空谈和躁动。如果政府的举措不可避免要被采纳的话，为什么不省去议会那些恼人的延搁呢？"[①]

1899年10月19日，德皇在汉堡发表演说，作了如下简要的说教："近几年来，世界面貌发生了巨大的变化。以往需要几个世纪才能完成的事情，现在几个月就可以做到了。皇帝和政府的任务也随之极大地增加，而只有德国人民抛弃党派之争，我们才能够找到解决之道。德国人民紧随皇帝之后，为伟大的祖国感到骄傲，意识到他们真正的价值所在，必须正视外国的发展。他们必须为了强国之梦而甘愿牺牲，摒弃党派之争，并在君王之下团结一致。"

帝国政治的专制统治当然会反作用于国内统治。内政部、贸易部、教育部以及其他重要部门工作的复杂性，使其更易受到这种影响，它采取行政命令的统治形式，这些行政命令都被重要法规赋予了极大的权力，而这在大部分政府忙乱地立法时是不曾提出适当的责问或加以预防的。值得注意的是，美国已经滋生了一种更为危险的政治实践，名为"训政"，法官有权对特定行为处以有法律效力的判罚。

在英国，随着"政党"的削弱，民主控制显然也在走向衰落。在国家的协商和行政工作中，对外政策和殖民政策所占的比例愈大，政府就愈会脱离人民的实际控制。虽然关注国内问题的会议比例在减少，这表示民主政治在相应地衰退，但这绝不仅仅是议会时间和精力的节约使用问题。民主政治所受的损害比这更为严重。帝

---

① "*World Politics*," by P. S. Reinsch, pp. 300, 301 (Macmillan & Co.).

国主义及其赖以存在的军事、外交和财政资源，已经成为政府考虑的头等大事，它们主导了整个政策，形成了公共事务管理的要点、色彩和特征，并通过持续不断地叫嚣关于风险难以预知的论调，来对更为迫切和稳健的国内政策造成压力。对于议会政体造成的这种巨大、迅速和显然重要的影响，造成了代议制权力的削弱。在选举过程中，选民不再要求在两种易于理解的政策中作出自由、自觉和理性的选择；而是要求对某些艰巨的、复杂的以及冒险的帝国外交政策进行表态，这些政策往往言辞漂亮，诉请举国一致予以支持——实际上是盲目的信任投票。在下院的审议过程中，反对党进行质疑的权力被大大削弱：一部分由于下院规则的变更，法案在各个阶段上难以得到充分的讨论，下院的特权也在被削弱，比如对预算表决不满意时进行讨论的权利以及对内阁的施政提出质询等特权；一部分由于政府强势侵犯了下院议员过去享有的提出决议和议案的权利和特权。反对权利被削弱，只是一系列权力集中的第一步。政府现在无论何时认为需要霸占讨论时间，它就可以要求下院拿出全部时间来讨论它的议案。

在政府内部，同样的向心力已经发挥作用。布赖斯[①]先生写道："毫无疑问，对抗下院的内阁权力已经稳步迅速地增长，看来(1901 年)仍在继续增长中。"[②]

所以内阁一方面从下院手中攫取权力，同时它自身也在自觉地进行谨慎的扩张，以便于将实际权力集中于虽非正式但却非常

---

① 詹姆斯·布赖斯(1838—1922)，英国自由党政治家、外交家、历史学家，以见闻广博著称，曾游历世界各地，著有《神圣罗马帝国史》、《美利坚合众国》等。——译者

② *Studies in History and Jurisprudence*, vol. i, p. 177.

现实的“核心内阁”，虽然在遴选上“核心内阁”稍稍保留伸缩性，但实际上包括首相、外交大臣、殖民大臣和财政大臣在内。权力的集中过程倾向于摧毁议会政治，同时降低下院的地位，将其变成未经选举的核心内阁所通过法令的自动记录机，这主要肇因于帝国主义[①]。对于影响对外关系的微妙而不可靠情报的考虑以及公认秘密外交和采取敏捷而谨慎行动的必要，看来一个高度集权的专制政权和官僚体制，不仅得到推崇，甚至被认为是必不可少的。

在议会政治的普遍衰退中，“政党制度”明显也在崩溃，因为它以国内政策的分歧为基础，而这些分歧比起帝国主义的要求和权力来说意义已经不大了。如果政党制度要想在英国政治中存在下去的话，唯一的办法是“帝国主义”的反对力量团结起来，抵制近些年来自由党和保守党内阁推行的帝国主义政策。只要帝国主义仍然占据政治舞台，实际的政治斗争只会发生在帝国主义各个集团派别之间，如当地势力和本国政府之间，亚洲利益集团和非洲利益集团之间，以及德国联盟的拥护派和法俄联盟的拥护派之间。

五

帝国主义和民主政治毫无共同之处：它们的精神、政策和方法

① 一位有经验的观察者，如此记录了这些变化对议员性格和行为产生的影响：“在国内也就是在下院，政治要素基本上已经消解了。对宪政问题的兴趣明显减弱……‘热衷于议会政治的人’已经不见了；迫切要促进社会和工业改革的人数也减少了。另一方面，急于在本职工作之外捞取下院议员身份所提供的好处的人，以及除了在投票厅中支持政府之外无所事事的人，在1895年和1900年人数大增，虽然在现在的下院中还占不到多数，不过确已占到很大比例”。（1902年6月7日，发言人下院议员约翰·E.埃利斯）

都不相同。关于政策和方法，我已经讲过了，还需要指出的是，帝国主义精神如何在人民的心理和性格上败坏着民主的源泉。像自由的自治殖民地通过民主政治的成功以及发扬光大自由平等精神，给英国人民的抱负带来希望、鼓励和指导一样，我们在属地的专制统治则以滋生阿谀奉承、崇拜金钱和地位、封建不平等的腐朽残余来侵害人民大众的性格。这个过程始于东印度富翁和西印度种植园主在英国社会生活和政治生活中的出现，随着他们奴隶贸易的赃物、贪污腐败和横征暴敛而来的是鄙俗的炫富、骄横跋扈的作风以及贿赂的回报，这一切迷惑和腐蚀着我国人民的生活。科布登[①]在 1860 年论及我们的印度帝国时，提出了一个有力的问题："正如希腊和罗马由于同亚洲接触而道德败坏，我们在东方推行的专制统治会不会转而伤及国内政治，让我们也腐化变质呢？"[②]

这种反作用不仅可能，而且是不可避免的。因为我们帝国的受专制统治的地区正在日益扩大，驻在我们直辖殖民地、保护国和印度帝国的士兵和民政官员回到英国的愈来愈多，他们都是按照专制精神和专制方法训练出来的，同这些人一伙的还有许多商人、种植园主、工程师和监工，他们在当地是上等人，过的是一种不受普通欧洲社会的一切健康因素约束的、不自然的生活；所有这些人带回了这种外国环境培养出来的性格、感情和观念。在英国南部和西南部，大量散居着这些人，他们多数有钱且有闲，公然蔑视民

① 理查德·科布登(1804—1865)，英国著名政治家，曾是英国自由贸易政策的主要推动者，有"自由贸易的使徒"(Apostle of Free Trade)之称。——译者

② 莫利：《科布登传》(*Life of Cobden*)第 2 卷，第 361 页。

主，醉心于奢侈挥霍、社交炫耀以及浅薄的精神生活。他们之中较为富有的人拥有政治野心，在议会两院中宣扬“帝国主义”最粗暴和最自私的精神，他们运用自己的帝国经验和人脉，在推进盈利公司和特许权方面中饱私囊，并以当局自居，把帝国主义的桎梏套牢在“黑人”肩上。其中以南非富豪最为臭名昭著：他们使用的是最卑鄙无耻的手段，在社会政治生活中获得了最令人生畏的成功。但是像罗兹、贝以特以及他们的议会同谋者那样变本加厉的做法，流传的范围并不广；在英国南部，到处都是在社会政治生活上有权有势的人，他们的性格是在我们专制帝国内形成的，他们的收入主要来源于对专制统治的维持和促进。他们有不少人混进地方议会，或在警察局和监狱任职：他们到处都在压制和抗拒改良。如果追溯那些花费在伦敦周边六郡和英国南部其他大区的钱财来源就会发现，它们大都来自对广大黑种、棕种、黄种土著的劳动的压榨，这与维持好逸恶劳、穷奢极欲的罗马帝国所用的手段，在本质上没有区别。

专制帝国推行的暴政伎俩反过来伤害了国内的自由，这真是帝国主义的报应。这个国家的专制政治和金权政治粗暴地侵犯人民自由，并废除宪法规定的权利和惯例，那些对此表示惊异的人们忽略了如下一点，即不负责任的专制政治的流毒正是来自于我们“不自由的、难以忍受的、侵略成性的”帝国。

新帝国主义实际的和必然的政治影响，正如最大的一个帝国主义列强所证实的，可以概括如下：帝国主义对低等种族居住地贪得无厌的掠夺将会不断将我国卷入同其他野蛮列强的纠纷中，这是对和平的经常性威胁；除了加剧战争风险之外，它还带来了军国主义的慢性危险和恶化，不但消耗了国家的物质和精神资源，还妨害了文明的进程。军备支出无穷无尽地耗费着国家的财源，难以保障用于生产性公共计划的开支，并让子孙后代背负了沉重的债务负担。公众的金钱、时间、注意力和精力都被耗费于无利可图的领土扩张中，这就消耗了统治阶级和国民在公共生活方面的精力，而这正是国内改良和经济文化发展所必需的。最后，帝国主义的精神、政策和方法有害于民主政治，但却有利于政治独裁和社会权势阶层的形成，而这些正是自由平等的死敌。

第二章　帝国主义的科学辩护

一

不可否认，个人和国家的野心是帝国主义主要的自觉动机，但也许会有人主张，就像人类历史的其他部分一样，有某些更强大的潜在力量推动着人类的进步。生物学概念曾经对社会学的先驱发生过深刻的影响，这一点不难理解。其他动物界显而易见的个体和物种的进化规律，同样可以被严格地应用于人类；以人类高级心理范围内的其他重要规律来曲解或取消低等生物的规律，这种做法必然要被轻视、误解或漠视。当生物学家涉足人类历史研究领域时，经常会遇到聪明的反对者，他们把生物学家看作是闯入者，并认为人类发展和动物发展之间有很大区别。生物学界确实有一些像赫胥黎①和华莱士②那样优秀的科学家致力于这种分离论，将人类道德和精神的进化规律同宇宙的一般发展规律区别开来，

① 托马斯·赫胥黎(1825—1895)，英国生物学家，达尔文进化论最杰出的代表，著有《人类在自然界的位置》、《进化论与伦理学》等。——译者

② 阿尔弗雷德·华莱士(1823—1913)，英国博物学家、人类学家和生物学家，以独自创立"自然选择"理论而著称，著有《马来群岛》等。——译者

并赋予人类一些有别于其他动物界的特性和法则。对这种僵化的教条主义立场的反对引导许多人走向另一端的僵化教条主义，即认为低等生物进化的竞争和淘汰规律足以满足社会学的全部目的。

社会学家在一些场合迫切表示要接受这一观点，并用来为不同种族和文明之间的压榨和征服作必要性、有用性甚至正当性的辩护。

他们承认，种族或国家内部应该避免争斗，但却极力主张应该对外发动更大规模的残酷斗争。这的确有两个相互关联的目的。维持同其他种族或民族的斗争是本种族或民族生存和发展所必需的；降低竞争的必要性，种族的活力就要衰退和消亡。因此对于一个活跃的种族而言，其真正利益在于，“主要通过对低等种族发动战争，对同等种族展开在贸易路线、原料和食物供应源等方面的竞争，以此保持强大的对外震慑力量”。卡尔·皮尔逊教授[1]又道，“这是人类的博物学观点，我不认为你们能够在这一观点的主要特征方面推翻它”。[2]

另一些人从更广泛的宇宙视角出发，坚持认为人类要想实现自身的进步，必须在能力、才干、文明各不相同的种族之间，维持淘汰性和破坏性的竞争。地球上的居住权、统治权和开发权应该由

---

① 卡尔·皮尔逊(1857—1936)，英国数学家、生物统计学家，数理统计学的创始人，被誉为现代统计科学的创立者，著有《科学入门》、《科学视野下的国民生活》等。——译者

② 卡尔·皮尔逊：《科学视野下的国民生活》(*National Life from the Standpoint of Science*)，第44页，1901年版。

那些最能出色地完成这一工作的种族掌管，即那些有最高“社会效能”的种族，这被认为是一种理想情况；这些种族必须要通过征服、剥夺、镇压或者消灭较低社会效能的种族，来维护它们的权利。世界的美德和人类的真谛要求这种自然的、工业的和政治的竞争持续下去，直到实现理想的状态，即社会效能最高的种族依据其社会效能的种类和程度统治全球。M.埃德蒙·狄摩林斯教授对这一原则作了清楚的说明，称之为“像万有引力定律那样无可置疑”。

“当一个种族在内部生活的诸多方面优于另一个种族之时，它不可避免地会在公共生活中占据上风，并最终确立自己的优势。无论确立优势的手段是和平的还是武力的，只要时机到来，它就会正式确立，并随后得到完全公认。我曾经说过，这一规律是唯一能够说明人类的种族历史和帝国革命的，而且，它能够解释和辨明欧洲人在亚洲、非洲、大洋洲的领土扩张史以及我们在殖民地的所作所为。”①

拥有殖民地的西欧民族在不同程度上代表了有社会效能的民族。某些英美作家，比如吉丁斯教授和基德先生，认为条顿人尤其是盎格鲁-萨克逊人是最高社会效能的代表，他们的见解得到了一小撮亲英法国人的支持。

这种关于“社会效能”的真诚而坚定的信念，必然会成为帝国主义的主要精神支柱。“人类进步需要维持种族竞争，最弱的民族将被淘汰出局，而具备“社会效能”的种族应会繁荣昌盛：我们就是有‘社会效能’的种族。”这就是帝国主义的论调。

① “*Boers or British*?” p. 24.

经由以上详述，“社会效能”这个词的含义现在很明确了。这不过是“弱者”的对语，也是“生存竞争中的强者”的同义词。乍看之下，它意味着公认的、某种意义广泛的精神和理智的美德。但将其置于“博物学”的意义之下，它恰恰意味着击败其他种族的能力，失败的种族被称为“低等”。这只不过是“适者生存”的同义反复，这句话的意思在提出“适者要做什么?”的问题时就很清楚了，答案是“适者要生存”。

的确，“社会效能”似乎并不仅仅是指作战能力和贸易能力，而且如果我们把建设美好社会的能力考虑进去的话，它应该包含更多内容；但是从现有的“博物学”观点来看，其他内容都不能考虑在内，它指向的仅仅是斗争。

于是，这一名词的确切含义应该是这样的：“人类的历史就像自然界一样，强势种族不断蹂躏、奴役和消灭其他种族。”生物学家说，“事物本性就是如此，人类本性也是一样，这个过程无可回避”。他又补充道：“在过去这是人类进步的主要条件和方式，所以要求继续进行，必须继续进行，应该继续进行。”

我们轻易地从博物学转到伦理学，并且功利地从中为种族竞争寻求道德上的承认。现在，帝国主义不过是从本民族视角出发的一种博物学教条。我们代表着有社会效能的民族，我们在过去已经征服并获得了大量领土；我们必须继续进行，这是我们的命运，这是我们的义务，这是我们对自身和全世界的贡献。

来自博物学的教条就这样立即披上了精密的宗教外衣，把我们带入“帝国基督教”、“文明使命”的高尚气氛当中，来进行“贤明的统治艺术”和“劳动尊严”的说教。

二

有做任何事的能力，就相应地有做任何事的权利甚至义务，这也许是最常见、最“自然”的任性的谬见。甚至皮尔逊教授也不能免俗，他在对种族内淘汰和种族间竞争的必要性作了杰出的辩护后说道：“我们的权利是在非洲或亚洲开发地球上尚未被利用的资源。”[①]

强力即是“神圣权利”的信念，曾经被卡莱尔[②]、金斯利[③]和罗斯金[④]等说教者大力提倡，这种信念要对一条博物学规律嬗变为道德热忱负主要责任。

在其他地方，我曾如此详细论述了帝国主义的卑鄙和蓄意的动机，在此我很想对于以朴素的科学的表达，把它说成是奋斗的骑士精神的帝国主义高尚情感，作公正的评判。正如格雷伯爵所述，他在英属南非特许公司任职的同伴休伯特·赫维身上的有趣性格和快活生涯，就是一个典型案例。在他的一生中，帝国主义正值全盛时代，这适于我们作一次最直率而有益的尝试，以说明帝国主义哲学的要点。

---

① 卡尔·皮尔逊：《科学视野下的国民生活》，第 46 页。

② 托马斯·卡莱尔(1795—1881)，英国历史学家和散文作家，主要著作有《法国革命》、《论英雄、英雄崇拜和历史上的英雄事迹》和《普鲁士腓特烈大帝史》等。——译者

③ 查尔斯·金斯利(1819—1875)，英国作家、诗人，代表作有《水孩子》等。——译者

④ 约翰·罗斯金(1819—1900)，英国作家和美术评论家，著有《芝麻与百合》、《劳动者的力量》等。——译者

“大概每个人都会同意，英国人在世界观和人生观上胜过毛利人[①]和霍屯督人[②]，也没有人会抽象地反对英国人极力将这些先进理念强加于野蛮人的做法。但这同一观念将使你们看得更远些。就与瑞典人或比利时人的不同本质而言，英国人相信自己代表着更充分发展的、优秀的标准。是的，甚至那些在心理上和情感上最接近于我们的民族——德国人和北欧人，与其典型的特征相比较，我们坚信自己比他们更为优秀。如果不比他们优秀，我们一定要努力让自己变得和他们一样。可是，我们如不这样做，也可以努力吸取他们的长处，并且相信经由我们加工的合成品一定优于舶来品。

“这种自豪感是独立民族的标志。这种感觉在任何特定场合正当到何种程度，只有由历史来裁断。但是每一个索取者都应当尽力来证明自己的权利，这却是实实在在的。这是为国际争端和战争所作的道德辩护，在永久的世界和平成为可能和能够以仲裁手段解决国际争端之前，世界以及世人的心理必然要经历一场巨变。在开化种族和未开化种族的交往中，对由于缺乏公认的正义标准而引发的困难，需要给予特别的注意。在我们可预见的时期内，白人和黑人之间的鸿沟有可能弥合吗？白人必然会将其先进文明强加于有色种族，这还有什么值得怀疑的吗？欧洲主要列强在其他大陆展开势力范围的争夺，必然会凭借统治者的优秀品质，

① 毛利人，新西兰的原住民。——译者

② 霍屯督人，南部非洲的一个民族，主要分布在纳米比亚、博茨瓦纳和南非等地。——译者

指引着附属种族向最高形式的统治进化。”[1]

这就是帝国主义不折不扣的信条，白种人之间自然竞争的事实，白种人征服低等种族的事实，统治的必要性就以这些事实为依据，统治效用以必要性为依据，而权利和义务又以统治效用为依据。这非常完美地诠释了帝国主义的纯粹精神。英国人自以为比其他种族都要优秀；他们自信拥有同化其他种族的特长；他们相信这种秉性赋予他们别人所不能有的统治权利。赫维先生承认爱国的法国人、德国人和俄国人同样拥有这种优越感以及这种优越感带来的权利；更妙的是(他在这一点上同皮尔逊教授是一致的)，这种交叉的信念和利益加剧了白种人之间的竞争，并保证了适者的生存和持续的适应。

如果我们只从英国人或者其他个别种族的角度来考察帝国主义，我们就无法把握其充分的理论根据。所有竞争者都像英国的帝国主义者一样，必定会为优越、命运、权利和帝国义务的同等感情所刺激，并为此竭尽全力。这是为鼓舞活力和保持种族间的优胜劣汰所必需的。这看起来就是我们所发现的东西。

英国人真诚地相信，英国对于世界文明中任何可行的事业都具有优越的适应性。这是帝国主义政治家的最高原则，罗斯伯里爵士将英帝国说成是“人类福祉最伟大的代言人”，而在张伯伦看来，“盎格鲁－撒克逊人无疑注定是世界历史和文明的支配性力量”。[2] 不管气候、种族或者其他条件如何，英国人始终对自己能够

① *Memoir of Hubert Hervey*, by Earl Grey (Arnold, 1899).

② *Foreign and Colonial Speeches*, p. 6.

统治一切的卓越能力坚信不疑。“估计你能够想象，要是由我们来治理法国的话，会比法国人自己治理得要好”。在一次关于英国能力的讨论中，我听到这是作为一个讽刺性的难题提出的。洋洋得意的回答是，“唔，我当然想象得到”。这并非刻意夸大，完全是大多数英国人真诚信念的一种表达。

如今，法国的沙文主义者、德国的殖民主义者、俄国的泛斯拉夫主义者以及美国的扩张主义者，对于本民族的能力、命运和权利，都抱有同样强烈的感情和高度的自信。或许这种情感在我们的民族意识中表现得比其他民族都更为强烈，但是同样的帝国野心正在我们所有的工业和政治竞争者中间迅速地增长。

“在我们自己的时代里，维克多·雨果[①]宣告法国是‘各国的救星’，并大声疾呼，‘不，法国，世界需要你生存！我再说一遍，法国是人类的需要’。维拉里[②]响应著名学者乔贝蒂[③]的说法，宣称意大利是各国的首脑。德皇昭告他的人民，‘老天爷总是站在德国这一边。’M. 波拜多诺兹夫(M. Podyedonostseff)指出，俄国要从颓废文化的陈腐教义中解放出来，并把富有朝气和活力的斯拉夫民族看作是过去财富和劫掠的剩余遗产继承者。美国人认为他们的使命是‘征服全球’，这个雄心壮志丝毫不逊于马丁·朱述尔维特时代。”[④]

---

① 维克多·雨果(1802—1885)，法国著名文学家、诗人、戏剧家，19 世纪浪漫主义文学的代表人物，被誉为“法兰西的莎士比亚”，著有《悲惨世界》、《巴黎圣母院》等。——译者

② 维拉里(1827—1917)，意大利历史学家。——译者

③ 文森佐·乔贝蒂(1801—1852)，意大利哲学家和政治家。——译者

④ G. P. Gooch in *The Heart of the Empire*, p. 333.

这些并不是空洞的感情，而是已经在世界各地鼓舞了年轻的士兵、政治家和传教士，把法国、德国、意大利、俄国和美国的资源引向领土扩张的实际行动。

我们是在对作为世界政策的帝国主义的科学基础进行重加叙述和检查。各国之间围绕生存和财富展开的军事和工业竞争之所以必要，是为了鼓动竞争者的活力和社会效能，从而保持优胜劣汰的过程，这个过程将使最文明和最具社会效能的民族，得以扩大和加强对世界的统治和经济剥削，并凭借消灭或征服无能民族以提高人类整体的治理水准。

这种说法放弃了纯粹民族的（即政治的）以及特殊的伦理立场，退回到以生物学的规律或类比作为其科学基础了。

这里我们可以有益地从皮尔逊教授的论述出发，“历史向我们指出了一条，而且是唯一一条产生高度文明的道路，这就是种族之间的竞争，物质和精神上的优胜者将生存下去。如果人们想知道低等种族能否进化到一个更高的水平，恐怕唯一的途径就是让它们互相斗争，即使在那个时候，由于特殊因素——雅利安人的胜利或许主要依靠这个因素——个人与个人之间以及部落与部落之间的生存竞争，可能也并不适用于自然淘汰规律”。

现在，假设这种说法有效解释了过去文明进化的过程，但它在未来还会继续起支配作用吗？或者，晚近以来，有没有一些力量已经参与到塑造历史的过程中，深刻地改变、延缓甚至逆转原来占据支配性地位的淘汰力量呢？

就在我之前引述的那本著作中，皮尔逊教授自己对关于种族之间自然竞争必要性的争论，给出了完整的答案。

在上文所引一节的最后一句中，他似乎承认低等种族中同一部落内部“个人”之间为生存进行的自然斗争的效用。但是作为一个“社会主义者”，他的一般见解是非常不同的。为了保证一个部落、一个民族或某个团体能够在与另一团体的竞争中胜出，就必须要停止团体内部的生存竞争。一个民族要想保有活力和社会效能，需要减少个人之间为了生存及生存手段展开的竞争，以避免内耗。现在这种说法推翻了公认的整个动物界的进化规律，在动物界，围绕食物和其他生计的竞争对于物种的进化是必要的，即使每一个物种或多或少都要为了食物同其他物种开展直接的竞争。合作和社会团结确实被认为是许多高级物种进步的附属物，但是在个人之间为了有限的食物或其他必需品而进行的竞争中淘汰不能适应的个体却被认为是进步的主要手段。

现在皮尔逊教授公正而大胆地承认了博爱主义带来的危险，博爱主义大大节制了个人之间的“生存竞争”，并鼓励现在文明民族为其成员的成长和繁衍提供必需的食物、住所和其他必需品。

他看得很清楚，单单中止个体之间的生存竞争对于民族团结和效能来说不但并非必要，而且由社会来负担那群本应在生存竞争初始阶段就该被淘汰的物质和精神上的弱者，还有损于民族团结和效能的发挥。他正确地强调这一信条，即一个民族若是从劣种繁衍出来的成员数量多于从良种繁衍出来的成员数量，那这个民族注定要遭受物质和精神上的双重败坏。繁衍良种和消灭劣种，对于人类的进步和动物的进化来说同等必要，过去如此，将来仍是如此。博爱主义和社会团结绝不是对这个信条的背弃，而只不过意味着在淘汰过程中加入新的方法。

不合理的自然淘汰意味着需要大量难逃最终灭亡命运的个体，这就造成浪费并带来极大的痛苦和不幸。合理的人道主义将以在血统方面合理的社会试验来代替以饥饿、疾病或虚弱毁灭儿童，以使得竞争更加经济化和人道化。

阻止劣种的繁衍，尽管会有困难和危险，但这一点就像为了成员的利益而进行自卫一样，显然是有组织的社会的首要任务。为了社会的安全和进步，并不是非要那些“不能适应”的儿童去死，而是要避免他们出生，那些能最好地完成这项预防性任务的社会，将是成员性格发展最完善的社会。

然而，当皮尔逊教授从个人的社会转向我们称之为“人类”的民族社会时，他仍旧坚持以这种陈旧的、赤裸裸的、不合理的手段来推动社会进步，即原始的生存竞争。为什么要这样呢？如果说，节制个人之间原始的生存竞争以及节制发达社会中残留的家族和部落间的争斗，使社会内部的和平扩展至全民族，能够有助于社会进步的话，我们能否更进一步，首先在文明的和关系密切的民族中，最后在全人类社会中，满怀希望地去寻求国际间的和平和合作呢？如果先是在小团体内部继而在较大的民族集团中，能够以合理的淘汰来代替生存竞争并因此有助于社会进步的话，为什么我们就不能以同样的进步方式实现欧洲乃至世界的联合呢？暂且不论达到这个目的要遭遇的实际困难，我仅仅是从科学理论角度来探讨这个问题。

对部落或民族内部的斗争加以节制，必然以牺牲某些个体效能为代价，不过部落或民族因此获得的统一和整体效能却完全可以补偿这些代价。在各民族间建立统治秩序以替代之前的无政府状态，是否有助于在人类社会建立一种类似生物学的理性秩序呢？我们承认通过制止部落间的互相残杀可以让一个民族更加强大；如果将这一规则应用于处理各民族间的关系，那会有什么结果呢？

对于国际主义这个概念，目前有两种反对意见。一种是对国际主义进行的历史分析；它否认民族间的共同体能够在目前或者可预见的将来存在。这种意见坚持认为，民族之间的物质和精神联系与民族内部个体或部落之间的联系，并无真正相似之处。共同体的存在依赖于成员之间在性格、利益和同情方面的同质性。在古代世界，除了近邻之间，很难找到充足的进行联合的动力，城邦就是真实的社会组织；城邦之间实际的和积极的联系，通常都是受到临时盟约限制的一种战争关系，彼此之间很难实现真正意义上的民族团结。在这种情况下，市民间的紧密团结是市民生存和进步的必要条件，而城邦之间的生存竞争是生物学意义上的进化手段。现在的民族国家正处于和古代希腊及中世纪的意大利城邦同样的境地；如同在早期保持市民内部的竞争一样，现在保持民族之间的竞争，也同样有其历史的甚至是伦理的必要性。

社会心理学家试图通过强调民族生活的主要心理条件来确证这种见解。一个纯粹共同体可能的范围，亦即民族，是由“同类意识”“伦理的类似精神”的范围来决定的[①]。以类似精神的数量和质量作为“民族”或“帝国”社会统一的基础，这种见解既可以被“英格兰本土主义者”用来当作限制的条件，也可以被用来为帝国的扩

① Professor Giddings, *Empire and Democracy*, pp. 10, 51.

张进行辩护。鲍桑葵博士[①]正是用这种观点反对伦理的和政治上的国际主义，并对此作了最清晰的论述。“民族国家是具有建立共同生活所必需的共同经验的最广大的组织”。[②] 他关于共同体的民族类型的结论，实际上是否定了人类概念的伦理事实和效用。“按照目前对我们的文明所持的观念，从体现使生活对我们显得有价值的种种特性这个意义上说，人类过去和现在的生活有很大一部分是没有价值的。既然如此，那么似乎可以说，我们关于人性的道德观念的对象并非真正是作为一个独一无二的共同体的人类。姑且撇开随着时间的推移而出现的种种可能性不谈，我们认为不能预先假定全人类有一种为一个共同社会的正式成员和执行公共意志所必需的完全相同的经验”。[③] 虽然他接着对此稍加限制，根据国家的责任来认识人类，不是把人类看作事实而是生活的类型，“并根据它来辨认和处理异己的个人和共同体所拥有的权利”，但这种思想倾向实际上是强调民族在伦理上的自负，否定了无论是高级和低级、东方和西方各民族相互之间的实际行为存在有效的标准。

这种观点得到了一些社会学家和政治家从法律观点上的坚决支持。据说因为没有“制裁”，没有公认的法庭来规定和执行权利，所以也就不存在真正的民族“权利”。对于这种观点在法律上是否严密，我不太想提出质疑。这里只要指出正常情况下的条约关系、

---

① 伯纳德·鲍桑葵（1848—1923），英国哲学家、美学家，著有《美学史》、《关于国家的哲学理论》等。——译者

② 参考鲍桑葵：《关于国家的哲学理论》，汪淑钧译，商务印书馆 1996 年版，第 302 页。——译者

③ 同上书，第 309—310 页。——译者

国际信用和汇兑、共同的邮政以及有限范围内的共同铁路制度就够了，不必提及协调国际行动的协定和会议的实际机构，以及战争和国际礼节上的不成文法、大使、领事和其他——所有这一切都建立在承认某些相互义务的基础上，任何国家对它的漠视和破坏，都将失去最惠国的待遇，并受到其他国家的责难和可能的联合干涉。

三

有了确立和行使权利的法律制裁的基本原理，我们在这里至少就有了有效国际联合的实际开端。

在晚近的治国理政中故意无视这些重要事实，像俾斯麦之流的法学家和高级政治家那样，转向这样一种民族主义，即更多地强调爱国主义的排斥性而不是其包容性，将国家之间的对抗看作是极端重要的终极事实，这构成了近代政治中最危险和最无信用的因素。这种政治行为我们此前在分析经济动力因素时已经作了部分说明，这些经济动力表现在国家内部的某些集团和阶级僭越国家意志，依靠国家之间的对抗，通过损害本来与他国利益一致的本国利益，达到谋求私利的目的。

在政治国家的范围内，顽固地阻碍此等关系的演变，对于未来的历史学家而言是公认的最难以解释的政治现象。国家之间的利益融合是如此重大、多样和明显，而利害冲突造成的浪费、痛苦和损害也是如此劣迹昭彰，以至于在那些不了解现代国家都是被强有力的派系控制的人看来，种族、国境和肤色等因素都是使任何

“共同体”无法超出国家界限的自然障碍。

但是，以不同民族成员缺乏“为建立共同生活所必需的共同经验”推导出民族主义的定论，这是对近代历史一种十分武断的解读。区别于其他民族的重要种族和传统特征是共同经验的最本质内涵，即使就此而论，我们也不能不承认，在代表着文明最新阶段的众多便捷准确的交通方式的推动下，各国人民之间共同经验的积累正在高速增长。对于人口比例不断增高的欧洲发达国家大城市居民而言，他们的确不仅在生活条件，而且在阅读、艺术、科学、娱乐等主要方面，都比一个世纪前欧洲单一国家内部分散远离的居民，无论住在乡村还是城市，都具有更多的共同经验。人、商品和信息的直接交流变得如此广泛和日新月异，使“建立共同生活所必需的共同经验”的增长日益超出国家的界限，这无疑是最值得注意的时代特征。既然如此，就应当承认能够协调和变化同一外部现象的民族性的主观因素，无论如何在欧洲主要国家中的部分比较自觉和有教养的居民中间确实存在着一些真正的“类似精神”，这在政治领域构成了初步国际主义的心理基础。在那些极力主张以“类似精神”和“共同经验”作为真正社会界限的人中间，有的人以此捍卫现有的民族性并排斥外来的民族性，而另外有些人，如吉丁斯教授，却以此鼓吹扩张和帝国主义，这一点的确是奇怪而又有警示意义的。

一边是民族独立政策，一边是高效能民族对低效能民族的征服政策，此外确实存在着第三种选择，就是逐步试验进步性的联合，这种联合遵循最广泛的共同经验路线，将在最具“类似精神”的民族之间结成正式的政治纽带，并随着共同经验的广泛增长将其

扩展到其他民族，直到建成将整个“文明世界”，即所有在文明名义下积累有广泛“共同经验”的民族包括在内的有效的政治联合。

这种主张与民族主义的核心要点并不冲突，也并不意味着中止或取消一个民族在工业、政治、艺术或文学上借以表现自己真实特征的任何斗争形式。

如果有人反对说，即使在那些最易被近代文明同化的民族中间也不会存在必需的“类似精神”和“共同经验”，种族和民族之间的对抗会妨碍任何真正的有效联合，那我只能再说一遍，这是实验，而这种实验从来没有被进行过。因为阶级与个人的目的和利益支配着政治，种族和民族之间的对抗曾被如此培养、助长和煽动，以致各族人民之内心深处的同情和共鸣从来不能自由地表达，更谈不上形成政治主张。对于欧洲人中大多数的群众来说，他们在工业、知识和道德生活中最有力和最普遍的力量，在上世纪中同化得如此迅速和紧密，必将成就一个拥有思想、感情、利益和抱负——国际主义的“灵魂”——的巨大共同体。

影响农村和城市居民劳动生活的主要经济条件以及学校、教会和出版等教育的内容和方法，两者显示的相似之处远比差异之处要更加有力和广泛，可以断言，欧洲“人民”在实际利益方面的联系要比他们的政府密切得多，如果能够排除阶级政府的阻碍，让人民的真正意志居于权威地位，这种坚强有力的共同纽带就可以为政治联合组织提供巩固而稳定的基础。举一个最普通的具体例子，各国参战并负担战争费用的工人，如果能够了解他们被煽动的问题实质，至少他们在将来会拒绝继续参战和负担战争费用。

如果这种见解正确的话，那绝不能仅拿战争仍将发生以及民族仇恨持续爆发的事实来证明不同民族中间难以存在共同的情感和经验，甚至于因此难以杜绝生存竞争，并难以建立起一个保障和平的政治组织。

抱持这种主张，无须夸大国际共同利益的范围。如果确实存在着大量真实的共同利益，它就应该也能够为政治团体赋予一种精神。这就是最近海牙会议及其成功和失败的意义所在。它的成功，即会议的成功召开及其确立的国际主义的精髓，证明了不同国家在维护和平方面存在着利益的一致性；它的失败以及一些政治家对此的公然嘲笑，仅仅表示身居高位的集团和阶级在利益和情感上的反人民性以及国际主义要想前进一步就必须要反对这些人民的敌人的必要性。在实质和形式上捍卫平民政治，你们就是在捍卫国际主义；保留阶级统治，你们就是在保留好战的帝国主义和国际冲突。

四

为了弄清楚反对把民族当作最终社会区划的心理依据，我似乎已经远离了生物学基础，即以“自然选择”为目的的民族间竞争的所谓必要性。实际上，我恰恰又转到了分歧点上。假如人民的意志可以占统治地位，并确立了中止战争的国际组织，那么民族的个性会因此受到损害、丧失活力、趋于低效并因此走向灭亡吗？维持生存竞争对于民族间的“自然选择”来说真的是必要的吗？

现在再来讨论关于终止部落内部或民族进化中赤裸裸的生存竞争的问题。由于此类民族组织变得更加强大有力和富有技巧，内乱、饥馑和某些疾病也就不再成为淘汰的手段了，它们所试验的个体适应的种类也就要更换了；从前消耗于保护生命和维持生存的个人精力，也就降到无关紧要的地位；但是个人的生存竞争并未因此缓和，不过是上升到比纯粹的动物生存、营养和繁衍更高的阶段而已。个人不再是为了这些简单地维持生命的目的而竞争，而是把节余下来的全部精力用于其他扩大的、更复杂的生活目的上，比如康乐和财富、地位和荣誉、技能、知识、声望，甚至更高级的自我表现形式以及为其同胞提供服务，在我们称之为利他主义或公共精神的个性扩展的基础上，个人与其同胞是一致的。

停止低级竞争，不仅不会损害个性，还会大大有益于个性；给个性张扬提供更多的精力和范围，给势均力敌者提供更大的平台；并且试验和引起了更高级的和更多样的适应形式。人类并不是不再为生存而竞争，即便是更高等级的精神和道德竞争，也大部分属于生存竞争的范畴；用于法律、文学，或任何知识竞争的体力和脑力，即使不是成功的决定性条件，也是主要的必需条件。在所有较高等级的竞争形式中，虽然不适者淘汰的标准和原始人类竞争大不一样，但是却仍然存在不适者淘汰的现象。判定肉体上、精神上和道德上的优劣区别是多么武断，除了用近代复杂的文明为劣种的甄别、退化和最终消亡所发展起来的精巧方法来证实之外，不能再有更好的证实，那些劣种被用肉体上的烙印来证明它们的“退化”，不亚于用精神上和道德上的烙印。肉体上的生存竞争并没有松弛，但是肉体只是检验更高级的和更复杂的性格的一部分，而那种性格是由更高级的社会效能的标准来衡量的。其论点如下：国家统治或者国家社会主义，就这个名词的广泛意义而论，作为强制

的和教育的力量，并没有减少个人竞争，抑制个人活力，也没有缩小它的活动地盘。恰恰相反，它加速了竞争并使其多样化；它凭借机会均等保证了较为公平的竞争，以排除不和个人适应的机会和其他因素；它允许在更平等的条件下有更大量的竞争者，从而为适应者提供了更好的试验以及为最适者提供了更为可靠的选择。

皮尔逊教授正确地指出，真正开明的国家统治将坚持以合理的血统控制，至少通过公共教育或在必要时借法律来防止某些确被认为不适的繁殖，以改善渐趋退化的劣种的缓慢、痛苦和不正常的消亡。

一个建立起稳固的合理自治的民族，群众内部的竞争在广泛的不同领域激烈地进行，为教育和发挥个人创造性提供最有力的刺激，在这样一个民族里，所谓为了维持民族特性和进步的赤裸裸的生存竞争，真的还是必要的吗？如果民族内部取消了赤裸裸的生存竞争，个性并未被消灭的话，那如果国际争端的性质也发生了相应的变化，为什么民族性的健全力量就一定会被消灭呢？

生物学提不出理由来使人信服，为什么民族间的竞争必须经常保持赤裸裸的生存竞争形式，为什么民族内部进化可以用“合理淘汰”代替“自然淘汰”，而这种“合理淘汰”却不能同样适用于民族之间。

五

过去许多国家的历史，确实表明帝国扩张以及军事政策的自然必要性，而且许多对这种必要性感到遗憾的人也不得不接受现实。最近一位美国学者在一篇出色的专论中[①]争辩说，帝国主义和侵略战争的永恒必要性来自于“收益递减律”。有限土地上的人口，不仅趋于增长，而且增长速度确实要快于粮食供应的增长速度；耕作技术的进步也无法为增长的人口提供充足的给养，这种压力必然要求增加新的肥沃土地，邻国之间为了保持既有土地和扩张新的领土而持续爆发冲突。饥馑是人口迁移的刺激因素，移民成功扎根在肥沃的土地(这些土地或是之前无人占领，或是靠征服原住民得来)之后，愿意同祖国保持政治联合，国家疆域由此得以无限制地扩张。这类扩张无论采取纯粹的殖民形式，还是这里明确界定的帝国主义形式——包括中央集权政府和对“低等种族”的强迫统治——区别都不大。这种政策的本质是为了食物供应而扩张领土。人口日益增长的国家，必须向其他地方不断输出人口以增加粮食，如果办不到，那就要在国内提高不受收益递减律影响的大量剩余制造品，并为其找到销售市场，用来支付向外国购买的粮食，而这会让外国更快地面对收益递减律造成的压力。当越来越多的国家进入这条道路，他们要么直接受这条规律的驱使去为过剩人口开辟新土地，要么同那些存货过多或市场扩张缓慢的敌对工业国进行一场更为激烈的竞争。这两条路都无可避免地通向帝国主义。“战争的起因同饥饿一样是永久存在的，因为两者都产生于同一源泉，即收益递减律。只要原因存在，分析到最后，为了获得和保持国外市场，作为持续增长和繁荣的手段，战争就必须保留

① 罗宾逊教授:《战争与经济学》,《政治学季刊》,1900 年 12 月号。

作为国家的事业。‘个人应该力谋扩张，不然就会灭亡’”。[①]

现在这种所谓必然性的定论在涉及英国时，常常容易引起批评。我们已经表明，若要通过贸易取得与英国人口同步增长的粮食供应，帝国主义其实并非必要，它也没有促进这类贸易；更没有致力于为我国的过剩人口寻找可以生存和繁衍的土地。

但是，博物学对此所作的全部议论是否正确，尚有争论余地。因为人类是在文明中成长的，是在不断用理性来调整自身同自然环境和社会环境的关系中成长的，他获得了相应的能力，使其从支配低等动物世界的必然性中解脱出来。他可以借不断缓和农业和采掘技术中的收益递减规律或限制人口增长率这两种方法来避免战争和扩张。合理的文明倾向于采用以上两种方法。我们完全有理由主张，理性告诉人们，通过合理避免战争和扩张的困难和危险来促进人类之间的合作。在动物生活中以及在人类与动物相似的限度内，战争和领土扩张构成了满足人口增长的唯一手段，而人口增长是由性的本能和环境的自然条件的纯粹相互作用决定的。但是在很早的时候，直接表现为“收益递减规律”的不合理支配，就受到两个方面的制约。一方面，农业的改进和贸易的开始，增加了在一定土地上人口存活的数量；另一方面，关于婚姻和抚养后代的习惯的退化，如遗弃或溺婴，增加了对人口增殖的“自然限制”。在克服不合理的自然力量活动的斗争中，这两种力量都标志了“理性”或有意识的人类选择的开端。在我们已知的历史中，这类合理力量的使用是如此缓慢和薄弱，仅仅起到了缓和或延缓“收益递减规

① 罗宾逊教授：《政治学季刊》，第622页。

律”的作用。但情况并不一直如此。有理由相信，这两方面的合理限制，可以在将来充分阻止或克服一个国家在一定土地上食物供应的限制。农业的进步即使在过去最进步的国家都是非常缓慢的：近代科学已经在制造业和运输业的革命中显示了奇迹般的作用，现在它开始愈来愈集中在农业领域发挥作用，这方面的技术进步也将大大提速。在农业化学和植物学为力学的最新研究成果所适当加强，科学方法为无数时代以来把他们全部实际才智集中于精耕细作，如像中国人那样的伟大农业民族的经验智慧的积累所适当指导和丰富之时，在农业技术的改良知识再加上对于产生真正节约的那些过程完成劳动协作之时，集约耕作的可能性事实上是无限的。国家农业政策的新条件本身是如此重要，可以想象到一个国家积极推行这些政策，就可以在长时期内完全改变“收益递减规律”的作用，在它固有的土地上增加食物的产量，以满足人口“自然”增长的需要，而从事农业的劳动力也不会超比例地增加。鉴于集约耕作和农业科学的最新试验以及熟练的园艺业逐渐代替不熟练的耕作技艺，不可否认，在有着高智慧的群众中间，精神规律是可以战胜物质规律的。就像18世纪中叶的英国那样，把农业往谷物栽培和牲畜饲养方向上进行引导，如今的英国已经显示出往这个方向全面进行发展的迹象。如果少数富人因一时的风气和兴趣在当时就能搞出所谓的“农业革命”，现在依靠国家的政策投入更多的人力、资本和科学知识，为什么不能搞出更大的成绩呢？有许多因素自觉地促使英国农业向着辉煌的复兴方向发展。城镇居民对卫生和军事的危险逐渐察觉，他们抵抗力的减弱和外国食物供应量的增加是成正比的，这些因素正在把人民复归土地的问

题提上政治日程。在主要组织中从来都是向心发展的近代科学的交通，现在看来越来越倾向于离心发展，同时文化的广泛进步在道德上和美学上逐渐抵制城市生活和城市工作。旨在纯粹节约私人企业和补贴农业的慎重而激烈的土地改良，对于英国来说，当然是一切迅速而有效进步的先决条件。所有这些条件都在人力所能及的范围之内，并属于合理的政策；一经实现后，至少私人会出于获利的动机，将精力和资本投向土地，会在本国或其他工业中大大提高土地生产力，来彻底粉碎历史上所宣传的为了食物供应必须进行扩张的一切似是而非的说法。

这里无须讨论在这种集约耕作经济的发展中，公共政策和私人积极性分别发挥着什么作用。关于所谓扩张自然必要性的问题，我们已经回应了一大半，强调一下这点就够了。另外一半涉及对人口增长的合理控制，必须要在健全的国民经济中以这一点来日益取代铺张浪费，这些本性如到处所表现的那样，非理性所能遏制。无论如何困难，合理控制人口的数量和质量，对于人种生理和精神上的进步是必不可少的，它已经成功地停止了在生存竞争中发挥作用的疾病、饥荒、瘟疫、内战等野蛮的淘汰手段。遏制“自然”控制，而又拒绝“合理”控制，不仅促进了人口的无节制增长，还促进了在生理和精神上都不能适应的人口的生存和繁衍，这部分人口的效能最低，但却可以生育、抚养和繁衍。控制特定不适应人口繁衍的国家政策的实施，听任由日渐增长的生物学知识所阐明的个人利益和判断影响到什么程度，或者此类的私人决定必须由公共压力来加强到什么程度，我们无须在这里讨论。但是，我们有充分的理由相信，在近代文明社会，合理控制人口“自然”增长在数量和质量上已经发挥作用，对人口的一般增长也产生了重要影响，而且这种作用在将来还会继续下去。随着生物学知识和道德教育的开展，减缓人口增长的措施将更趋向真正的“合理”，尤其是经济自由和女性教育程度的提高，将有助于这种合理自制的功效。对于收益递减律倡导的虚假的必然性的控制，并非同第一种控制无关，实际上它是后者的补充。改进获得粮食的方法本身，无非只能在一定时期内延缓或防止收益递减律在本国范围发挥的作用。但是，如果人类将以集约耕作代替粗放耕作的理性力量运用于物种的进化上，即为了保证较高的个体质量而节制单纯数量的增加，这种共同的作用将使合理政策取得对不能驾驭的自然历史力量的胜利。

我之所以不厌其烦地详述这个问题，是为了劝服国民相信对国民生活作出以上选择的明显合理性，而在这一点上帝国主义犯了致命的错误。文明国家并无扩张领土的自然必要性，不管是为了增加食物供应和其他形式的物质财富，还是为增加的产品寻找市场。不论对于国家还是个人来说，进步所包含的内容是一致的，即以集约经济或质量经济取代粗放经济或数量经济。在有着大片闲置或廉价土地的地方，不熟练的农民把他的资本和劳动投入到耕作粗劣的土地上；而熟练和能干的农民认识到要限制农场面积才能尽量利用他的生产资源，因此他们在较小的土地上科学地进行集约化生产，从而获取较大的纯收益。国家资源的利用也要经济化——扩张的欲望和需求是野蛮的标志；当文明进步和工业方法变得更加高度技术化和差异化的时候，扩张领土的需求就会减弱，国家的进步越来越关心国家资源之集约的或质的发展。领土面积从来就是进步的条件，但是随着从野蛮到文明的发展，这种条件会相对地显得无关紧要，而把无限扩张看作是必要的或贤明的观念将遭到理性和健全政策的反对。古代最渊博的思想家也承认这一点。亚里士多德写道，“有如各种的动物、植物和无生命的工具那样，城邦的大小也各有它适中的限度。任何事物倘使过小或过大都将丧失天赋的能力而不克尽其功用。”[①]过犹不及的现象，这在历史上已经司空见惯。国民的真正伟大是在国家有限的疆域内，以集中的技能精密地开发有限的国家资源而培养出来的。“我们在人生最值得生活的事情上获得的最高成就，得归功于紧密而独立的国民的旺盛活力，即弱小团体中的强大意志，得归功于犹太和雅典、罗马共和国、意大利、德国和弗兰德斯的自由城市、法国、荷兰和英伦岛国”。[②]

如果帝国扩张只不过是国家的一个自然历史阶段，那么反对它将和争论地震一样毫无意义。但是文明国家和不文明国家在政策上的区别在于，前者更多依据慎重而自觉的选择，并有着明确的行为特征。使国家能够在技术上以国家资源的集约利用取代粗放利用，并因此得以生存和繁荣的集体理性的增长，可以审慎地对抗陈旧的“命运”意志，那种命运意志曾使很多国家在获得一定程度的发展之后，走上了帝国主义的衰退之路，最终会趋于崩溃。

作出上述答复之后，生物学上的争辩往往又转到其他的方向。

---

① 参考亚里士多德：《政治学》，吴寿彭译，商务印书馆 1997 年版，第 354 页。——译者

② 伯纳德·霍兰：《主权与自由》（*Imperium et Libertas*），第 12 页。

有人争辩说，“如果这些国家不再号召为食物而竞争，并在加强对物质供应控制的同时减缓人口的增长，他们将无力进行生存竞争；沉迷于舒适而奢侈的生活，它们将受到自由繁衍和保持着尚武之风的低等种族的攻击，并在斗争中被打败”。这是皮尔逊先生在其饶有趣味的《国民生活和性格》一书中指出的危险。

但是，所有这些议论都是建立在对现实情况和趋势一连串的幻想之上的。

把停止个人斗争的唯一目的和结果，说成是增强一国同其他国家进行生存竞争的效能，这种说法并不正确。在人类从野蛮到文明的发展过程中，为适应物质和社会环境以改善生活的竞争，将持续趋向于取代为取得他国土地和食物供应而进行的生存竞争。这恰恰是集约耕作对粗放耕作的胜利：这意味着将过去耗费在战争上的精力转而用于发展工业技术以及这种成就的不断扩大。作为战争的替代品，这种事业需要的是和平、稳定和有秩序的协作，而不需要战争，这至少为大部分社会停止内争提供了主要动力。这是理解社会进化的一个关键性问题。如果停止个人冲突的唯一或主要目的在于增强部落或国家纯粹的军事力量，并将增加社会效能作为社会进化的目标，那随之而来的很可能是个人自由和创造性的衰退以及为了国民生活而牺牲掉个性。这种结果并没有成为现实以及现代文明国家比原始社会保存了更多的个人自由、精力和创造精神，这证明了军事效能并非社会组织首要和唯一的目标这一真理。换言之，国家文明的发展趋势在于，竞争对象愈益从其他国家转变为环境，理性的运用将更大比重的精力转移到为争取知识、道德和美学的东西，而不是去争取耗竭地力并且按照收益

递减律易于把它们引到同其他国家冲突中去的那些东西。

当各国向着文明前进时,就无须为养活增长的人口而与其他国家发生斗争,因为对工业技术的熟练掌握,能够保证它们通过征服自然而不是征服同胞就能满足自己的需要。

这一真理确实不曾充分显耀在近代文明人眼前,他们对于外国财富和土地的贪欲,看来同原始时期一样都是战争之源。不专注于开发本国的土地和市场,而是将掠夺新领土和遥远的市场看作是必要和有利可图的,这种妄想正在慢慢地被消除。我们已经探讨过这种妄想产生的根源;它根源于阶级利益对国家政治的支配作用。如果可以实现民主,那单单民主就将保证国民心理专注于充分的经济节约,即以同自然环境的内部斗争来代替同其他国家的外部斗争。

如果像看起来可能的那样,文明的白人国家逐渐摆脱引发战争和领土扩张的阶级统治的枷锁,通过防止劣种的繁衍来控制人口增长,同时它们集中力量开发本国的自然资源,那么国际冲突的动机就将逐渐得以消除,而通商和友好往来等互相同情的动机,将在国际联合的基础上缔造国际永久和平。

这样一种国民经济不仅粉碎了战争的主要动机,而且还将极大地缓和各国政府间的工业竞争。民主政治主要专注于开发本国市场,没有必要耗费人力和财力去攫取低等的、不稳定的外国市场。保留下来的竞争将不是国与国之间的竞争,而是国内工商业者之间的竞争;国家依靠关税、出口奖励金和商业协定进行的工业战争的景象将趋于消失。正如我们所看到的,国家商业政策的危险和敌意,几乎完全要归因于某些商业和金融势力攫取了国家的权力和政治资源。废除这些势力，自由贸易的提倡者们模糊感觉到的各国人民之间深厚的、真诚的、基本的利益融合将成为现实，关于国际间永久存在工业战争的必要性的说法将被视为一种谬论，这种谬论在本质和起源上同战争在生物学上的必要性谬论相类似。

对于社会进步而言，生存竞争的确是必不可少的因素，自然淘汰也是必要的，但是因为人类趋于理性化，也就可以让竞争更加合理，以预防性的淘汰手段取代破坏性的淘汰手段，适应的标准也将从天然的体格是否健壮，提升到以生理忍耐力为条件的更加高级的精神活动领域。因此，当人类不再为超出自身需要的食物而斗争之时，竞争和适应都提高到高级阶段。国际主义的经济和民族主义的经济是一样的。因为个性并未泯灭，而是为贤明的国家治理所提高和鼓舞，所以民族性也不会泯灭，而是为国际主义所提高和鼓舞。

战争和商业关税是最粗野、最不经济的国家竞争形式，是最低级的国家适应形式的考验。让国际政府来制止战争和建立自由贸易吧，各国间真正有活力的竞争将会开始。如同个人之间竞争一样，现在国家间的竞争将在更高的水平上趋于激烈；国家之间将会在情感和思想领域，而不是在枪炮和关税领域开展竞赛。

无论凯尔特人[①]和条顿人具有什么真正与生俱来的力量和利益，拉丁人和斯拉夫人的各种融合只有在和平时期才能结出果实。

① 凯尔特人，上古欧洲一个由共同语言和文化传统凝合起来的松散族群，主要分布在英国爱尔兰、威尔士、苏格兰高地和法国西北半岛。——译者

世界各民族和种族都有其明显的特征和价值，这些价值和特征都需要在其各自的事业中表现出来。迄今为止，如此之多的民族把精力集中于军事，随后集中于紧张的工业领域，这妨碍了高级形式的民族自我表现；国际间长久的敌对状态，不仅闭塞了较高等级的交流，同时也阻碍了艺术、文学和思想等各民族真正伟大而独特的东西普及于其他国家。这种文明的融合可以通过精细的教育过程，把人类的真实情感，如这类感情之所必然发展的那样，不是建立在模糊的想象的同情基础上，而是建立在共同的生活经验和共同理解的基础上。对于民族获得较高等级的生活艺术而言，国家之间的和平交流，不仅是必要的条件，而且是有力的推动力；因为民族自豪感的自我评价，对于人类的美德绝不能像近代文明人的公正判断那样，提供如此有益的鼓励和如此健全的标准，这种公正判断不再为卑劣的爱国偏见所歪曲，而是在实践中经过人类公正的普遍标准检验过的。文学、艺术、科学和宗教领域的少数天才人物，他们的思想已经突破了民族界限而成为其他民族的一种教化力量——这些人有耶稣、释迦牟尼、穆罕默德、荷马、莎士比亚、柏拉图、亚里士多德、康德、哥白尼、牛顿、达尔文。有更多的伟人在相对狭小的科学界和文学界产生了真正深远的影响，这些领域在中世纪所达到的国际主义，因好战的民族主义的兴起而消失，到我们这个时代又逐渐显现。

但是在个别天才完成的征服之外，本可以灌溉知识世界广阔原野的民族洪流，却被约束在狭窄的国家渠道内。作为一种限制性和排外性的力量，民族主义滋养了政治和工业上的敌对情绪，将民族和种族之间的竞争拉低到军事斗争的低级水平，并在各个领域阻碍着以自由交往为前提的高级竞争，即语言、文学、科学理论、宗教、政治和社会组织以及成为民族生活和个人生活最高级和最重要表现的一切艺术和技术的竞争。

七

这种思想揭露了浅薄的生物社会学最根本的谬误，即假定存在某种民族效能，它以军事力量或商业力量的强弱程度为判断标准。一个民族的“社会效能”的唯一意义，即是适应自然环境的能力以及改变自然环境使之适应自身的能力；在宗教、法律、政治、知识生活以及工业等方面取得的成就，都是这种社会效能的表现。记住这一点，所谓存在着多种社会效能、认为文明是所有国家发展的必由之路以及社会效能和文明程度要由在这条道路已经行进的距离来测量的观点，显然都是有害的谬见。

一个国家真正的社会效能或文明程度，只能在它更为复杂的成就和活动中表现出来。精于自己专业的生物学家应该认识到，要真正衡量国家效能，要求国家之间的竞争不依靠在各国之间无甚区别的原始斗争形式和粗笨武器，而要依靠标志各国间巨大差别的高级斗争形式和复杂的知识和道德武器。由理性主导的高级竞争，依然是国家的生存竞争，因为在竞争中最落后的思想和制度消亡了，而人类有机体并没有消亡。只有竞争者在充分自由的条件下开展思想和制度的竞争，世界文明才能向前发展，而除非停止低级的军事和工业竞争，这种高级竞争才能有效地持续下去。

生物学通常将个人竞争看作是进步的条件之一，但是理性在国家中成长起来之后，国家结束竞赛并强制执行法律，不是为了停止竞争，而是为了让竞争在更加完善和公平的环境下成为对个人适应的考验。生物学把民族或种族的持续竞争看作是世界进步的条件；但是世界发展趋于理性之后，它将以同样的方式使竞赛规则合理化，对各个国家适应能力的考验也会在一个更加公平的环境下强制进行。

把世界比作国家的斗鸡场，几轮较量之后淘汰弱者而只留下一个最有效能的国家，在劣等的杂种鸡中逞雄，这种见解毫无科学性可言。忽视国民生活的性质和目的，并假定性格和环境的一致是对民族主义的否定，好战的民族主义就是由此开始的。

那种认为如果终止战争就会导致民族活力必然衰退的信念是由于完全没有认识到终止低级的竞争形式是为了高级竞争将成为可能的明显目的和必然结果。战争的终止，民族性中真正有活力和有价值的东西并没有消失；相反，它会比之前更加茁壮地成长，在过去，它所赖以成长的民族精神只专注于低等的竞争。

在领导有方的国家中，社会主义和个人主义之间没有鸿沟，国际主义和民族主义的真正目的也不冲突。问题及其解决方法都是相同的。为了可以个体化，我们社会化；为了思想斗争，我们停止用子弹的斗争。

所有生物学生存竞争的基本要素都会保留下来，包括鼓舞个人活力、保持竞争的激烈性以及优胜劣汰的法则。

竞争在方式、目的和结果上都趋于合理，理性不过是自然的高级形式。

八

生物社会学学派只关注竞争的简单形态以及个体和物种的直接斗争，而排斥作为整个有机体进化手段的“杂交”的重要作用，没有什么比这更能显示这一学派的浅见的了。

把“杂交”繁衍的规律应用于文明或“社会效能”，并使之成为能在生理和心理上发挥有效作用的条件，就需要国际主义。历史上国家类型的杂交是通过战争、征服和镇压来完成的，这一点也是千真万确的。虽然长远来看这推动了社会进步，但却是一种最浪费的、间接的和危险的方法，此种类型的淘汰缺乏对于未来或社会效能高级目的的清晰认识。国际主义为了和平的崇高目的，愈促进国家之间的自由交往，异族之间愈能够实现富有改良种族效能的通婚，而愈来愈多和愈来愈新奇的变种，将作为世界文明的要素而互相竞争，由此提升了竞争的特性和强度，并加快了人类进步的速度。

不仅如此，按照皮尔逊教授坚持的主张，即有必要施加舆论或法律的压力，来防止“劣种”灾难性的繁衍过程，我们可以把生物学的类比再向前推进一步。如果民族内部普通的生理退化过程不足以消除劣种，而必须要辅之以某些直接禁止低劣血统的措施，那为了整体人类的利益，必须依靠有组织的人类的命令，更大规模地强制推行这类措施。社会内部低等的个人，如果无法融入文明，那两者的接触就会导致低等人的消亡；同样的道理，“低等种族”如果无法承受高等种族的疾病和生理缺陷，那两者的接触通常也会导致

“低等种族”的消亡。可是，为了广泛的社会利益，优生法需要抑制退化的和落后的种族的繁衍，这与国家合理控制劣等个体繁衍的做法是相一致的。这一建议所包含的其他道德上和实际上的问题，我们在这里无须涉及；单从生物学的观点看，这条途径似乎是在较小的国民生活范围内实行直接合理地剔除劣种的必然结果。这种考虑的重要性在于以下这个事实，即合理控制不健全种族的繁衍意味着国际组织的存在，它可以制止战争，并以合理淘汰取代野蛮的自然淘汰和种族剔除。

究竟一个民族或者多民族组成的社会是否将一直如此发展，或者更进一步，试验更多的优生法，鼓励家庭和种族间的“杂交”，尚有很大不确定性；但是，倘若维持和改良国民的种族需要保证这类试验，我们就可以坚持主张将同一规则应用于多民族社会是合乎逻辑的。

再者，就杂交繁殖的字面意义而论，这一规律究竟能在多大程度上从有机界移植到精神领域尚有疑问，但更普遍的应用却是不容争辩的。科学理论以及宗教的、社会的、政治的艺术和制度，在同其他理论、艺术和制度经过自由、友好、活跃的交流，并经过必要的补充、扬弃和修正之后，会取得长足的进步，这在知识领域是常见的事情。所以，对于不同民族间思想、情感及其所推动的艺术的互相接触，不论我们将其看成是促进直接的生存竞争，剔除低劣者和保留优胜者，还是看成是促进友好交流，彼此之间互相吸收和淘汰，国际主义与民族主义一样，都是有效推进这一过程的必不可少的因素。

只有当我们了解民族精神的成熟果实，即思想、艺术和制度的传播和孕育的真正性质，我们才能够了解帝国的[illegible]意义，把正当的扩张同不正当的扩张区别开来。当各国竞相残[illegible]掠取他国的土地和贸易，征服者确立的统治就毫无永久性可言；[illegible]和商业形势的转变会把胜利冲刷得荡然无存。但是，和平行动所产生的影响则更为持久、深入和光辉。关于英国在世界历史上的影响力，莎士比亚、拜伦、达尔文和斯蒂文森为此做出的无可比拟的贡献，远比政治家和军人赢得的胜利和吞并的疆土要大得多。麦考莱[1]说得好，“有一个不受任何自然衰退因素影响的帝国——这个帝国就是我们的艺术和道德，文学和法律的不朽帝国”。粗放的帝国和集约的帝国之间的这种对立，不在修辞上，而是根源于生物学的必然性。

低等生存竞争将他国的人口、土地和贸易作为必要条件，这排除了民族精神的帝国赖以扩大的高级的和更有利的思想竞争：这不仅是有限的民族精力难以同时从事两种竞争；更重要的是，低等竞争的这种性质滋养了民族性中的骄横和极端傲慢，使其盲目排斥其他民族。

有效的国际主义是各国之间竞争和合理淘汰的唯一稳妥基础。在人类比较原始的竞争形态中，机会、人数、某些原始力量或诡诈，或许可以保证“社会效能”比较低级的、暂时的、非生产性的民族取得胜利，但压制或阻碍了潜能远为优秀的民族的成长。只有种族或民族的淘汰愈来愈得到合理的引导和决定，世界才愈能

① 托马斯·麦考莱(1800—1859)，英国政治家、历史学家，著有《英国史》。——译者

克服这些[illegible]灾难而获得安全。唯有国际政府能够为弱小但可贵的民族[illegible]供适当的保护，并控制强大侵略者的骄横，为民族的自我表现[illegible]持机会均等，这种自我表现对于国际联邦和对若干国家的保[illegible]同样都是必不可少的。

只有将初创时期不成熟的、不系统的、非正式的，而且通常是虚伪的国际政府，提升为更有力的、更统一的和更复杂的权力，生存竞争才能在最高级的竞技场中，选择社会效能的最佳形态。

对于文明国家联合的最终效用，仍有一个反对的理由需要加以考虑。假定欧洲国家及其殖民地组成联邦政府并制止了内争，那基督徒的和平将会不断受到黑种人和黄种人等“低等种族”的侵害，他们将拿起“文明种族”已经摒弃的武器和战术，以野蛮的侵略来打垮“文明种族”，正如欧洲和亚洲的野蛮种族打垮罗马帝国那样。我们无法让全世界都达到联合起来的文明水平；外界的强敌将不断地形成威胁，如果联合的目的是要从国民的经济生活中排除军国主义，那么这个目的达到后将使有效的抵抗侵略成为不可能。这是过去许多帝国的普遍命运；有什么法宝能够使最近的联邦帝国避免这种命运呢？对于这种异议，我们可以做这样初步的回答。在较为古老的帝国中，有两个原因从根本上削弱了帝国对外来“野蛮人”的抵抗力量，并加强和刺激着入侵者的狂热。第一个原因是经济上的寄生性，宗主国利用其领土、殖民地和附属国，来为国内统治阶层谋取暴利，并收买本国下层阶级，使他们安分守己。对附属国的压榨，激怒并最终唤起了强悍且不驯服的隶属种族的反叛；对叛乱的每一次血腥镇压，都造成内心的仇恨，而不满的郁积逐渐转化为力量，就转而起来反对统治势力。

第二个原因和第一个原因相关，即众所周知的雇佣外国佣兵的“寄生性”形式。这是帝国发昏的最致命的症候，压迫者因此立即解除了有效自我防卫的习惯和手段，而将之交付于强大的敌人手中。

这种愚蠢和恶习的不祥的结合，在过去总是促使帝国衰亡。这对欧洲国家联邦是否也会是不祥的呢？

如果各国联合的力量被用于同样的寄生目的，如果白种人摆脱繁重劳动，而通过剥削“低等种族”过上一种世界贵族的生活，同时把维持世界安全的任务愈来愈多地托付于那些低等种族，显然这对他们来说也是不祥的。如果欧洲国家的联邦只是一些旧帝国的变种，利用欧洲的和平来达到同样的目的，并企图像在所谓罗马和平那样用相同的手段加以维持，那么这种危险一定会发生。这是个大问题，事实上是对近代文明的一个最重大考验。

对于文明国家的联邦来说，在摒弃政治经济寄生状态的同时，能否产生出一个为维持世界秩序所必需的强大力量呢？

第三章　道德和情感的因素

一

对近代帝国主义实际历史的分析，揭露了政治势力和经济势力的结合。这些势力根源于某些工业、金融和职业阶层的自私利益，利用帝国扩张政策谋求私利，并以此来保护他们在经济上、政治上和社会上的特权，对抗民主政治的压力。这里还需要回答一个问题，“人们为什么没有认识到帝国主义的狭隘和贪鄙呢？”每一个国家当它从外部观察邻国的帝国主义时都看得很清楚；真正左右政策的是政治和商业阶级的自私利益。所以，欧洲其他国家都能看清了英帝国主义的轮廓，并指责我们伪善地假装糊涂。这种指责是错误的；没有一个国家能认清自己的缺点；关于伪善的指责，对于个人来说不见得正确，对于国家来说更不正确。法国人和德国人认为，我们之所以热衷于促进向外传教、废除奴隶制和传播文明艺术，是便于掩饰自己民族露骨的任性。但实际情况稍有不同。

有相当一部分（虽非大部分）英国国民确实怀着真诚的愿望，在异教徒中传播基督教，消除他们认为不幸的国家中的悲惨情形和其他痛苦，并以人道的名义做些对世界进步有益的工作。在大部分教会中，总有一小部分的信徒热衷于此类的工作，其他多数的信徒虽然没有这么热情，但却是非常真诚的。这些人大都缺乏心理学和历史学的训练，但都相信宗教和其他文明艺术是轻便的商品，我们有责任将其输送到落后国家，并且相信在当地的愚昧人民尚未认识到这些恩惠时，一定的强制是正当且必要的。

操控着帝国主义政策的利益集团，自然会利用这种无私的运动来作为自己的保护色，这并不令人感到奇怪。帝国主义的政客、军人和企业主，通过控诉非洲奴隶制的残酷或揭露普伦佩人和锡袍人臭名昭著的暴政来推进帝国主义政策。他们在中国和苏丹开辟传教事业的新领地，并没有慎重和有意识地鼓舞这种精神来激励英国的公众。他们只是本能地怀揣对于他们有利用价值的强烈而纯粹高尚的情感，加以煽动和培植直到装成热情的样子，然后利用其为自己的目的服务。政客和商人往往相信，高尚的动机能将其政治和金融上的既得利益合理化：罗斯伯里爵士相信，他的内阁之所以发动南非战争，是为了并且也将增进南非的自由和福祉；格雷伯爵很可能也认为，他掌管的特许公司，怀揣增进罗德西亚土著物质条件和精神条件的美好愿望，并正在实现这一目标。

所以，比利时国王利奥波德向他的刚果政府宣称："我们唯一的目标在于实现这个国家在精神和物质条件上的革新。"就影响人们各种动机的相关力量和价值理念而论，不要低估人们自我欺骗的能力：政治家尤其具有这样强烈的动机，总是从最有利的角度来安排他们的计划，随即自信地认为获得最佳结果，就是政策的实际动机。至于社会公众，当然需要进行欺骗。帝国主义所有比较纯粹和高尚的附属品，被宗教和慈善机构放在了首位：爱国主义的自我牺牲掩饰了统治和冒险精神，凭借着所谓崇高需要的启示，激发起一个民族对权力欲的渴求。所以，在坎特伯雷大主教看来，基督教变成了“走遍全世界宣扬福音”的“帝国主义者”；在寻求世界市场的商人眼中，贸易也变成了“帝国主义者”。

恰恰是在被歪曲了的动机的真实含义中，存在着帝国主义最严重的罪恶和最显著的危险。在各种杂然混合的动机中，当选择那些最能哗众取宠但却最没有效用的动机之时，把决策者未经慎重考虑的政策当作主要的事业之时，国家的道德信用就贬值了。帝国主义的所有政策都充斥着谎言。虽则公正的历史学家全都承认，英国势力对印度的入侵以及谋求建立大英帝国的主要步骤，在政治和商业扩张之外别无其他动机，但最经常听到的所谓印度土著如何得益于英国统治的说法，就是在道德上为我们的印度帝国所作的辩护。埃及的情形更为显著。英国占领埃及的公开理由，虽然是为了和我们国家攸关的军事和金融利益，但现在一般都认为，我们到那里去是为了使埃及人能够从我们的统治中得到好处，如果我们遵守诺言，短期内从埃及撤军，对我们来说绝对是不道德的。当普通的英国人读到“在以前的历史时期，从不曾有过一个政府如此关心埃及农民的利益和保护他们的权利”[①]时，他本能地就会喊道，“是的，这就是我们去埃及的目的”。尽管事实上我们占领埃及的“帝国主义”活动，完全是由其他因素决定的。即便有人设想，埃及政府对自己国民劣迹昭彰的恶政，给我们的行动蒙上了无

① *England in Egypt*, p. 97.

私的色彩，可是不会有人想到，这样的动机对于我们的帝国主义政策能够发挥决定性作用[①]。即便是最浮夸的帝国主义者，也不会把英国看作是将自己的利益和安全置之度外的骑士，到处设法把被压迫人民从压迫统治中解救出来。虽然和埃及总督的统治比较起来，俄国的专制并不如此低效，却同样暴虐，并且更加有害于文明事业，但没有人因此建议我们应该胁迫俄国，或者把芬兰从它的魔掌中解救出来。亚美尼亚的情形同样证明了高尚动机的脆弱性。英国的政府和人民完全相信土耳其的凶暴残酷，公众舆论也是群情激奋，根据塞浦路斯条约英国曾明确保证要保护亚美尼亚；但是"人类的事业"和"文明的使命"的呼声既没有带来对土耳其的干涉，也没有形成有效的抗议。

正如我们的研究所表明的，侵略性的帝国主义，实际上限于较强的或军备较好的国家欺辱较弱的和无法有效抵抗的国家；帝国主义侵略者到处寻求特定的经济或政治利益。帝国主义的骑士精神，既没有使英国也没有使其他西方国家去进攻无论多么暴虐的强大国家，或者去援助公认非常可怜的弱小国家。

① 隐瞒动机会使一个有经验的政治思想家走到怎样的地步，吉丁斯教授提出的惊人的论据就是一个例子，他在论述"被统治者同意"是统治条件的时候，硬说"如果野蛮民族被迫接受比较文明的国家的统治，那么，证明这种强迫是合理还是不合理，完全不在于在建立这一统治权时，他们表示同意还是表示反抗，而只是在于下述可能性的大小：那些理解过去所做的一切的人，根据经验完全认识到政府为把被统治的居民提到比较高的生活水平而能够做到什么事以后，表示自由的和明智的同意"〔《帝国和民主》(*Empire and Democracy*)，第 265 页〕。看来，吉丁斯教授没有考虑到这种事后同意的奇妙学说的全部伦理力量，就在于对自由和明智地表示同意的可能性的大小所作的判断，没有考虑到他的学说丝毫不能保证这种判断是权威的和公正的，也没有考虑到他的学说实际上是使任何民族都有权自称有传播文明的优越条件和本领而侵占和统治任何其他民族的领土。

强大的利欲力量和微弱的无私力量的混合，确实是这个时代的特征。这就是帝国主义对人类表示的敬意。但是，正如众所周知的“五厘慈善债券”的混合物在实业界并不被信任一样，国家大政方针中同样的混合物也值得怀疑。披上慈善外衣的企业，通常可以营运自如。毫无疑问，对于国家的道德情感来说，点缀上一些无私的色彩，牟利过程就会显得更有吸引力。但在近代历史上，理论和实际常常如此近于伪善，以至于不友好的外国人以此自居的时候，我们并不感到奇怪。例如，关于乔治·贝登堡爵士对帝国主义作出的如下坦率的叙述，我们能说什么呢？“基本单位的纳税人——无论本国的或殖民地的——都指望两种结果作为报酬。一方面，他希望看到基督教和文明能够有所扩张；另一方面，看到工业和贸易的若干补偿式增长。除非他或者作为‘他的公仆的政府’能够保证其中一种或者全部结果，要不这个问题一定会被提出来：他是否有权利发动这类战争以及这类战争是正当吗？”①

我们有什么方法才能使两种结果的总数保持平衡呢？基督教和文明的份量是多少？工业和商业又是多少？这看起来是一个需要回答的有趣问题。基本单位的纳税人都站在纳税人的立场上，这样他们岂不是会倾向于看重可以用货币衡量的资产，而轻视难以计算的资产吗？

“把商业和想象结合起来”，这是罗兹先生的目标，也是他所推行政策的关键所在。这种结合通常用“投机”一词来描绘，当政治和商业之间的关系就像两者在罗兹先生的生平中一样彼此相互交

① 《普伦佩人的灭亡》附录。

织在一起的时候，这个词的意义就更加具有灾难性了。他利用开普殖民地的立法机构来支持和加强对戴尔比斯的钻石垄断，同时从戴尔比斯那里资助侵略军，腐化开普殖民地的选民，并收买新闻出版界以操控战争，这使他完全掌握了他的伟大“图谋”——“北部”。①

二

可以肯定地说，无论“商业”和“想象”以何种形式结合起来，后者总是受到前者的压制。在某些方面推崇“基督教帝国主义者”的标榜，那些企图使基督教浮游于商业海洋的“工业传教士”，在传授物质技艺的间歇，才谆谆宣扬神学的教义。“对于满腹疑虑的中国人来说，传教士在商业事务中的利益，倒是大大有助于消除中国人对身边这些传教士的疑心，他们不了解这些传教士的动机何在，而且这些传教士动不动就指责他们不够虔诚”。“只要中国的传教团体和我们的领事合作一起掠夺这个国家，并把商业的和纯粹神学的理念灌输给中国知识界，这会给我们的商业利益带来莫大的好处”。② 英国领事这些在商业上利用基督教的言论，其坦率程度已经无以复加了。但是，其全部意义只有经休·塞西尔爵士的幼稚自白加以渲染后，才能充分体现出来。“很多人全心投入那场当时称之为帝国主义的运动之中，但是他们多少会有些内心上的不安，

① “北部是我的图谋。”（《塞西尔·罗兹：他的政治生涯与演讲》，第613页）

② 摘引自广东英国领事最近的一个报告。

究竟这一运动是否会像他们所希望的那样完全不为尘世的考虑所玷污。他们认为自己对传教事业的执着，难免在一定程度上把帝国主义的精神神圣化”。①

我们深知，大部分英国传教士完全没有被政治上和商业上的混合动机所沾染，他们怀揣着自我牺牲的精神从事传教工作，希望拯救异教徒的灵魂，丝毫无意于促进英国贸易或者“把帝国主义精神神圣化”。相当明显的是，随着对传教事业愈来愈多的尘世动机的怀疑，纯粹精神的影响正在消失。在中国传教事业的全部历史为这一点作了一个很长的注脚。早期的天主教徒凭借其神圣生活和教义的权威性，在普通大众和统治阶层之中，不仅赢得了自己的安全，还产生了广泛的影响，他们不仅传播基督教，还传播了西方科学的原理。他们虽然没有迎来大量的皈依者，但却是这个东方大帝国文明中的和平因素。但是，在 19 世纪国家和宗派的竞争介入传教事业之后，每个传教团体为了自卫和传教，任意运用某些欧洲国家的外交甚至军事手段，这就妨碍了精神力量的活动，引起了有根有据的怀疑。这些怀疑将早期的接纳气氛变成了狂热的敌视情绪。

一个有教养的中国人写道，“对于满清官员来说，要剥离传教士和世俗势力的关系，实在太难了。代表着各自政府利益的炮舰似乎随时准备出动……中国人已经领教了事件发生的顺序——先是传教士，接着是领事，最后是入侵的军队。当德国在山东采取的行动引起中国知识界深切的关注时，中国人不能不想到安南就是

① 1900 年 5 月 4 日在福音普及协会年会上的致辞。

这样沦亡的”。“中国官员痛恨传教士,我们对此并不感到奇怪。他们的教会是主权内的主权,他们传播奇怪的信念,要人们放弃自己的祖宗信仰。这些传教士不受中国法律的制约,在有些场合甚至采用高压骄横的手段来保护其皈依者。这里藏着一个秘密,即对这帮自称为‘中国的朋友’的传教士的不可思议的仇恨”。[①]

对于“其天国不在尘世”的事业,政治和军事的联盟会造成什么样的损害,这显然是用不着讨论的。然而十分明显,真诚的人仍准备为了传教事业而支持运用政治和军事力量,而不时充当商人、军人和政客的传教士,似乎是文明扩张最得力的工具。

在动机和行动上这一结合紧密到什么程度,可以用苏丹的历史来加以说明。

“英国和埃及联军的官兵支队,乘坐战舰横渡尼罗河,参加戈登将军的悼念仪式,并见证了英国国旗升起在喀什穆的废墟上……在他曾经带领着获得光辉荣耀的士兵的簇拥下,这位胜利的将军下令升起国旗……军官敬礼,士兵举枪,乐队奏起埃及和我国的国歌。然后司令官三呼女王万岁……接着举行悼念仪式,远处花园里响起英文祈祷书的庄严词句……乐队奏起挽歌和戈登将军最喜爱的赞美诗‘上帝与我同在’;河上的战舰礼炮轰鸣……苏格兰高地人演奏着长长的挽歌,于是仪式正式结束。抵抗侵略的九千民众,横尸于恩图曼平原。此外还有数千人溃散四野,或者拖着伤躯匍匐到河边喝水。”[②]作者略去了最后一段,英国司令官下令

① *The Chinese Crisis from Within*, by Wen Ching, pp. 10, 12, 14 (Grant Richards).

② 温斯顿·丘吉尔:《尼罗河之战》,第2卷,第204—206页。

军队故意射杀负伤的爬行者。英国国旗、“上帝与我同在”和戈登将军的复仇，三者奇异结合起来的这幅画面，深含启发性。

然而十分明显的是，那些身处帝国主义高峰的人，能够将这些不调和因素“高度综合”起来，并在真诚叹息着机关枪和战舰的必要性的同时，发现用这些手段促进文明崇高目标的光荣正当性。西方国家通过这一信条正在迅速实现对地球的仁慈控制，而这在不远的将来能够保证普遍和平以及西方在工业、科学和道德上的霸权地位。

> “飞驶吧，愉快地、愉快地航行，承受住艰辛，
> 飞驶吧，愉快地带着十字架的使命，
> 把土地和土地相连，随风送到天边，
> 让黄金时代的市场富饶无垠。”

这就是仁慈的理论。让查尔斯·迪尔克爵士对我们在热带非洲所得回报的估计，作为这个理论的一个注脚吧。

> “如果我们不能在最肥沃的西印度群岛上获得回报，如何期望能在远不够富足和丰饶的非洲核心地带得到利润呢？我国人民本着传统的愿望关注着非洲，要废除奴隶贸易的罪恶，近来为其祖先在奴隶制上犯下的罪行偿付赎罪金；但是，我们提倡瓜分非洲，并在自由的名义下建立像刚果独立国那样的政府，由此造成的损害，也许比我们的祖父在非洲参与奴隶制

和奴隶贸易,还要大得多。"[1]

三

帝国主义使命拥护者的心理问题,当然不是伪善,也不是虚妄动机的刻意伪装。它部分是受惑于模糊的理念,部分是精神上的分散。帝国主义漂浮在含糊、飘忽不定而又非常响亮的辞令之上,这些辞令很少能够经受得住事实的考验。"英国领土不仅在面积和多样性方面是无可比拟的。它无上的光荣在于自由",[2]亨利先生无疑坚信自己所写的话是正确的。这些话表明,我们在岛国上所享受的"自由",同整个大英帝国的所有臣民所享受的"自由"是一致的。正如我们所知,这是荒谬的,只是崇尚空谈的帝国主义并不承认其荒谬而已。帝国主义在政治、经济和道德上最本质的事实,并不为一般"有教养的"英国人所知。在他们看来,我们的帝国是由许多自由的、自治的国家所组成,它们同我们在工业上有着越来越紧密的联系;到处都盛行着个人自由、种族自由和平等的司法;基督教和英国的道德理想迅速在低等种族的普罗大众中获得认同,这些种族欣然承认英国理念和特征的优越性以及从英国的统治中所获得的利益。这些模糊、轻率的观念,并没有被深入研究的事实和数据所矫正:他们通常所了解的是那些在英国属地"现场"的朋友和亲戚的陈述,而这些人的证词无非是为了佐证一大堆

---

① *The British Empire*, p. 114.

② *Imperialism*, p. 7.

帝国主义的观念。在南非战争期间，很多人对“外国人的不满”和布尔政府的性质和动机的认识，都来源于一个约翰内斯堡居民偏激的说法，而他除了罗德里亚的报纸外，实际上同布尔人并无其他接触，对外国人的不满也毫无所知，是罗德里亚的报纸捏造了这种不满情形。

帝国主义靠“双关语”[①]过活到何等程度，除非我们分析帝国主义的文字武库即外交辞令，否则是难了解的。主权、有效自治、文明使者、疆界改订以及从“腹地”和“势力范围”到“有效占领”和“吞并”等程度递增的名词，都是为了掩饰和侵略而生造出来的词汇。透过这些假面具来观察近代史的帝国主义者，绝看不到那些“残暴的”事实，而常常是远距离地观察，使用方便的表达来加以反映、解释和掩饰。帝国主义者要为其无知负一定的责任，因为他肯定知道真相并不像他被告知的那样，而他又拒绝揭穿这些谎言。这种对明明白白的事实的固执的回避态度，有时会使他具有一种不可思议的自我欺骗的能力。莱基先生写道，“在各种形式的威信中，道德威信是最有价值的，没有一个政治家会忘记，英国权力的

① “我要说的是，有很多双关语是舶来品，虽然没有人明白它们的原意，但是每个人却仍然在使用，还有更多的人为它们的一语双关而毕生争斗不休，甚至达到了生只为求其意，死只为求其解的程度。通过双关语的使用，人们可以用来指代自己身边的这个东西，那个东西，或其他的任何东西，并乐此不疲。因为这些词的外面都裹上了一层变色龙般的外衣——任何人都喜好的底色，它们以此为载体等待着，等待着为自己的始作俑者带来更大的收获。猛兽之为害，外交官之狡诈，毒药之致命，都不如这些饰词来得凶险；它们是全人类不公正思想的代言人。无论一个人赖以生存的是什么样具有想象力的或挚爱的本能，他都会将其与自己喜欢的双关语联系起来以使其能够深藏不露，最终，这些词拥有无限强大的权力并开始支配起他的思维，我们只能通过破解这些双关语来获知他的想法。”（罗斯金：《芝麻与百合》，王大木译，广西师范大学出版社 2005 年版，第 18 页。）

主要成分之一，就是隐藏于其后的道德力量”。[1] 大多数“有教养的”英国人相信，英国从布尔战争中得到的最大回报，是其“道德威信”的提高。

只有提起另一个奇妙的心理因素，才能理解这种错误真正的可怕之处。对于指导公众行为的所谓“逻辑”的怀疑，没有其他地方像在英国这样根深蒂固的了：行为过程必须合乎“逻辑”，这本身就是值得怀疑的。“政党”政治的推行通常以“妥协”作为必然结果，我们就因此认为国家的进步必须依赖这种必然性，如果“这些理念”被更加严格和快速地推广应用，我们就会因此被导入更加麻烦的倒退的歧途，或者陷于革命的危险边缘之中。虽然合理的“妥协”并非毫无逻辑可言，但其应用要受到特定时间和环境条件的限制，它易于沦为短期功利政策的机会主义。像英国这样一个国家的近代政治的复杂性，反映了政党制度的危机和诱惑，迫使“妥协”的习惯达到这样愚蠢的极端，以至于败坏了国家在政治上的理智。在其他地方，这一倾向同样存在，但是受到了种种限制和修正，比如君主或统治阶级狭隘和自觉的明确政策，成文宪法以及某些拉丁国家固有的和广泛的理想政治。在英国，而且在所有盎格鲁－撒克逊国家，一种愉快的乐观主义已经普遍取代了理智，对于“国家命运”的普遍信念，使我们仅限于“糊里糊涂地应付过去”，并劝告我们“尽力而为，不要向前看得太远”。现在，由于蔑视历史和忽视社会学规律，我们这里不大顾及公民在遇到需要判断新事件时，刺激其心理的有害的反作用。我们的潦草塞责的、只顾眼前的、

① *The Map of Life*.

“不择手段”的政治，由于缺乏逻辑比较能力，已经麻痹了判断力。对我们在公共行为方面所采取的狭隘的权宜策略，我们不需要为我们自己或其他人提出明确一致的理由，我们已经丧失了所有精神一致的习惯，或者反过来说，我们发展了一种奇特而非常危险的才能，来应付矛盾的而且经常是自相矛盾的想法和动机。

有一两个极端的具体案例可以说明，事务处理如果缺乏清晰的逻辑条理会对公众的理智造成多大的伤害。在南非战争初期，人口稀少的布尔人胆敢冒犯世界上最强大的帝国，这被认为是一种极端的傲慢。但是，人口数量少丝毫也无妨于他们抱有同等真诚的信念和情感，就像我们在与一个人数与我们同样多的国家对敌时，这些信念和情感让我们在获胜的时候有荣耀感，而让我们在被弱小敌人击败时用来激励自己洗雪耻辱。为了维持这种双重的、矛盾的信念，我们在战时不得不以周密的谎言和奇怪的虚构来进行欺骗，这无疑会引起心理史学家的注意，即在设法鼓动国民投票赞成大量供应军队和金钱时，或在设法表示战争“即将结束”，正在进入微不足道的游击战争时，票数就根据这些情况交替地和自动地伸缩。再举一个例子。精明的政治家可以一边主张我们供给那些被战争夺取财产的人的食宿是前所未有的宽宏大量，一边同时为了支付他们的生活费用而拍卖掉他们的农场而自吹自擂。这两种论点在下议院出自同一个大臣之口，国民认识不到其中的矛盾之处竟然全盘接受。为什么呢？就是因为国民缺乏基本的比较能力。采取这样的行动方针是由于感受到某种迫切的利害关系的压力。之后肯定会找出一些“理由”来辩护。而在行动的前后，不会企图从整体来把握事情的前因后果，也就不会有实际动机和结

果的明显比较。在内心里同时抱着互相冲突的思想和情感，而又严格地隔离开来，这种矛盾的天才或许是英国人所特有的。我再重复一遍，这并非伪善；当矛盾被意识到的时候，就会破坏行为：它应当是无意识的，这是获得成功的条件。这样的矛盾有其用处。如果没有这种能力，“帝国主义”内含的残暴和不公正就变得无法理解。例如，如果英国人对于摆在面前的事实，即四亿人与不到25万人的斗争，内心能够充分保持一致的话，则关于不管对战争的必要性和正义性抱有何种见解，都完全不能理解战争中的野蛮行为和战胜的狂欢。

帝国主义的心理学自然不止以上所述，但主要由两个因素，即以衍生于“双关语”的含糊和欺骗性的观念取代赤裸裸事实的习惯和能力以及先天的或后天的矛盾天才。如果大英帝国清楚地认识到动机的实际作用和结果，就不会采取这种政策了。大部分曾经误导英国的人，首先得误导他们自己。伪善缺乏激情甚至厚颜无耻的贪欲也不能对长期政策起到足够的刺激作用。帝国主义基于对事实和力量的一贯歪曲，主要是利益集团和个人通过选择、夸大和缩减的精细过程来歪曲历史的面目。

帝国主义最严重的危险，在于一个国家的精神状态已经习惯于这种欺骗，而且不能进行自我批评。

这就是柏拉图所谓的“灵魂的说谎”——说谎而不自知其在说谎。这种病态的症候一直是致命的自负。如果一个国家已经陷于致命的自负，它很容易本能地拒绝其他国家的批评，称其为出于忌妒和怨恨，并把国内的批评看作是反对爱国主义的偏见。攫取物质资源的贪欲是帝国主义的基础，而在较原始的国家中，这种贪欲是被自由而且不自觉地表达出来的：因为不自觉，所以也就没有自负。而像西欧那些渐趋自觉的国家，却有意识地刺激和培养它们本能的贪欲。因此也就有了精心编织的智识上和道德上的辩解以及我们已经考察过的帝国主义的伦理学和社会学。

我们看到，来自于金融和工业动机的压力支配了整个过程，这完全是为了国家内部少数能干的、组织完善的集团之直接、狭隘的物质利益。这些利益集团之所以能够与掌握“政党”权力的政客和政治派系开展积极合作，部分是通过把这些人直接纳入自己的商业计划之内，部分是诉诸有产阶级的保守本性，有产阶级的既得利益和阶级支配地位的维系，要有赖于政治热情从国内向国外的转移。要保证民众默许甚至积极热情地支持国家采取对自己切身利益来说是致命的政策，一部分是要诉诸文明的使命，但主要是利用种族的原始本能。

这些本能的心理状态并不易于探究，但某些主要因素还是清楚地显现了出来。一位法国作家形容为 kilometritis[①] 或 milomina 的热情，即控制土地的本能，把人类又拉回到最早期必须要有广阔土地才能供养人类和牲畜的时候，这与“游牧”的习惯有联系，而这种习惯在当代文明中的残余之深，远远超过人们的想象。这种必然的“游牧”习惯成为热爱旅行的因素而残存下来，并与其他同样原始的热情结合成为“冒险精神”。这种“冒险精神”，特别是在盎格鲁－撒克逊中以“竞技”的形式显现出来，而它在更强烈和“更冒险”的形式中，则直接激起屠杀的欲望和在追逐中的原始

---

① 诺维科夫：《欧洲联邦》（*La Federation de L' Europe*），第 158 页。

生存竞争。兽性竞争曾经是必要的，现在仍残存在血液中，一个国家或一个阶级在和平的工业活动之外愈有闲余和精力，就愈想通过“竞技”来获得满足，狩猎和猛击带来的满足感是“竞技”的重要因素。英国有闲阶级在工作之外有大量的精力，自然热衷于“竞技”，用以替代劳动在强身健体方面的作用，从而支持这种残存的野蛮本能或与之合流。国内竞技的比赛只允许某些比较温和的项目，在那里没有野蛮的竞技，比足球对抗还要激烈的项目是被禁止的，被压制的“冒险精神”需要更加强烈和自由的发泄，因此对文明的界限产生了越来越强的压力。大量游记和富有想象力的作品滋养着这种情感，一般的文明路线安全但却单调，这使得地球的其他广大部分的魅力与日俱增。在家里享有充分闲暇的上层阶级在比较温和的竞技项目中所收获的满足感为普通的产业大众所仿效，他们的休闲时间和精力已经大大增加，他们在从农村迁移到城市后，从来没有放弃他们一直钟爱的乡村生活的低级竞技项目。“足球是个好游戏，但比这更好的，比其他游戏更好的，是猎人的游戏”。[①]

因此，帝国主义的竞技和军事方面，对于大众来说极具吸引力。追逐和猎杀大型猎物和其他人的欲望，只能经由扩张和军国主义才能得到满足。这样我们就理解了，为什么军队中的军官与其军衔比起来显得如此无能，是因为曾经有段时间，找个动脑筋的职业需要作大量认真的科学准备并面临淘汰风险，而大部分英国军官选择了军队，并且以“竞技”精神来开展工作。对于基本上受

① 贝登堡：《警探术》（*Aids to Scouting*），第124页。

相同动机驱使的普通“英国兵”来说，“科学”在他们的世界里变得无足轻重，严肃的职业规划的缺乏，只能由体能训练来补偿。

但是比军队支持军国主义更重要的是，作为帝国主义支柱的“战争”在国家非战斗群众中发挥的作用。虽然即使是在城镇人口中，“竞技”仍然具有强大的吸引力，但是有明显的迹象显示，积极的热情参与正在变成索然无味的旁观。竞技的沦落程度，可以从以下现象中看出端倪，到处都是专门的职业比赛，取代了自由的业余运动，伴随着赌博而日渐成风的恶习，张扬着竞技兴奋中最粗陋的方面，驱散了人们对竞技美德的无私同情，而集中于贪婪和狡诈相结合的非理性的侥幸因素上。同这种竞技兴趣的减退具有同等意义的是关于发动战争的主战论。主战论不过是旁观者的贪欲，一种用任何个人的努力、冒险或牺牲都不能将其洗干净的贪欲，对其不相识的同胞的危险、痛苦和杀戮而幸灾乐祸，但是他之期望同胞被毁灭是出于盲目的、人为刺激的憎恨和复仇情绪。所有的主战论者都对斗争表现出危险而又盲目的狂热。艰难而又疲惫乏味的行军、长时期的待命、难耐的困苦以及沉闷可怕的长期战争，这些主战论者都想象不到；扭转战局的因素、同患难造就的情谊、纪律和自我克制的成果、对那些勇敢的敌人的尊重并承认其是同胞，所有这些实际战争中的温和因素都被排除在主战论者的热情之外。正因为这些缘故，有些和平的拥护者主张，对军国主义和战争最有力的两个限制是，全体公民都服兵役，并且去体验一下侵略的滋味。

至于这些高价的救治方法是否有效或必要，并不需要我们来裁决，但是很明显，旁观者的主战欲望是帝国主义中最严重的因

素。为培养这种普遍情绪而对战争和帝国扩张政策进行戏剧性的曲解，构成了帝国主义掠夺政策推行者技巧的重要部分，一小撮商人和政客知道他们需要什么，也知道该如何得到它。

披着战争英雄主义的外衣，满口关于缔造帝国的豪言壮语，主战论已经成为某种爱国主义的核心，它可以用来煽动任何蠢行和罪恶。

四

对于国家有教养的阶级来说，这种露骨的支配精神需要更多的伪装，于是必要的道德上和智识上的工具就被设计出来以供其用；教会、新闻、学校和政治机器等大众教育的四大工具，都是为此服务的。从上一代的强身派基督教到现如今的帝国基督教，其间只不过一步之遥；在已经确立的教会中，日渐增长的僧侣政治倾向和职权主义，同军国主义和政治独裁是十分一致的。戈尔德温·史密斯(Goldwyn Smith)[①]先生正确地观察到，“权力是迷信的天然同盟，而迷信又熟知权力的运行规则”。[②] 至于出版物中最强有力的工具，即报纸，在尚未被金融家控制并用于金融目的之前(现在所有的大工业和金融中心，报纸的运用都达到了相当高的程度)，依靠广告为生的报纸经常受到那些广告客户利益的影响和支配；随着帝国主义的核心利益变得更加巩固并且在政治上更为自

① 戈尔德温·史密斯(1823—1910)，英国科学家、历史学家，著有《现代史》、《美国政治史》等。——译者

② 1900年10月14日致《曼彻斯特卫报》函。

党，发行数量大且稳定的报纸，要想独立地“支配”和保留广告而不顾广告客户所不喜欢的政策，正在逐渐变得越来越不可能。政治机器是“租用物”，因为它是机器，就需要政党中的富裕成员不断给它修理和润滑；机械师知道向谁去索取酬劳，并且不能违背那些真正操控政党者的意志，他们若收紧了钱袋就会使机器停止运行。为了选举“帝国主义”的代表并教导人民，最近英国和美国的帝国主义，都在得到了像洛克菲勒、汉纳、罗兹以及贝以特等人对政党慷慨的经费资助。

其中，最严重的问题莫过于帝国主义通过控制教育系统而把自己打扮成爱国主义。俘虏国家的新生一代；用刻板的军事训练取代儿童的自由玩耍；培养孩子们心中好战性的野蛮残余；鼓吹虚妄的理想和冒牌的英雄，从而以对充满活力和激人奋进的历史教训的蔑视和忽视来毒害孩子们对历史的最初理解；创立道德世界中的“地心说”，宣扬人类利益从属于国家利益（根据轻率、机敏和自然的推论，“国家”的利益从属于“自己的”利益）；在孩子们自信心占普遍优势的年纪向他们灌输种族的自大思想；并借助对其他国家的必要歧视，让孩子们对舶来品作虚假的价值判断和秉持拒绝学习的态度——把精神上和道德上的岛国劣根性强加于儿童，并称之为爱国主义，这显然是对教育可恶的摧残。而且，教会和国家在初等教育上的权力也正不断地屈服于这一目标，同时主宰着这个国家中等教育的教权主义和专制的学院精神，也结合起来将满腔热情倾注在这一有害的道路上①。最后，作为我们的最高文

① 显著的例证参阅斯宾塞的《事实与评论》，第126—127页。

化中心，大学面临着堕落的危险，离开了知识生活的真正道路，即自由探讨和自由表达。一种新的“虔诚的创始者”威胁着知识自由。的确，我们的大学不再是宗教正统性的有力捍卫者，而是不断压制科学，曲解历史，并捏造哲学来保全教会和国王的利益。学术研究，以及学者仍在使用相同的研究方法，但是目的却和以前不大相同：哲学、自然科学、历史学、经济学和社会学都在被用来建造新的堡垒，以抵御被剥夺群众向富豪统治集团发起的进攻。我当然不是说这种堕落破坏了大学的教育事业。为“保守主义”辩护的种种努力，在大多数情况下甚至可以说是偶发的：只是在哲学和经济学领域，这种偏见才是强大和流行的，即便是在那些领域，也可以靠个人坚强的独立个性来加以纠正。况且，也不必指责学者们是不正直的，他们通常也是追随他们其中的最优秀者来进行思考和教学的。但是，商业利益集团通过影响特定的学术利益，来实现对实际教育进程的控制和选择，这种控制和选择无论在什么地方都是有用的。对概念、假设和公式的取舍，学术流派和思潮的形成以及这些在知识界的宣传普及，都普遍受到阶级利益的操控，若认识不到这一点，就无法理解上一世纪的政治和经济学说史。正如我们的怀疑，从政治经济学与商业和政治的紧密关系中，我们发现了最无可争辩的例证。英国的“古典”经济学无非是工商业主利益的理论伪装，这种利益与地主利益和劳动利益相区别并且相对立，后来引发了同样代表局部利益的“保护主义”和“社会主义”等其他阶级的经济学。

教育的真正决定因素包含在以下三个问题中：“谁来教？教什么？怎么教？”在那些收入依赖于富豪的慈善意愿的大学里，必然

得出下列答案："合适的教师，合适的研究，以及健全的（即正统派的）方法"。俗谚说"谁出钱，谁点戏"，这句话用到哪里都完全适当，不要被所谓的学术尊严和知识真诚所欺骗而无视事实真相。

尽管在美国和加拿大都曾发生过露骨的迫害异端的例子，但对知识自由的干涉很少是直接的，也很少是个人的。真正的危险并不在于开除教师，而在于决定哪些学科需要教授，对每一学科要给予多少关注，要用什么教材和其他教学设备。对职称和金钱的追捧，即便在较古老的英国学府中，最近也表现得很露骨，要发展新的学科势必需要大量的经费资助，这是学院面临的难题，因而这里指出的危险必然层出不穷。教师们在讨论重要的政治经济问题时，如果不顾给学校提供经费资助的阶级的利益而讲出了真相，而学校不幸又庇护这些教师，那就无异于自杀。高等教育从来没有能够实现经济自给；也很难完全依靠公共财政组织起来；它到处都是寄生于富人的个人施舍。这种危险如此明显也就无需再作辨明：正是那些未来、潜在的捐助者束缚了我们大学中的知识自由，只要国家不履行以公共财政支持高等教育的义务，这种现象还要变本加厉地发展。

既得利益集团在各个领域衍生出的风险，远不止于帝国主义。但是，如果以上各章的分析是正确的话，那帝国主义只是这些利益集团的前哨：对于金融和投机阶级来说，意味着用公共支出来谋取私利；对于出口制造商来说，意味着扩大海外市场并推行有关的保护政策；对于官员和职业阶层来说，意味着更多名利双收的职位和差事；对于教会来说，就是加强它的威信和确立对低等种族的广大群众在精神上的控制；对于政治寡头来说，帝国主义意味着可以有

效卸掉民主的压力，就是在缔造帝国的光辉事业中开拓飞黄腾达的政治前途。

这样，帝国主义就不可避免地需要向高校来寻求知识支持，并利用教育的力量以达到目的。资助牛津大学的百万富翁并不公然收买学者，甚至也不需要规定应当教什么。但是在帝国主义的现实压力下，如果一个人认同像约翰·莫雷①、弗里德里克·哈里森②以及戈尔德温·史密斯的历史观点，就很难被征聘为历史学教授，一个坚持要节制资本的经济学家也很难被征聘为经济学教授。这不需要什么正式的考核，只要财政上自卫的本能就足够了。大学在选拔校长时看重的是金钱和社会地位而不是学术功力，招徕富豪为其出资装备新的研究机构，这一切的代价就是屈从于它们赞助人的政治和经济利益。它们的哲学、历史学、经济学甚至生物学，必须在学说和方法上体现对赞助人应有的敬意，而这种无意识的服从，大大增加了对知识自由事业的损害。

帝国主义的工业和金融势力就是这样通过政党、出版、教会和学校，将那些竞争、支配和贪得无厌的原始欲望荒谬地加以理想化，以此来操控公共舆论和制定公共政策。这些原始欲望在和平工业发展时期残存下来，现在为了帝国的侵略、扩张和对低等种族的强制剥削而重新死灰复燃。为了这些商业政客，生物学和社会学编造浅薄的种族征服理论，以便于我们盎格鲁－撒克逊人可以攫取低等种族的土地并享用他们的劳动；同时经济学家竭力论证，

① 约翰·莫雷(1838—1923)，英国政治家，著有《论妥协》等书。——译者

② 弗里德里克·哈里森(1831—1923)，英国法学家和历史学家。——译者

我们对低等种族的征服和统治，其实是参与国际分工的表现；历史学家则想出为什么过去帝国的教训不适用于我们国家的种种理由；而社会伦理学家将“帝国主义”的动机，粉饰成为挑起教导和提升“幼稚”种族“负担”的美好愿望。这就是被帝国主义崇高的知识和道德所熏陶的“有学养”的或半有学养的阶级。对于普通大众来说，英雄崇拜、感人的荣誉、冒险和竞技精神有更强烈的吸引力：为了直接刺激好战本性，现代历史被粗陋而又耀眼的色彩包装起来。但是，虽然用了各种手段，有的是细致而间接的，有的是粗陋而公然的，但是真正自行发挥作用的是隐藏在文明人本性中的野蛮支配欲望来推行一种政策，为僭称共和国的互相勾结的少数利益集团谋取物质利益。

第四章　帝国主义和低等种族

一

常有人说帝国扩张实际已经结束，这种观点是错误的。绝大多数“落后”种族确实以殖民地、保护地、腹地或势力范围的形式归属于这个或那个“文明”国家。但在大部分情况下，这与其说是帝国的成就，不如说标志着帝国主义化过程的开端。帝国迫切需要加强对势力范围和殖民地的干涉和统治，而帝国主义化过程的重要性和危险性并不亚于当初为攫取新领土和新人口所付出的代价。

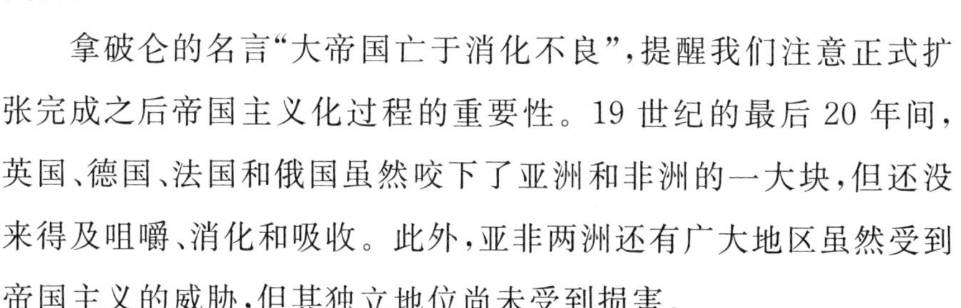

拿破仑的名言“大帝国亡于消化不良”，提醒我们注意正式扩张完成之后帝国主义化过程的重要性。19 世纪的最后 20 年间，英国、德国、法国和俄国虽然咬下了亚洲和非洲的一大块，但还没来得及咀嚼、消化和吸收。此外，亚非两洲还有广大地区虽然受到帝国主义的威胁，但其独立地位尚未受到损害。

亚洲的广大领土如波斯、西藏、暹罗[①]和阿富汗，迅速被欧洲

① 东南亚国家泰国的旧称。——译者

的帝国主义列强提上侵略日程，成为它们之间武力争夺的对象；土耳其在小亚细亚的领土，或许还有在欧洲的领土，坐等被列强侵吞的危险过程；对中非地区的纸上瓜分随时可能爆发冲突。美国介入列强间的竞争，实际上将整个南美洲推上战场；欧洲列强在南部半岛拥有殖民地和巨大的经济利益，在美国抛弃一贯的孤立政策插手太平洋地区的帝国竞争时，没有理由期待欧洲列强会允许这些领土被美国加以特别保护或者最终被吞并。

除此之外，还有更重要的中国问题。很难想象列强在这块肥肉面前会一直按兵不动和迟疑不决，侵犯这个天然宝库无疑会有巨大的风险，但这不会打消那些逐利的冒险集团的野心，他们会驱使本国政府与中国交涉商业条约、租地权、铁路和矿山特许权等问题，而这必将引起政治干涉的增加。

我在这里并非是要厘清各个案例中的政治和经济纠纷，而是要以此证明，近代帝国主义政策并未终结，不过是刚刚开始，而且这个政策完全服务于各大帝国对热带和亚热带的“低等种族”以及其他显然不可同化的种族的统治企图。

如果要问世界政策和国家政策在这个问题上的合理原则是什么，我们首先要忽略我们与其他国家之间的重要区别，正是对这些区别的判断促使我们采取行动，在这些国家中，有显然属于低等落后种族的国家；也有能够自食其力摆脱落后状态，并实现快速发展的国家；还有像类似印度和中国这种拥有高级的古老文明但又与欧洲现代文明截然不同的国家。

在探求适用于各种情况的不同政策之前，让我们先试着寻找一下，究竟有没有同“低等”或落后种族国家打交道的一般指导原则。

将自由放任主义看作一般原则是没有意义的。自由放任主义不仅不是推动政治的实际力量，也难以在伦理上自圆其说。

将“国家主权神圣不可侵犯”视为绝对法则，无助于我们对这个问题的深入考察。国家内部不可能存在绝对的个人主义，国际丛林中同样也不存在绝对的民族主义。包含着“国际礼让”意蕴的某种现实国际性以及国与国之间的某些“权利”和“义务”关系，在国际上是被普遍承认的。自治学说所意味的自治权，如果能在任何法律或伦理的意义上约束其他国家，那只有依靠某种真正的、虽然是雏形的国际组织，才能具有这种性质。

即便对于国家权利最坚定的拥护者来说，也很难作出如下主张，即在特定区域上完全拥有统治权的人民有权做任何他们想做的事情，而不用顾忌他们的行动对世界其他地区产生的直接或间接的影响。

不必举出直接危害邻国利益的极端案例，比如尼罗河或尼日尔河上游国家对河水的污染和引流可能导致下游地区国家的瘟疫和饥荒。在这种情况下，很少有人会质疑外来干涉的权利。还可以举出在行动上不直接牵涉他国的案例。假设饥荒、洪水或者其他灾害夺去了当地人民赖以为生的手段，而在边境之外的邻国又有闲置的土地，那邻国的统治者有权阻止灾民入境或拒绝做必要的安置吗？在国家的场合也像在个人的场合一样，一般都承认“情出无奈罪可赦免”，意思是自我保护的权利超越其他一切权利，是其他权利的基本前提。

基德先生、吉丁斯教授和“费边帝国主义者”从物质上的需要来论证“文明”民族控制热带地区的必要性。欧洲人所达到的物质文明，大部分是建立在消费和使用热带国家的粮食、原材料和其他商品的基础之上。对于西方文明的维系和进步而言，制造这些商品的工业和贸易都是至关重要的。在我们的进口贸易中，典型的热带产品比如糖、茶叶、咖啡、橡胶、大米和烟草占了绝大部分，这表示像英国这样的国家是依赖热带国家而生存的。温带国家由于人口的绝对增长以及物质生活水平的提高，对热带国家的依赖程度必将增加。为了满足这种日益增长的需要，热带地区的土地必须得到更大规模、更加良好的开垦，而且必须维持同这些国家稳定有效的贸易关系。现在，人类依靠热带而维持的安逸生活，逐渐滋养了懒惰和麻痹的品性。这些国家的居民不再是“进步人民”；他们既没有把工艺发展到令人满意的程度，也没有任何刺激他们去劳动的需求和欲望。因此，我们不能指望普通的经济动机和自由贸易来满足自身对热带商品日益增长的需求。土人不会自愿地去开发热带资源。

> “如果我们观察热带东部固有的社会制度、中非的原始野蛮状态、西印度群岛过去如何依靠英国成长为现代国家、现在的海地黑人共和国以及未来现代化的利比里亚，得到的结论都是一致的：那就是，在土著政府的领导下，热带资源不会得到开发利用。”①

① 基德：《控制热带》(*The Control of the Tropics*)，第 53 页，麦克米伦出版社。

有人说，我们不能任由土地荒芜；我们的责任是要使这些土地开发出来为大家谋福利。白人不能在这些土地上“殖民”，也不能用自己的劳动来开发天然资源；他们只能组织和监督当地人进行劳动生产。通过这样做，就可以训练然后提高当地人的工业技能，并激起他们在物质上和精神上要求进步的愿望，培植他们新的“要求”，而这种要求是每个社会的文明的基础。

十分明显，这里举出事例有很多理由，不仅有物质依据，还有精神依据；不能因为它容易产生明显而恶劣的弊端而置之不理。但是，它意味着两种干涉方式，这一点需要辨明。插手和利用未开发的天然资源是一回事，强迫当地居民去开发则是另外一回事。前者意味着把大多数文明国家承认和实施的公正而适宜的原则加以大规模应用，因此很容易肯定这是正当的。另一种干涉，强迫那些付出少量劳动但却安于贫乏的人们不停地去艰苦劳动，这就很难被证明是正当的了。

我把经济强制放到显著位置，因为从历史上看，这是产生帝国主义的直接原因。

从伦理学和政治学的角度来考察这种干涉时，我们千万不要被那些批评家们所愚弄和蒙蔽，他们通常用“劳动的尊严”和“文明的使命”等信条来掩饰很多欺诈手段。真正的问题在于，西方国家强迫统治热带国家的居民及其他所谓低等种族，并发展他们的工业和政治文明，这样做是否以及在什么情况下才可以说是正当的？因为罗德西亚矿主和古巴制糖业业主以他们并不真正关心的夸耀性动机和结果，煽动英美政府走向帝国主义，但不能因此断定这些动机经过适当引导仍然是不合理的或断定这些结果也是不可取的。

恰恰相反，有些先天条件优越，已经在工艺、政治或道德上取得长足进步的国家，应该加强与落后国家的合作，帮助后者发展物质资源和人力资源，这种观念并非是没有价值的。在这项事业中，必然会有些“诱导、鼓动或压力”，总而言之就是“强迫”，要说此类“强迫”都是完全不正当的也并不确切。压力本身不是药方，强制也非教育之道，但却是教育体系得以运转的先决条件。无论如何，只要承认强制力在国家推广教育和政治统治中的作用，那么在先进国家对落后国家进行文明启蒙的过程中，强制力也就必然是难以避免的。

假定关于“进步”的艺术或其中的若干部分，具有可传播的特性，这是一个无可争辩的事实，那么任何一个民族都没有理由拒绝强迫教育的措施，这种强迫教育可以促使落后民族尽快从幼年阶段进入成年阶段。初步看来，依儿童教育进行的类推是确当的，而且也不能因为实施中容易产生危险的流弊就说这一类推是无效的。

真正的争论点是保护、动机和方法的问题。一个国家要在什么样的条件下才去真正帮助另一个国家开发资源，甚至为此不惜采取强制性的措施呢？这个问题固然听上去很抽象，但却是这个时代所有实际问题中最重要的一个。因为在这个新世纪内，全世界的很多地区都必将经历这样的开发过程，许多合理或不合理的强制措施也将持续推进，这一点是无可置疑的。运用一切科学方法勘探和开发地球上蕴藏的自然资源和人力资源是本世纪一项伟大的事业。

西方的白人国家会主动放弃进行已久的探索事业，这种观点不值得重视。如何让这种开发过程有助于世界文明的进步，而不是在被奴役种族反抗白人统治者的叛乱中走向崩溃，这应当是具有远见的科学的国策之最高目标。

二

有人呼吁说："采取放任自由的政策，放手让这些民族自行开发自己的资源，只在他们要求的时候才给予协助，让他们免于来自国外傲慢无理的干扰。"对于这些人最好的回答是向他们指出，这种状态是完全不可能的。

如果文明国家的政府不去主动承担这项任务，那么诸如私人冒险家、奴隶贩子、海盗式商人、财富追求者和租借权的掮客等人就会自行其是，这班人眼中只有金钱和权势，他们进行的掠夺既不受公共管制，也毫不顾忌将来。他们大肆践踏当地的政治、经济和道德制度，灌输文明的恶习和弊病，输入最受欢迎的酒类和武器，助长内部为了政治和工业利益的自相争斗，甚至凭借有组织的武装力量建立起私人专政。回顾16世纪的海盗时代，当"新世界"为旧世界打开了掠夺大门之时，英国和西班牙的绅士们抢着和自己的政府干起了有史以来最大的劫掠事业。萨摩亚和夏威夷以及近些年来南洋群岛的历史证明，在海路畅通的时代，即便是最遥远的地区也难逃"文明"国家的入侵，这些文明国家中最鲁莽和最无耻的先锋们为了尽快取得许可的暴利，纷纷涌向那里。白人的势力无孔不入，越是得不到政府的管理和控制，就越会产生危险和有害的后果。私人冒险家在刚果的所作所为，可以说是近代规模最大的一场私人冒险尝试，而那里的遭遇正在变成一个恐怖的故事。任由特许公司对非洲广大地区进行无节制的管理，到处都暴露出仅靠私人商业精神进行接触的危险和弊端。①

有人极力主张，任由落后种族遭受私人的劫掠，这就可耻地放弃了对人类和世界文明应尽的公共义务。这不仅让热带地区沦为文明国家里那些人渣的牺牲品，而且将来还会引起极其严重的危险。那些本地或外来的野心家，利用半野蛮人的宗教狂热和好战本能，强行对其进行严格的军事训练，这就使得“黑祸”和“黄祸”②具有更加可怕的意义。即便是最遥远的岛屿也不可能保持完全孤立的状态；任何一个国家也不可能关起门来自给自足：在每一个场合，社会共同体都有权利也有必要保卫整体利益以抵制个体利益的威胁。

再者，也有人争论说，只要政府不支持本国的私人冒险家，那些落后的土著就有能力抵抗外来的入侵。但是，历史教训告诉我们，土著的自卫力量即便能抵抗住暴力入侵，却无论如何也无法应付另外更阴险的诡计，商人、探矿者和政治冒险家正是利用这样的诡计，把他们的毒素渗入到像萨摩亚等原始社会。

---

① 特许公司的管理，并不一定直接导致坏结果。事实上，特许公司只不过是不以人的意志为转移的私人专政，它的设立就是为了红利。在“总经理”中，有像尼日尔公司中戈尔迪爵士那样谨慎而富有远见的人，也有像南非特许公司中罗兹先生那样鲁莽而又浅薄的人。阿伯康公爵在南非委员会上的发言证实了总经理不受约束的专制。“罗兹先生被授权可以在不与董事会商量的情况下为所欲为，仅在事后通知董事会即可。”

② 黄祸论是成形于19世纪的一种极端民族主义理论。该理论宣扬黄种人对于白种人是威胁，白种人应当联合起来对付黄种人。19世纪末20世纪初，“黄祸论”甚嚣尘上，矛头针对中国和日本等国家。——译者

据上所述，我们已经确立了两条假定原则。第一，文明的白人国家对“低等种族”的所有干涉，乍看起来并非就是不合理的。第二，这种干涉若由白人的企业私下进行，会导致危险的后果。如果承认这两条原则，那么文明国家的政府就可以对低等种族进行政治和经济上的控制——总之，近代帝国主义的特殊形态，并非在所有情况下都是不合理的。

那么，在什么条件下才是合理的呢？这些条件可以暂时如此表述：对低等种族的干涉，其主要目的必须是为了保证世界文明的安全和发展，而不是为了干涉国的特殊利益。此等干涉必须能够改进和提高被干涉地区人民的品性。最后，上述两个条件一定不能任由干涉国擅自决断，而是必须由文明人类组织的代表机关来处理。

第一个条件是根据社会效用最大化的原则演绎出来的，是“人类福利”的同义语。至于国家之间的相处之道，我们找不出其他标准。将这样一个标准看作是国际交往的准则，尽管有某些不确定性也尚不完整，但是其他更狭隘的标准必然更不确定也更不完整。由于缺少任何形式的“制裁”，“权利”一词在国际关系中被滥用因而也引起一些纯粹法律层面的争论，但这并不影响我们这里讨论的问题。“文明的自私”就是在个人领域也已经被摒弃，除非我们准备重新拿这一信条来指导国家行为，或者坚持认为国家追逐各自的眼前利益能够推动人类整体进步；否则，我们就必须为人类有机体的福利确立一些概念，并使其成为道德要求的最高标准。但是，我们没有必要非得将社会内部个人之间的关系类比于国际社会内部国家之间的关系。因为，虽然近代马基雅维利派自私的政治家会主张将自己国家显著的利益作为行为准则，但他们并没有真觉得这样就可以造福全人类，而只是认为这种泛泛而谈的目的对于他们来说没有任何意义。按照这种态度，关于“正当”行为准则的所有讨论都不适当，因为“公正”和“正义”从一开始就被排除了。但是，任何一派政治思想家在讨论对待低等种族的一般准则时，他们没有人会正式否认这里提出的标准。没有人会直截了当地声称，为了我们国家的私利，我们有权牺牲其他国家或世界整体的利益。

在英国，罗斯伯里爵士的确声称，大英帝国是“人类福祉最伟大的代言人”，这被到处用来为帝国作基本辩护。

罗斯伯里爵士显然是认同这一原则的，他主张，“我称为神意行为的事件过程，要求这一国家能影响世界的品质和进步，而这类影响是以往任何帝国都未曾尝试过的”；同时，坎特伯雷大主教根据同一假定提出了“帝国基督教”的信条。因此，完全可以理解，“帝国主义”对其他民族的各种暴力干涉，只有在表明它有助于“世界文明”的时候才可以说是正当的。

同样，大家也都公认，被干涉民族必须获得某些特殊利益。如果我们毫无保留地将生存竞争看作是社会进步的唯一或主要手段，按照这一理论依据，压迫甚至消灭落后或倒退的民族，以便为另外一个更有社会效能和更能为人类福祉开发自然资源的国家腾出生存发展的空间，这看来是可以允许的。但是，如果我们承认，在人类漫长的发展过程中，一般的趋势是人类同自然和道德环境的斗争，将愈来愈多地代替个体和种族内部的自相残杀的生存竞争；并且承认，要终止较低级的生存竞争，从而把全人类的情感和同情逐渐团结一致，那么我们就了解两条重要真理。

第一，对于“进步”种族来说，在它们吞并世界上更多领土的过程中，“扩张”并非像以前看起来的那样“必需”，因为随着自然资源的深度开发和人类生活更趋高尚，进步将愈来愈表现在质的方面。把排除低等种族假定为自然需要，是基于对人类进步的狭隘的、低级的和纯粹量的分析。

第二，在人类的发展过程中，作为教育和自我发展的手段，民族性将具有极其重要的意义。除了自我防卫时直接的客观需要外，没有什么能证明消灭一个民族是正当的。总之，“国际上的大罪无过于毁灭一个民族”①，这种说法将会得到公认。但是，即便是那些不太认同民族性原则的人也会同意，在干涉他国自由的时候要给予被干涉国特定的利益，这是检验干涉行为是否合理的标准。这一方面是因为文明事业的进步很明显主要在于或者限于改进被干涉国的品性和状况；另一方面是因为以促进个人发展为目的并且政治统治要真正提高被统治人民的自由程度，这一原则同样也适用于更大的国际社会。无须过度强调个人与国家之间在有机体方面的相似性就可以有把握地主张，对“低等种族”的帝国主义干涉必须要以能切实增进隶属种族的福祉来证明其行为的正当性。张伯伦先生并非感情用事的人，可以将他关于这个问题的声明看作是权威论述。“只有增进了人民的幸福和繁荣，我们对领土（土人的）的统治才能算是正当的”。

“高等种族”强加于“低等种族”的政治经济控制立即促进了世

① 费迪南·布吕内蒂埃，引自1900年4月《爱丁堡评论》。

界文明的发展以及隶属种族的特殊福祉，宣告这两个条件在事实上已经完成是对帝国主义进行道德辩护的一般依据。英帝国主义者为扩张所作的辩护总是指出英国为印度、埃及、乌干达等国提供的服务，并且断言那些英国政府管理较差的其他一些属地，如果让属地自行管理或者交由其他欧洲列强，结果将会更差。

在考虑这一论据实际上是否妥当以及判定其他种族“文明化”事业的特定事实之前，应当指出这种“帝国主义”理论的根本缺陷，即它并不满足前面规定的第三个条件。我们能否放心地相信那些角逐中的帝国主义种族的名誉、公德心和识见，把它们的私人利益和目的从属于人类更广泛的整体利益或其隶属种族的特殊利益？

如我们所指出的，没有人认为会出现这样完美的和谐局面，即各个追逐自身主要利益的国家的行动会受到“无形的手”的“引导”，最终必然能够对公共利益，特别是对隶属种族的利益有所帮助。因此，如何保证帝国主义会去主动满足规定的条件呢？在帝国主义的每一实际步骤中，有谁会认为，扩张和吞并他国的特殊利益不是主要的、有意识的驱动因素呢？完全可以设想在扩张国特殊的、暂时的利益与世界文明的整体利益相抵触的时候，扩张国更愿意保持自身的利益，这种情况并不少见。把一个有利害关系的当事人未经试验和证明的自述，当作能够实现健全的帝国主义的保证，这无疑是不合理的。

三

世界文明的进步是对“低等种族”进行政治干涉的唯一有效的

道德依据，这种进步只能表现为被干涉种族在政治、工业和道德方面的提升，这是大家都公认的原则，但是现实中却完全找不到可以“信赖”的真正条件。

实际情况的确充满着悖谬。每个帝国主义国家都要求自行决定哪些低等种族由其分别保护，或者同两三个邻国协定瓜分广大的非洲，划定各自的势力范围。这种强加的文明，绝非基于对隶属种族发展潜力的清醒认识，并指导它们的发展，而只不过是将欧洲成套的工业技艺、特定的政治制度、固定的宗教信条，强行嫁接到外国的制度上。在政治统治之下，“进步”到处公然让位于“秩序”，而两者都要屈从于某些回报丰厚的贸易工业的发展，或者是领土扩张的贪欲。武装的白人国家之间冲突不断，每个国家都坚持要在地球上的某些新地区承担起自己白人的责任；贸易公司千方百计要把对手排挤出新市场，从属于不同教派和国籍的传教士争夺各自的“传教地盘”，并运用政治阴谋和武装力量来支持这些特殊诉求，这些都为“文明的委托”理论提供了奇妙的注解。[①]

非常明显，这种独断专行的统治缺少委托的第一要素，即“受托人”能够充分代表所有利益相关方，并对司法机关负责，忠实地履行信托条款。否则，就很难防止受托人滥用手中的权力。众所周知，欧洲国家之间的摩擦和冲突，其中有一半是因“文明受托人”

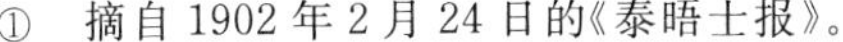

①　摘自 1902 年 2 月 24 日的《泰晤士报》。

2 月 22 日，香港。

“在福禄园的教堂被中国人捣毁之后，德国传教士已经避难回国。据广州传来的消息，法国主教有意保护那些捣毁柏林传教站的中国人。最初的消息表明，天主教方面对当地的新教徒持有敌意，但据信挑衅者认为天主教的教义是一种欺骗。如果主教袒护他们，那广东传教的情况会变得更加复杂。”

权力的争夺而起，这对于各国誓约的诚意和道德能力来说，并不是一个好兆头。追问各国为何如此急于互相承担责任，绝非是存心嘲弄。

那些用责任、委托和使命等说辞来为侵略、吞并和暴力统治开脱的人，必须得获得真正代表文明的组织的认可，承认对这个组织负责，并且证明自己具备履行责任的能力。

总之，除非存在真正的国际委员会，并把教化低等种族的责任委托给一个文明国家，否则，自称受人“委托”不过是一种无耻的冒充行为。人们会质疑这种代表委员会是否行得通；但在这样的委员会产生之前，“扩张”国家应该老实承认，他们对低等种族的所谓保护，其实是为了满足商业需要和政治野心，而不要捏造什么无中生有的“委托”。即便国际关系会进一步发展，海牙国际会议开展的工作，在代表所有强国的永久性权威机构中步入正轨，不仅受理国际争端，而且也协调这项“教化”事业在各国间的分割，问题仍然大量存在。仍然有严重的危险，怕的是那些以“文明”自居的“强国”，会以某些民族的缓慢发展、骚乱或恶劣的制度给世界添乱为由，对其进行无益和不公正的征服，而对这些民族来说，自由才是它们发展进步最重要的条件。除了以上这类纯粹的误解之外，还存在各国可能自主建立寡头政治的危险，这些国家以文明教化的名义，学会寄生性地依靠低等种族为生，“为了他们自己的利益”把更艰苦和更恶劣的工业劳动强加在低等种族身上，而他们自己则冒领统治和监督带来的荣誉和利益。

对当前形势的清楚分析，明确指出了统治国家的这类共谋，在最近的将来是最大和最严重的危险。从 1885 年为“和平瓜分”西

非领土订立标准的柏林会议开始，欧洲主要列强签订的一系列条约和协定以及1890年为英国、德国和意大利侵略东非确定疆界而订立的条约，无疑都标志着欧洲列强关系的真正进展，但是它们所体现的目标和方法，却让信托之说变得可疑。在非洲之外，我们如果再关注下中国，欧洲列强最近为了"文明的利益"在那里采取了联合行动，那么未来之路依然非常险恶。以保护欧洲人的安全为名，硬要不同的国家采取暂时一致的政策，这个直接目标一经实现，各个国家之间更为深刻的分歧就会立即暴露出来。近代以来欧洲对华关系的全部历史，对于我们在远东践行的文明教化理论来说，只不过是一个冗长的嘲讽性的注脚。以海盗式的远征强行打开一个闭关自守国家的通商大门，最终导致强迫接受印度鸦片的战争；滥用这个国家几个世纪以来对和平的传教士的仁厚款待，回报以对该国宗教和政治制度的肆意凌辱，以强力勒索商业和政治上的"特许权"作为对这个国家偶尔报复行为的惩罚，以传教士被杀作为残酷的交换条件来攫取新的通商口岸、胶州地区和英国商船在扬子江的航行权；英国、俄国、德国和日本以排斥或损害其他国家利益为信条，联合并用威胁、利诱和贿赂等手段，千方百计取得各自的铁路或矿山的特许权；基督教主教和传教士们公然僭取政治权力，傲慢且大量使用所谓的"治外法权"，凭借这个权力，不仅他们自己就连他们的皈依者和门徒都可以不受当地法律的管束——所有这些事情，充分暴露了这些主张的虚伪性，文明信托理论绝非是基督教国家制定对外政策的考量依据。近代史上到处是自私的、功利的、短视的国家之间的竞争，这些竞争又因偶然的勾结而形式各样。如果对低等种族实行某种共同的国际政策的

话，那这种政策并不是出于道德上的委托，而是出于商业上的“交易”而已。

看起来，这种“交易”政策极有可能会在政界得到广泛而系统的应用，就像它在商界那样，而且为了对低等种族国家进行政治统治和工业压榨而形成的一系列条约和联盟，会在不远的将来促成一种粗暴有力的国际主义。

对于真正的文明委托而言，这类政治方案现在缺乏两个重要方面，而这两个方面能够为“文明地”支配低等种族提供道德效力。第一，英国、德国或俄国各自势力范围和保护地的划定，主要取决于各国某些特殊利益在地理上的近便性或其他自私的利益，并非出于各国在文明教化事业上各自有不同担当的公正考虑。例如，如果欧洲列强真的是为了中国和世界的利益考虑而把西方文明传播到中国去，那它们大可以通过扩大日本在当地的影响来尝试这一任务，而不是向中国直接灌输西洋文化。但是，没有哪个国家提议把这项任务“委托”给日本；每个国家都只考虑自己眼前的商业利益和政治特权。

第二，即使从西方公认的立场来看，教化低等种族无论在哪里都不是统治的真正目的。甚至像埃及或印度那些已经建立和维持良好政治秩序的地方，列强公开宣称的主要目的和公认的成功标准也是能从那里得到多少直接的经济利益。对这些国家实施政治统治的目的主要是想能够到处迅速、稳健、有效地开发当地的自然资源，并把当地人的劳动置于白人控制之下，以进行有利的剥削。有人主张并且相信，这种行为是有利于当地人的，就像有利于支配国和世界的商业发展一样。不仅在经济资源上而且在实际司法上，印度人和埃及人的生活要比我们进行专制统治之前好得多，这或许没错；甚至可以把这些都归功于我们，对那些委托给我们（我们自己委托）的种族的福祉，我们有不少总督和官员都表现出了无私的关怀。但是无论在哪里也不能主张，我们或其他基督教国家对低等种族的统治是基于我们公开宣称的而且有时施之自身的同一开明原则。我在这里提到的不是统治的方法，而是统治的目的。欧洲比较开明的国家及其真正的殖民地，虽然目前充分重视经济的增长，但公共政策在当前和未来并不全力关注于此；而是着手推动非经济要素的发展，切实提升生活品质和人类品性，并以自由的自治过程促进个人和社会的发展。这些都是一个国家健康发展的必要条件。对于低等国家来说，这些条件同样重要，而其实施需要更多的考虑和试验。在与低等种族打交道的时候，帝国主义的卑劣之处在于，它甚至都不肯装出要把国内教育和进步的原则应用于低等种族的样子。

四

如果我们真正接受了照顾和教化“低等种族”的委托，那我们应当如何着手履行这个委托呢？应当研究他们本民族的宗教、政治和社会其他制度、生活习惯，努力钻研他们目前的心理和适应能力以及学习他们的语言和历史，这样我们就可以在人类自然史的发展脉络中准确定位这些民族；不要把目光只盯在他们的农业和矿产资源上，还应该密切注意他们所生活的国家，这样才能真正了解他们的生活环境。然后，谨慎地接近他们，尽可能获取他们对我们友善动机的信任，并且公开制止开发公司去开矿、获取特许权或其他有损于我们无私行为的时机不成熟的自私企图，我们应该努力做好顾问该做的事。即使有必要对低等种族采取一定的强权措施，我们应该将其作为最后的手段放在幕后实行，而把理解和推动我们所能发现的所有内部进步力量的健康自由运转作为我们的首要目标。

热带地区在自治和工业方面的自然发展是开明的文明援助政策所追求的目标。

而现实情况是怎样的呢？即使是目前为止最大的受托人，即大英帝国，也没有在任何地方采取认真的、系统的计划，本着科学无私的精神，对命运操于己手的民族进行调查研究[①]。原住民保护协会的出版物以及研究南非问题的土著种族委员会的近期报告都指出尚有广阔的未知领域需要去探索，但是现在仍然缺乏严谨系统的深入调查[②]。这种情形并不奇怪。这些国家的白人开拓者无法胜任这项工作；商人、军人和职业旅行家的偏见，非常有害于对原住民的生活进行认真和无私的研究，而在这方面比其他人有较多贡献的传教士，又缺乏必要的科学精神或科学训练。

甚至我们已掌握的现有知识，也很少被用来指导我们对土著种族的统治。在我们帝国的某些地方，对土著种族的统治也没有完全丧失理智；比如乔治·格雷爵士、里朋爵士和马歇尔·克拉克

① 为了纪念玛丽·金斯利女士对非洲种族的研究，而于近期成立非洲学会，就是在这个正确方向上进行的努力。

② 这里不是轻视刚才所提及的学会和委员会的杰出工作。它们曾经很好也很准确地处理了相关资料。现在最缺乏的是原始调查工作。

将军等行政长官，就对谨慎推行自治试验表示了同情和了解。对南非巴苏陀兰和卡玛国采取保护地形式，恢复迈索尔省土著政府，更加谨慎地避免干涉印度土邦的内政，这些都是比较开明的政策的良好迹象。

尤其值得注意的是，对低等种族统治形式的选择也正在变得越来越开放。认为英国的选举代议制体现了一种健全、公正和合理的普世性制度，我们的责任在于尽快并且极少修正地将这套制度强加于低等种族，而完全不用考虑后者的历史、适应能力和情感因素，这种观念在英国正趋于消失，不过，新崛起的顽固的美帝国主义仍因为其宣称的“美国人认为美国有责任将‘罐装’文明送给异教徒”而遭人嘲笑。承认文明之路的多样性，承认种族和环境方面的巨大差异不允许盲目快速移植异邦制度，却不顾及当地组织机构的持续性和自主性——这些真正科学而人道的考虑正在形成这样的要求，即对于我们帝国治下的土著种族，应该保证其有更大的自主发展的自由，帝国政府应使其干涉限定在对外抵御敌人和对内维持良好的秩序这个范围内。

大英帝国在巴苏陀兰推行的统治是这种真正“帝国”政策的最好例证，1884 年大英帝国受到工业开发商的鼓动，把它从开普殖民地的侵略计划中挽救了出来。

大英帝国在那里的统治主要由事务官来实施，并且配备专门处理重大社会治安案件的英国文官以及在英国警官领导下的一小队土人警察。此外，那里传统的政治经济制度都保留了下来——由大酋长率领的许多小酋长治理，但须接受国民大会公众舆论的非正式制约；土地分配和一般司法管辖权等日常行政工作则由酋长们处理。

> “早在1855年，莫谢什就禁止了女巫的‘鼻嗅’，现在英国当局已经查禁了卡菲尔人[①]各种更加有害和令人生厌的仪式。在其他方面，他们尽量不干涉土著的生活方式，期望时间、和平和传教士能保证这个民族逐渐文明化”，“禁止欧洲人持有土地，即使开设店铺也需要获得执照。矿山没有被开采，欧洲的探矿者也不准进来探矿，因为当局的政策是保持这个国家属于当地的人民，即便是偶尔有投机分子进来，也不会引起酋长们的警觉，如果得到许可，他们会立即驱逐这些外来分子”。[②]

上述引文显示，我们的帝国主义道路大都背离了“文明的委托”的理想。

南非最为广泛和最为根本的斗争是巴苏陀兰政策同约翰内斯堡和罗德西亚政策之间的斗争；因为在那里，我们已经明确指出，“稳健的”帝国主义和“狂暴的”帝国主义之间的区别，前者致力于“低等种族”的保护、教育和自主发展，而后者则让这些种族任由白人殖民者进行经济剥削，他们将低等种族当做“会说话的工具”，将当地人的土地看作是矿藏和其他财富的天然宝库。

---

① 卡菲尔人（Kaffir，意即异教徒），是穆斯林对异教徒的称呼。在南非是北印度、巴基斯坦穆斯林移民对当地班图民族集团黑人的贬称。——译者

② 詹姆斯·布赖斯：《南非印象》（*Impressions of South Africa*），第422页。

五

我们无法忽视这一事实，即这种“比较稳健”的帝国主义，一开始就在世界各地被败坏了。早期帝国主义有两个主要动机，一个是对“财富”的贪欲，一个是奴隶贸易。

金银、钻石、红宝石、珍珠以及其他珠宝，是方便携带而又坚固耐用的最为浓缩的财富形式，人们一旦凭借运气、欺诈和暴力在赌博式的冒险中获得了它们，就可以因此一夜暴富。这些东西从古代推罗和迦太基时代起就吸引着私人和国家纷纷加入探险潮流，并且也是白人统治有色人种的主要目的之所在。从俄斐、戈尔康达、奥里诺科到阿散蒂、金佰利、克朗代克、德兰士瓦和马绍纳兰，都在发生着同样的故事：在贵重金属之外，锡和铜也早就成为风险较小的商业冒险的动机，近代以来机器经济的发展，又使文明国家将煤和铁视为值得掠夺的财富。但是，黄金仍然是吸引帝国主义的波动重心。

与这些动机相并列，而作用更加广泛的是对奴隶供应和奴隶劳动的渴求。在世界历史上，最早、最盛行而且最有利可图的贸易是奴隶贸易。帝国早期的扩张，并非为了永久占领并统治外国，而是将大量奴隶掳回国内以供驱使。早期希腊和罗马的帝国主义，大都受到同一动机的支配。希腊人和罗马人并不经常在被他们征服的野蛮人中间谋求建立大规模的永久殖民地，而是满足于在当地维持军事和权力上的统治，以便足以保证社会秩序和索取贡赋，并将大量的奴隶掳劫回国，以利用他们的劳动。希腊的城市大都沿海而建，工商业发达，它们把从东方贸易或从塞西亚和色雷斯“内陆”获得的奴隶，安置在船舶、码头和矿山中服役，并让其在城市中充当工匠和劳工。作为一个农业国的首都，罗马在“种植园制”中使用它的奴隶，并通过这种廉价的强迫劳动力取代农民，流入罗马的农民主要依靠公共救济金为生，而这种救济金就是从被征服国家缴纳的贡赋中划拨的。①

如今，近代帝国主义对待“低等种族”的手段本质上还是这种模式：帝国主义运用其他方法和其他更人道的动机来掩饰它的经济贪欲，但一经分析就可暴露其同样的本质。无论在哪里，“高等种族”的白人只要发现强壮的野蛮人或低等种族占有着富含矿藏和农业资源的土地，在力量足够强大的情况下，他们就会驱使低等种族为自己的利益劳动，或者组织其在本土劳动，或者利诱其为不等价的交换而劳动，或者将其作为奴隶或奴仆运到另一个国家，在那里这些劳动力能得到更加有利可图的使用。凭借帝国的力量强迫“低等种族”打开贸易大门通常来说是帝国主义的第一阶段。如今的中国正是这样一个典型的例子，断断续续的贸易通过“条约”、通商口岸、海关控制、内地贸易权、矿山和铁路特许权走向对人力资源和自然资源的吞并和普遍掠夺。

奴隶贸易或者强行捕捉土著并把他们运到国外这种赤裸裸的形式，以及迫使被征服国家的人民为本国从事奴隶劳动，在西方国

① Cf. Mr. Gilbert Murray in *Liberalism and the Empire*, pp. 126—129 (BrimleyJohnson).

家几乎已经消失了(比利时在刚果的情况除外)。[1]

在工业上剥削劣等种族的全部经济基础,已经随着近代生活条件和工业条件发生了变化。这一变化是双重的:奴隶的合法身份已经被雇佣劳动者取代,对劣等种族雇佣劳动最有利可图的利用,是在白人的监督下雇佣他们为了白人的利益开发其本国的资源。

“在古代,雇主们即使能够离开,通常也不愿意离开自己的国家,到外国去雇佣利比里亚人和塞西亚人。如果他们离开了家,想要回来可不那么容易,那实际上就相当于流浪异国他乡了。再者说,在奴隶自己的国土上,也不能完全管得住他们。如果他们都属于同一个国家,奴隶们就有可能叛乱或逃走。即便一个强大的政府意识到此事的严重性而出手加以阻止,无论如何总有个别奴隶会逃跑。现代交通日益便利,这让白人不用再遭受流浪之苦,而且不必担心回不了家。按照古代的标准来看,我们的政府现在出奇地强大;我们先进的武器也让叛乱成为不可能。最后,我们也不打算把黑人、苦力和波利尼西亚人运到英国国内。这样会引起国内工人阶级的强烈反对;即使可以排除这个障碍,有色人种会因为不适应我们的气候条件而加速死亡。所有这些经济条件都说明,有色人种更适合在他们当地为我们劳动”。[2]

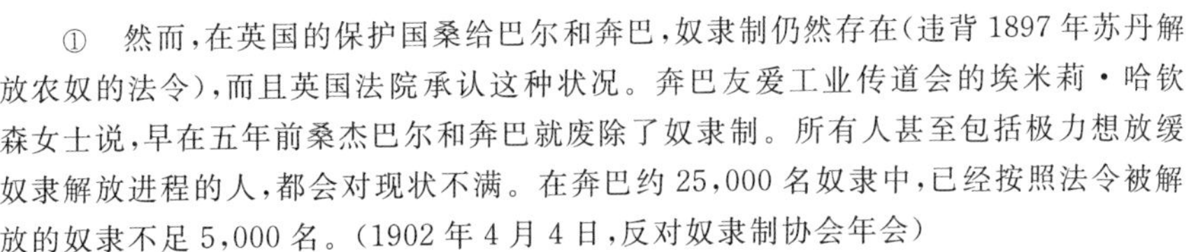

① 然而,在英国的保护国桑给巴尔和奔巴,奴隶制仍然存在(违背 1897 年苏丹解放农奴的法令),而且英国法院承认这种状况。奔巴友爱工业传道会的埃米莉·哈钦森女士说,早在五年前桑杰巴尔和奔巴就废除了奴隶制。所有人甚至包括极力想放缓奴隶解放进程的人,都会对现状不满。在奔巴约 25,000 名奴隶中,已经按照法令被解放的奴隶不足 5,000 名。(1902 年 4 月 4 日,反对奴隶制协会年会)

② Murray, *Liberalism and the Empire*, p. 141.

但是,在欧洲殖民地的案例中,这一结论还需要仔细斟酌。在英属昆士兰殖民地和法属加勒多尼亚殖民地仍然充斥着从波利尼西亚来的契约劳工;纳塔尔大量吸收着印度的"苦力",而中国的自由劳工或契约劳工,涌入海峡殖民地、缅甸、婆罗洲、新几内亚、澳大利亚东部和北部以及美洲、大洋洲和非洲的许多地区,直到被法律明令阻止或查禁。近代的一般趋势仍然是让有色人种在本土劳动,或者在那些他们能够适应气候和其他自然条件的邻国进行劳动。

但是,真正推动这一过程的主要经济条件并非是近代白人乐意暂时侨居国外,而是对热带商品日益增长的需求以及近代工业国大量的过剩资本,需要在世界各地寻求投资场所,并雇佣那里的廉价劳动力来开发当地富饶的自然资源。

古代人之所以把低等种族运回国内是因为对他们来说,有利用价值的是低等种族的劳动力,而非土地;我们近代人则希望低等种族为了我们的利益而去开发他们自己的土地。我们最初因贸易对大米、茶叶、糖、咖啡、橡胶等热带农产品产生的喜好,发展得如此迅速和强烈,以至于我们需要有大量和更可靠的供应来源,而这是训练不良的种族难以满足的;我们必须用西方科学和资本来组织工业生产以开发新的供应来源。属于低等种族所有的丰富矿产资源也是如此,西方资本和西方的开发能力要求有勘探和开采矿山的权利。和殖民主义不同,帝国主义的真实历史清晰地揭示了这种趋势。我们最初同低等种族的系统接触是通过贸易公司,对于和原住民通商这一主要目的来说,公司被特许的殖民权和管理权只是附带的产物。这类小规模的殖民最初就是为了便利通商,而不是为了政治扩张或新国家的纯粹殖民。甚至在美洲，伦敦普利茅斯公司、马萨诸塞州海湾公司和哈德逊海湾公司当时就属于这种情况，不过其他殖民动机很快就显现出来；我们最初进入西印度群岛，就是通过伦敦公司在巴巴多斯的商业殖民地；我们建立大东方帝国的基础是东印度公司在当地的贸易活动，同时我们与黄金海岸的第一次接触也是皇家非洲公司在1692年进行的。荷兰和法国都是受同一目的的驱使，他们那些后来落入我们手中的热带和亚热带殖民地大都被商业主义所支配，政府公然建立在商业剥削的基础上。①

当我们越来越接近近代，在殖民地投资和组织土人劳动以及推行种植园制，就在新公司的政策中越来越占据主导地位，而英国北婆罗洲公司、塞拉利昂公司、皇家尼日尔公司、东非公司、英国南非公司，主要不再是单纯的贸易公司，而是在白人的管理下利用土著劳动力控制和开发农业及矿产资源以供应西方市场。在世界大部分地区，纯粹的或显著的商业动机和行为，为帝国主义提供了赖以生存的核心，早期的商业殖民地逐渐变成工业殖民地，其周围的土地和矿山开采权也随之增加，一个工业殖民地可以拥有武力，以取得保护权和更多的特许权，并阻止或惩罚破坏协定或扰乱秩序的行为；其他政治和宗教势力更大规模地侵入，之前的商业殖民地带有了更强烈的政治和军事色彩，统治权由公司转移到国家手中，本来界定模糊的保护地就逐渐演变为殖民地形态了。塞拉利昂、乌干达以及不久之前的罗德里亚，为这种演变提供了最新的例证。

① 参见莫里斯的《殖民史》，第2卷，第60页。

六

于是，西方国家与殖民地低等种族的实际交往史，给“文明的委托”这一理论作了奇妙的说明。随着殖民地被殖民程度日益深化，低等种族的末日也就到来了，就像澳大利亚布希曼人、非洲布希曼人和霍屯督人、印第安人和毛利人那样，通过战争或私人屠杀，或被强加于一种足以毁灭他们的文明习惯，而最终走向灭绝①。这就是所谓“低等种族”同“优越种族”相接触必然趋于消亡的意思。至于这个过程如何才算“自然”或“必要”要根据具体情况来定，只有那些不适于被优秀的白种殖民者进行有利剥削的种族才趋于消亡，其间或是因为他们太“野蛮”而难以适应工业化，或是因为劳动力需求有限而让他们变得多余。

无论什么时候，在优秀种族能利用低等种族在农业、矿业和家务方面的体力劳动获利的地方，低等种族通常不倾向于灭绝，而是倾向于形成奴隶阶级。这种情况，不仅在那些不适合白人劳动并成家立业的热带国家是如此，那里的重体力劳动必须得由“有色人种”来做，就是在适合白人移居的国家，比如南非和美国南部的部分地区，也是如此。

我们进入这些国家的目的是为了贸易，后来因为进行工业剥

① 布赖斯先生说：“我在夏威夷听人说，当地的土著人口，已经从库克上校时代的三十万人减少至 1883 年的三万人，这主要由于木屋取代了四壁用长草编制而成并能天然通风的棚屋，以及土人本来习惯于腰间围一条布的装束，他们在穿上衣服之后，在衣服被雨淋湿时想不到更换或者烘干。”

削而留了下来，通过压榨低等种族的劳动而获取利润。这就是帝国主义控制低等种族的根本事实；在后者没有被杀尽之前，被迫屈从于白人征服者的各种目的。

合法的奴隶身份是被废除了，但是其经济实质并未随之消失。这并不是说雇佣劳动身上还附着有多少奴隶特征，而是指帝国主义依存于“强迫劳动”，即那些只有在白种主人直接或间接的强制下土人才会不得不担任的劳动。

“强迫”土人进行劳动的方法有很多种。

无论在什么地方，当需要为了农业和矿业的目的对热带和副热带地区进行工业开发时，白人雇主都面临着同样的困难。关于西印度群岛废除奴隶制后的情况，1842 年下院特别委员会的报告非常简洁地介绍了这个问题：“在种植园主的领地上，大部分工人不用每周工作三四天以上，每天工作五到七小时，就能舒服地生活，还可以赚到钱，因此他们也就没有动力去从事适量的劳动。”目前这种不适量劳动（西印度有多少白人每个工作日能工作五到七小时呢？）产生的原因，是工人的高工资，而这得归因于“黑人使用土地的优惠政策”。总之，委员会认为“土地低廉是当前困难的主要原因，而这种低廉，是肥沃的土地量大于现有人口的需求量所导致的必然结果”。

黑人只要每天工作五到七小时就能有高回报，是因为他可以在自己肥沃的土地上自由谋生。对于低等种族低级落后的舒适生活标准来说，他们拥有的农田足够可以满足，在这些地方，白人雇主也面临同样的问题；低等种族或者完全不用为了工资而劳动，或者不肯为了相当低的工资而进行长时间劳动。

爱尔兰教授写道，“简单地说，问题可以表述如下——如果丰饶的自然条件让人们不必投入大量劳动就可以满足自己的所有追求，那有什么办法能引诱热带居民从事稳定而持续的劳动呢？”①

只有两种经济力量真正能够将这些劳动力更大规模地推向劳动力市场；其一是随着人口增长，要想从土地上轻松讨生活变得越来越难，其二是新需求的压力和消费标准的提高。

对于雇佣劳动者来说，这些是自然且合理的诱导因素，而且即使在大部分热带国家它们也能发生一定影响，特别是在白人殖民地占据很多良田的地方。在最低等的种族中，这些诱导因素没有多少影响，在那里，人口增长因为高死亡率而受阻，战争和杀婴又加剧了这种情况，而且新的需求则是发展迟缓；但是在比较进步的民族中，它们有着相当强的影响力。不幸的是，这些自然力量发展缓慢，而且还不能人为提速；白人工业者急于开发这些国家并迅速回收巨额利润。南非就是一个典型的例子。那里的许多班图人可以顺利培养新的需求，而且为了满足需求愿意进行雇佣劳动；那里的巴苏陀人人口日益稠密，很多人愿意为了丰厚的工资而外出打工。但是，庞大采矿业的需求，在数年之间已经增至巨大的比例，它等不及这些自然刺激因素发挥作用；矿主要求劳动力市场能够突破常规地增长。结果是，在亚非地区疯狂地搜求劳动力，输入大量的桑给巴尔人、阿拉伯人、印度苦力和中国人，用各种政治的或私人的隐蔽强迫方式来代替自然的经济压力。

最简单的强迫形式是对个别土著使用武力“强迫他们进来”，

① *Tropical Colonisation*, p. 155 (The Macmillan Co.).

1897 年之前南非特许公司就是用这种方法[①]，如果酋长们没能提供劳动力，公司就派土著警察去“收集劳动力”。除了这种不合法的特征外，这与强加于纳塔尔土著的徭役或合法的强迫劳动或 1895 年 12 月黄金海岸议会通过的强迫劳动法例，毫无区别。这个条例恢复了早已消失的传统，即“应其酋长或其他土著长官的征召，为了公共目的而劳动，是劳动者阶级每个人应尽的义务”，并且授权政府可以强迫土著酋长为计划中的库玛西远征提供尽可能多的脚力。[②]

打着欧洲征兵制度的“文明”惯例之名，兵役不仅在紧急状态下被使用，像库马西远征和南非战役那样，当物质刺激失效时，就到处抢抓壮丁，而且还被用来保证工业劳动力的正常供应。刚果独立国是这方面的典型例子，当地居民被征召为“国民军”，名义上是为了防御，但其实是为国家和特许公司在“橡胶”和其他工业中服务。

不顾现有法令“对黑人的特别保护”，并且规定“家庭奴隶也不受保护”，所谓“志愿军”和“国民军”的征召制度已经建立起来，用来“建设种植园和公共事业”。福克斯·伯恩先生对此做出的一针见血的批评，已经被无数的证据所证实。“当‘民兵’及其‘农业部

---

① 理查德·马丁爵士在其报告中申述了他的看法，“土著事务官开始尝试通过酋长获取劳动力，如果不成功的话，他们就开始使用武力”。

霍华德·亨斯曼在其《罗德里亚史》中为公司的管理辩护，他承认有这种事，他这样写道：“在罗德西亚，一个土著要是拒绝劳动（即雇佣劳动），他就会被带到土著事务官那里，然后被派遣到近处的矿山或公共工程中进行劳动，付给在他看来是很高的工资，并且供应食宿，三个月后他就可获准回到自己的茅舍，度其余生。”（第 257 页）

② Cf. *Whites and Blacks in South Africa*, by H. R. Fox Bourne, p.63.

队’和其他附属队伍不被用来进行军事行动时，通常都是用来监视奴隶集团，或者向倒霉的土人征收贡赋，如果这些土人不能负担重税，就无权在本国生活”。[①]

当“强迫劳动”只是作为国家收入的一种形式，即作为一种“实物税”制度时，虽然它在实施的时候会被滥用，但是也不能说它在本质上就是不合理的或是暴虐的。不管赋税的形式是货币、实物还是劳役，所有的赋税本质上都是“强迫劳动”。当这类“强迫劳动”限于秩序良好的国家的需要，并且被公正而谨慎地进行管理之时，它并不包含特殊的压迫。在各种统治形式下，它们内在的“压迫”都被隐藏起来了。

在政府的规章制度和赋税是为了获取商业利润的地方，情况就完全不同了；那里通过的法律、征收的赋税以及对公共管理机器的运用都是为了经营矿山、农业或其他工业的公司或私人的利益，以保证大量的、廉价的、持续的、有效率的和顺从的劳动力的供应。

当白人殖民者发现“低等种族”占有的土地上蕴藏着丰饶的农业、矿业和其他资源，他们就会受到双重的诱惑。他们想要夺取这些土地，控制当地廉价劳动力的供应，并让其在自己的监督下为了自己的利益而进行劳动。如果“土人”不好被驾驭，不能被训练为有效的劳动力，他们就要被放逐或者消灭，就像澳洲和南非的“低等游牧民”布希曼人、小黑人、博罗罗人、吠陀人等，甚至像北美洲的印第安人都是如此。在“接触优秀种族”的这一委婉说法之下，战争、谋杀、酗酒、梅毒和其他文明病，都被用作是消灭低等种族的

① *Slavery and its Substitutes in Africa*, p. 11.

主要手段。把当地土著肃清之后，土地就转归白人殖民者所有，而白人必须自己劳动，或者输入其他低等的工业人口为其劳动，就像美国和西印度群岛输入奴隶或者像纳塔尔、英属圭亚那等地输入契约劳工一样。

但是，在“低等种族”能被用来在自己的土地上进行盈利劳动的地方，比如做农民、矿工或仆役，白人为了满足自己的私欲就会推行“强迫劳动”制度。在大部分热带和亚热带国家，土人可以凭借自己和家人的劳动，勉强维持温饱。要想把这些人引诱到工厂中从事雇佣劳动，之前的生活方式必须被终止。所以，我们得向政府施压，使土人不能像从前那样靠土地维持生计。农民的土地和牧民的牲畜都成为被攻击的目标。

托伦斯法案不仅为英国殖民者的入侵，而且为比利时冒险家在刚果的暴行提供了一个有害的先例，根据这个条例，1852 年“土地征用权”被应用于南澳大利亚，虽然并非出于恶意，但实际上导致全国沦为王室领地。白人殖民者或开拓者有时候利用合法手段，有时候利用私人武力或诡计，不断侵占土人的肥沃土地和矿藏，将他们驱赶到贫瘠的土地上，把他们圈养在拥挤的保留地上，制止他们的游牧传统，要不然他们就会陷入仅凭熟知的生活方式难以维持生计的窘境。

这些政策的主要目的和共同后果是引诱或胁迫土人用雇佣劳动来全部或者部分地取代原有依靠土地谋生的部落生活方式。那些不了解实际情况的人，总以为开发土地或矿产权的让与，或者劳动合同的订立，都是按照一般自由议价的方法来谈判的。

但是，近代非洲的历史却充满了完全相反的例子。

欺诈和罪行的历史——洛本古拉因为把既非他所有也非他所知的“权利”签让给特许公司而被人诟病——真是罄竹难书，但其内容梗概却清晰可见，值得一读。

“自由契约”应该是在双方自愿、充分了解以及获益大致均等的条件下签订的，但是这种契约在优秀种族和低等种族的交往史上，几乎从来不曾出现过。特兰斯顿少校于 1893 年被派往乌干达进行条约谈判，他会为我们叙述政治条约和工业特许权到底是怎么签订的。[①]

“我被科尔维尔上校指派与卡瓦立签订一个条约，根据这个条约他应当受到英国的保护；其实，我有一叠印好的条约，准备让尽可能多的人签字。签约是强令外国政府执行的，其实相当于占领，这是一出可笑的闹剧。具体的操作方式如下：一个衣衫褴褛、邋里邋遢的欧洲人（这样的人在任何文明国家都会有被警察逮捕的危险），他走进土人的村庄；人们四处奔逃，他在后面大声呼喊，叫他们回来，并且当着他们的面拿出一个价值一先令的珠串。其中比较勇敢的人会走上前来，他得到了这个珠串，并被告知如果酋长来的话会得到更多的东西。最后，贪婪心战胜了恐惧，酋长来了并且接受了欧洲人的礼物，所谓的翻译假装为酋长解释条约的内容。酋长其实一个字都不理解，但是他很高兴能拿到另一批珠串；酋长在印好的条约上做上一个记号，翻译在上面做上另外一个记号，那个

① *Personal Experiences in Egypt and Unyoro* (Murray).

自称代表大英帝国的流浪者也在上面签上了自己的名字。酋长略一踌躇，收起了这份文件，他把这个行为看作是陌生的因而是危险的巫术。小船开走了，这个英国或法国的新盟友和被保护人，立即把这份文件扔进了火里。”

这篇富有现实主义的讽刺性小品文，相当准确地表达了“帝国扩张”在低等种族中的常规手段。如果这些还是政府官方代理人所采用的手段，那私人的“特许权掮客”所采取的手段不会比这更认真些。的确，“政治保护地”和“租借土地”在大部分时候是纠缠在一起的，有些冒险家担负着军事上或半官方的使命，侵入野蛮国家的领土，依靠政府的力量完成自己那些有利可图的交易。

但至少在英国，既然政治扩张通常都从属于工业剥削，如果对当地的劳动力进行有效的支配，那么仅仅取得关于土地或矿产的条约或特许权就没有多少意义。通过圈地来限制土人自由地进行农业和放牧，虽然可以在一定程度上保证劳动力的供应，但还远远不够。为了迫使劳动者“签约”从事雇佣劳动，各种手段轮番上场。除了直接的强迫外，最简单的手法是收买酋长，利用他在部落内的“影响力”。这就是仁慈的格雷伯爵为让罗德里亚矿山获得劳动力而谋划的制度。①

这类同“首领”或个别土人进行的交易，通常是由职业的招工

① “当这些大酋长能证明自己是值得信任的时候，我们就建议每个月给他 5 英镑的薪水和一幢房屋……此后酋长对于他们人民的行为向政府负责。”格雷伯爵认为，“这是在未来能够保证大量棚屋税和矿山充足劳动力供应的最好办法。”（1896 年 11 月 28 日《泰晤士报》）

掮客来进行的，他们运用各种手段和谎言来引诱无知的土人签订劳动契约。在德兰士瓦矿山，这种陋习已经可怕到“破坏劳动力市场”，矿主不得不去更远的地方招募劳动力，最后他们请求政府废除私人的招工掮客制度，让经官方授权的负责任的官员取而代之。在波尔共和国和开普殖民地，夺取土地和劳动力的边境战争在南非历史上绵延不绝，其主要起因就是为了争夺土地和劳动力。波尔人和英国殖民者对土人领地或保留地的入侵，或者是双方在边境地区对牲畜的争夺都导致了报复性的军事行动，结果是进一步没收土地和夺取俘虏，这些俘虏以前被当做奴隶使唤，现在则是作为“学徒”或契约工进行劳动。

1897 年的贝专纳事件为此提供了一个有用的例证。一个醉酒的土著副首领，因为微不足道的小事引起的不满发动了一场小规模的地方骚乱，数百名卡菲尔人牵涉进武装冲突，这场骚乱很快就被一小队全副武装的志愿军镇压下去。但是，英国政府将这场骚乱夸大为一场“叛乱”，并以此为借口，将大约八千名土人驱逐出 1895 年贝专纳合并法案所保证的“不能转让”的土地，随后这些土地被英国政府没收。同时，其余三万人被陆续迁离居住地，在其他所谓“相等的土地”的地方定居下来。在开普议会上，戈登·斯普里格爵士发表了关于没收措施的演讲，他指出，这是“很有价值的土地，可以被切割成小块的农庄，以便于相当数量的欧洲人口前往定居”。言下之意，那些被剥夺土地或遭放逐的人是否参与了这场“叛乱”并不重要。这种清算的结果才是最重要的。应该如何处理那些被夺去土地的人呢？他们有两种选择，要么被按照“妨害治安罪”起诉，或者“按照政府规定的条件和工资水平，在殖民地服役满五年”。实际上，政府深知在法庭上要证明“妨害治安”是极其困难的，从而提议撤销诉讼，而且对于这两起付审的案件，检察官事实上也拒绝提交给陪审团。之所以声称要将案件付审，其目的在于强迫他们接受“强迫劳动”，事实是 584 名男人以及三倍于此数的妇女和儿童被转交给殖民地农场主，强壮男人的工资是每月 10 先令，妇女是 7 先令 6 便士。

这使贪婪的殖民者一箭双雕，既得到了“贝专纳叛乱者”[1]的土地，也得到了他们的劳动力。这些事件并非是精心谋划的：在帝国以保护地形式统治低等种族的地方，实际统治权掌握在土人手中，违法事件必定经常发生，地方性的骚乱会因为草率和蛮横的处理方式被煽动成“叛乱”，并且形成没收土地和强迫无地叛乱者服劳役的借口。

对于非洲各部落而言，最大的弱点是牲畜，那是他们最重要也是唯一的财产。掠夺他们的牲畜是激起怨恨的有效手段。贝专纳的骚乱看起来是起因于对牛瘟预防工作的不慎重处置。因白人殖

① 关于土人骚乱这件事的详细报告，载于蓝皮书第 8797 号，这对于研究帝国主义的学者有极大启发。

土人住所检察官在其关于此事的报告中明确指出，“这绝不是马绍因人的普遍暴动，因为只有不到 100 名土人参加了柯柏格战斗”。然而，马绍因所有的地方都被没收，所有人都被当作叛乱者处理。

只有约 450 人携有武器，但却有 3,793 名男人、女人和儿童被逮捕和遭到放逐，后来有 1,871 人在殖民地“签订契约”。俘虏中有 7/8 的人是女人、儿童和赤手空拳的人。即使关于那些在朗基堡被缴获武器的人，米尔纳爵士写道（1898 年 1 月 5 日）：“在其他许多案件中，如果俘虏们坚持自己的主张，我倾向于认为，确定谋叛的罪证会遇到同样的困难（如前述付审的两个案件那样）。那些在朗基堡投降的人中，有些人可能从未与政府作战，同时其他人也是在不情愿的情况下参加的战斗。要让他们之中大多数人承认谋叛意图，我认为是件困难的事情。”（第 48 页。）

民者被杀而引发大规模报复性屠戮的第二次马塔贝列战争，其直接的导火索是对部族牲畜的掠夺，根据尚未被证实的理论，所有的牲畜都属于国王，从而应归特许公司所有。第一次马塔贝列战争的结果，是大量的牲畜被白人殖民者抢掠，被用来供给他们刚从占领地划出的农场之需，全部没收牲畜的做法虽未被全部付诸实践，但却给后来的叛乱埋下了祸根。①

对低等种族土地和牲畜的抢掠行为到处激起报复性的反抗，随之而来的是对土地的进一步没收以及对古老部落土地生活方式的破坏，其次是能够为白人雇主提供在农场、矿山或服兵役的廉价劳动力。

这类劳动通常披着自有契约的外衣，在规定的期间内按照协议工资"自愿地"参加劳动。至于究竟有多少真正的自由，一部分要看参与中间交易的酋长的个人压力，更多地要看个人还能在多大程度上靠土地来谋生。

对于理解"强迫劳动"而言，后一因素至关重要。在某种意义上来说，"无产阶级"不能靠耕种土地谋生的地方，所有的劳动都是"强迫的"或"不自由的"：这是英国和其他白人国家大部分人口的

① 这是一位为英国政策辩护的罗德西亚作家所作的说明：

"因为洛本古拉国王只是默许他的臣民占有牲畜，这个国家的畜群可以说是国王的私有财产，这是英属南非特许公司所持的见解。在这个时期，全国的牲畜数量估计不少于 25 万头，族长们一接到命令，就要把他们所管辖地区的牲畜赶进布拉瓦约。有些族长完全同意这个要求，他们把这看成是意料之中的战争后果；但其他族长以及那些从未参加战争的族长则拒绝这样做，他们将牲畜藏在土人事务官找不到的地方。因为到手的数目不及应有的那样多，政府就命令土人事务官每月要征集并交出一定数目的牲畜……这一举措在土人中被证明是非常不得人心的。"（亨斯曼：《罗德西亚史》，第 165 页。）

正常状态。这里所指的“强迫劳动”制度的特点是，白人统治者运用合法手段，公然强迫土人离开他们赖以为生的土地，进入白人经营的事业中为了白人的私人利益而服劳役。当土人的土地被没收或被白人吞并时，在无依无靠的土人中制造劳动力的供应通常只是次要目的。但当政府谋划的措施是为了“强迫”劳动的公开目的时，这种“强迫”就成为制度了。

七

最简单的方法，即“奴隶制”，已经被欧洲国家普遍废除了。刚果和前罗德西亚采取的“徭役制”，很少被公开提倡或辩护；但是用各种公开的强制方式驱使土人为私人服役，得到了“殖民地居民”的普遍拥护和帝国主义政治家的认可。这种间接强制的主要手段是征税。只要注意定税和征税的方式，并适当考虑市场狭小和资金薄弱的农业人口的经济变动情况，征收房屋税和人头税以供政府开支，这在本质上是无可厚非的。但是，这些税捐经常被用来剥夺当地人的土地，强迫他们从事雇佣劳动，甚至逼使那些已经一无所有的人铤而走险发动叛乱，然后对他们进行大规模的没收。

1898年塞拉利昂的暴动证实了这种不恰当政策的性质，特别专员戴维·查尔默斯爵士的下列引文，是值得注意的。他对叛乱原因所作的结论要点如下：

> “棚屋税及其强制征收措施是这次叛乱的主要原因。对于当地风俗和民众情感来说，房屋税都是令人憎恶的。在他

> 们的惯例和传统中都不曾有过这样一种专横和定期的再课税。英国政府也没有赐予任何优惠，来引导他们接受这种奇特和可怕的负担。有一种普遍的看法认为，这是一种剥夺他们本地居留权和财产权的手段。"①"税额之高并非是全体民众所能承受的，而且责成酋长们征足税款的安排，也是行不通的。""对于那些无力或者不愿纳税的人来说，法律规定的强制征收方式也不奏效。""不仅是土人警察，还有背后整个殖民当局努力推行的突然的、强硬的和苛刻的征收方法，格外加深了土人对税收的憎恶。"

关于强大的、花钱的白人政府对贫穷的"土著"种族征收货币税所引起的普遍不满，查尔默斯爵士在这里作了精练的概括。良好的白人统治是昂贵的，因此必须要课以重税；税额一经固定，就得由变动剧烈的工业来缴纳；征收货币就迫使那些原本自给自足的家庭或种族不得不到市场上出售自己的产品或劳动力；由土著当局来征收这是必然的，就一定会滋长勒索、贪污和残暴。但是，查尔默斯爵士一语切中时弊，就是他说的"有一种普遍的看法认

① 玛丽·金斯利女士认为这种"普遍的看法"是有根据的。

"有人说，塞拉利昂的棚屋税战争是'小规模的印度起义'；这样说的人没有意识到这种说法是何等正确，因为在非洲人看来，以直接税形式侵害财产是英国的背信弃义，英国最初向非洲人保证，它不会占据塞拉利昂，而当它现在足够强大的时候，就不慌不忙地这样做了。"(《西非研究》，第 372 页，麦克米伦出版社)

为，这是一种剥夺他们本地居留权和财产权的手段”。[①]

在那些对土著劳动有着日益增长的大量需求的地方，强迫土人缴纳货币税的方法，看来有着新的重要意义。土人们只能依靠雇佣劳动来赚到货币。因此，棚屋税、人头税或劳动税等一系列直接税收制度就这样谋划出来了。正如我们所看到的，在自由民主的政体之下，各地的趋势是让直接税从属于间接税。唯有“帝国主义”偏爱向工人阶级征收直接税。但是，帝国主义并非倡议对白人和黑人实行同样的直接税制度。我们这里涉及的直接税是适用于“隶属”种族的。

在南非，直接税的公开和主要的目的并非是提供财政收入，而是强迫劳动。开普殖民地和纳塔尔之所以未能大力推广房屋税和劳动税是因为当地古老的部落生活解体后，家庭个体经济的发展有利于促进雇佣劳动，这已经为一些白人稀少的农业国家提供了充足的劳动力，只有在金佰利一个地区还存在对土著劳动力的大量而集中的需求。所以在这些殖民地，棚屋税并不是一项重负。只有在钻石矿难以获得稳定的劳动力供应，而且工资上升的时候，大矿主罗德斯先生才利用他开普总督的公职，制定了一项法令来帮助德·比尔斯获得廉价劳动力。根据这项格伦·格雷法案，法案适用地区内所有男性土著，每年需缴纳 10 先令的“劳动税”，除

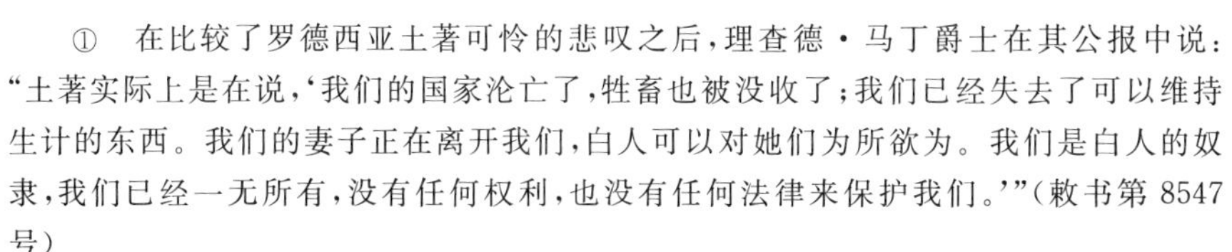

① 在比较了罗德西亚土著可怜的悲叹之后，理查德·马丁爵士在其公报中说：“土著实际上是在说，‘我们的国家沦亡了，牲畜也被没收了；我们已经失去了可以维持生计的东西。我们的妻子正在离开我们，白人可以对她们为所欲为。我们是白人的奴隶，我们已经一无所有，没有任何权利，也没有任何法律来保护我们。’”（敕书第 8547 号）

非他能证明自己每年有三个月时间“在其他地区被雇佣或服役”。谋划这一措施的目的很明显，并不是提供财政收入，而是为了强迫劳动。罗兹先生说：“他们如果能使这些人劳动，就会相应减少这个国家的劳动力比率。”在议会的另一次演说中又说：“这个国家不应该有一百万土人，他们应该为土人的劳动每周支付一英镑，这些劳动力对于适当开发这个国家是绝对必要的。”

但是，开普殖民地的“劳动税”并不沉重；因为钻石工业的产量有限，它对土著劳动力的需求通过普通的经济诱导就可以得到满足。

在德兰士瓦和罗德西亚，为了强迫土著劳动已经形成了成熟的征税制度。在德兰士瓦的矿主们看来，强迫土著从事庄严的劳动是他们的权利和需要，而征税就是一项重要的手段。1897 年，证人们在工业委员会上的证词，一致赞同这种强制措施。统一钻石矿的路德先生，在该公司的年会上[①]非常坦白地讲述了这种需求。“我们只要一半的土著每年劳动三个月，就足够了。我们应该尝试一些有力的诱导方式，或者通过税收等其他方式强迫土著为社会做贡献，到了一定程度，他就不得不去劳动”。对于 1895 年共和国征收的两镑“棚屋税”，德兰士瓦的“外侨”普遍表示支持，只是对征税实施不力表示不满。

罗德西亚的情况也是如此，那里的煤矿对劳动力的需求仅仅通过普通经济手段诱导土人是难以满足的，增加棚屋税和劳动税就成了公共政策不可分割的一部分。近来当地行政长官兼特许公

---

① 1899 年 11 月 19 日。

司主管的格雷伯爵说道："得想办法诱导土人自发地（原文如此）到矿厂找活干，自愿在长期内从事连续性的劳动。必须对劳动力进行刺激，而这种刺激只能来自于征税。我期望按照巴苏陀兰的惯例对每栋房屋课以一镑的棚屋税，我还希望能够得到帝国当局的许可，征收一种劳动税，那些强壮的土人如果不能出示四个月的劳动证明，就必须纳税。"

还需要指出的是，有一位重量级的"帝国权威人士"公开赞成这种利用公共财政来为私人谋利的政策。张伯伦先生①在下院关于特许公司的演讲中称："当你劝说一位以战斗为生的野蛮人，'你不要再打仗了；部族战争是被禁止的'，你应该更多想些办法让他们能够另外谋生，引导他们凭借辛勤劳动去谋生。但是，对于这种落后种族，我非常怀疑仅仅通过说教是否会奏效。如果为了增进人类和文明的利益，我认为采取某些诱导、刺激甚至强制的措施是绝对必要的。"②

为了驱使土著离开土地转而依靠工资来生活，德兰士瓦的矿主设计出了更加彻底和合乎逻辑的政策。这里的土著劳动力问题与金伯利地区有很大区别，这里只有 12,000 名土人在严格的控制之下，需要依赖钻石工业为生。要想尽快开采兰特地区的黄金，必须立即获得大量的，而且日益增加的土著劳动力。在 1889 年，他们费了很多波折且花了不少钱，才找到不足 100,000 名土人进入矿山劳动。要想以更低的花费来获得两三倍于此数目的劳动力，

① 约瑟夫·张伯伦（1836—1914），英国著名企业家、政治家、演说家，曾任对外贸易大臣、殖民大臣，以推行激进的帝国主义政策著称。——译者

② 1898 年 5 月 7 日。

只能通过税收、强制和劝说等手段来诱导大量卡菲尔人来矿区定居，那里的土地数量有限，使得他们不足以通过农业来维持生存，结果就是得依靠矿厂的工资为生，这就很快实现了青年劳动力的不断供应。他们所获得的工资不是由竞争决定的，而是由矿山委员会来决定的；他们居住的房屋归矿厂所有，他们日常出入的商店也是如此。这个就是采矿专家所提倡的政策。

打破那些使土著团结一致并且赋予其政治和经济力量的部落制度，让卡菲尔人在一个他们毫不熟悉的经济交易中充当自己劳动力的卖主，通过征税或其他“刺激”手段使他们离开本土，迫使他们在除了为矿厂打工外毫无其他选择的环境中落户——这就是矿山主倡议并得到传教士赞同的计划。[①]

这种“土著定居”制度被棚屋税和劳动税所加强，同时因为干涉迁徙自由和塑造归属阶级的法律而得到巩固，与高价从印度、中国和非洲遥远地区招募契约劳工的制度比较起来，这是唯一替代

① 这就是格雷法案的政策，开普殖民地的治安推事（巴特沃斯的布朗利先生）报告中的这段引文使得该项政策的主要经济动机明朗化：“我一直以来就主张，劳动力问题和土地问题是不可分割地联系在一起的。在我看来，通过制定法令的形式很难强迫那些不情愿的人参加劳动。有句古谚说，你可以牵马到河边，但不能强迫它喝水。同样的道理，你可以课你的劳动税，但是不能让那些不情愿的人劳动。让你的马感到口渴，它就会自动痛饮一番。同样的道理，让那些土著感到劳动的必要性，他们就会自己找活干，除此之外别无更好的办法。”

“在我们商业性的土地占有制度之下，至今年轻的土著很少需要离开家去劳动。土地可以供给他们食物，只需要几先令就可以买到一条毛毯，等到年轻人结了婚，他们就有资格接受一块土地。但这种制度一旦停止——土地勘测和个人占有都会停止这种制度——年轻人为了结婚得具备养活妻子的资财，而要做到这一点，他就必须得去劳动。结了婚之后，为了养活家人，他还得继续劳动。只要造成了劳动的必要性，就不用担心缺少劳动者。”[《关于土人事务的蓝皮书》（*Blue-book on Native Affairs*），第 31 章，第 75 页]

性的选择。作为一种能够获得大量可靠而又顺从的劳动力的最廉价手段，这种制度将得到采纳；作为一种能够将大量土人置于文明、教育和基督教影响力之下的手段，这种制度将得到捍卫。

这些措施会因为最终有助于人类进步事业，而逐渐得到那些对此持怀疑态度的人们的谅解。哈里·约翰斯顿爵士在《外族在非洲的殖民史》一书中认为，这是文明教化的唯一方法。

> “在这个世界上，自然法规定人类必须要在合理范围内进行劳动，必须从周围环境中求得身体和心灵的生存，并为孩子们争取一个比父母要好的生活水平。那些不坚持努力劳动的种族，迟早要被努力劳动的种族所践踏，甚至最终被取代。让黑人把这些记在心里；让他们首先利用强健的体魄去整顿他们自己肮脏杂乱的大陆。如果他们不能按照现在暂时赋予他们的自由去劳动；如果他们至今不能像东方人和欧洲人一样，辛勤地耕耘他们自己国家的土地；如果他们不能在欧洲人的教导下积极开发热带非洲巨大的资源，以至于迄今过着如狒狒般浪费的、无价值的生活，那么环境的压力以及欧洲和亚洲那些热切的、饥饿的和焦躁的人们的压力，会再次将黑人降低到奴隶地位，以代替他们在即将到来的生存竞争中被灭绝的命运。”

以上提及的实践有力地佐证了这种被广为接受的理论，这清楚地表明强加于低等种族的帝国主义是运用公共权力强迫土著为白种主人来劳动，而且据称是附带着为了低等种族自身的教育和

进步。约翰斯顿爵士非常恰当地使用了“奴隶状态”这个词。与英国技工自由出卖劳动力的契约相比，土著把自己出卖给白种主人的“自由契约”确实是捏造的。对这类契约进行考察可以发现，它们缺少真正“自由契约”的两项基本特征：公平买卖和自愿服务。在大多数情况下，白色人种滥用帝国的政治统治将民主政治下不适用的强制措施施加在低等种族的劳动力身上。

八

当然，并非热带非洲所有的劳动力都遭受这种虐待。应该从经济方面考量帝国主义的贡献和弊端。英国统治下执行的最好的热带劳动力管理制度是契约劳动制度，就像西印度群岛和纳塔尔那样，这一点是毫无疑问的。英属圭亚那、毛里求斯岛和特立尼达岛都是西印度群岛的属地，那里正在大力推行输入印度苦力的制度。

英属圭亚那管理契约劳工的法律，主要是围绕如何解决白人雇主和“低等种族”之间的经济关系问题制定的，而且看起来这些法律得到了很好的执行。印度的帝国政府批准了所有与移民签订的契约，这些契约不仅详细规定了劳动时间、工资、移民及其家属的劳动和生活条件，还规定劳动期满后可以返回，必要的时候由公共财政补贴路费。在英属圭亚那履行劳动契约期间，移民只受到由总督任命和节制的官员的保护。当地移民事务主管和其他工作人员会考察契约劳工受雇的大农场，亲自听取劳动者的各种控诉，必要的时候提交法院，为劳动者聘请律师，并以劳动者委托人的身份出庭。契约劳工的雇主必须保存并提交全部准确的账簿，否则将被处以重罚，而且不允许低于特定标准支付工资或过度使用劳动力。在未经法院许可的情况下，雇主不得擅自对劳工处以任何形式的惩罚。长期担任监察员职位的爱尔兰教授认为，这一制度在英属圭亚那和西印度群岛相当成功地促进了当地社会和经济的发展[①]；在纳塔尔，虽然印度“苦力”不被当地大部分居民所赞同，实际上他们也受到法令的保护，有很多理由可以认为在工资和其他经济条件方面，契约劳工得到了很好的保护。

但正是这种对所谓管理完善的契约制度的吹捧之词表明对热带劳动力管理的重要性和实际性质的理解是何等的不全面。

大量独身或拖家带口的男人，在经济压力的逼迫下离开故土，到一个陌生和遥远的殖民地一干就是 10 年，这看起来似乎是一件轻松而自然的事情。人口稠密国家的居民移居到人口稀少的国家去，这是合理的而且完全有益的举动，但是，在外地长期侨居对于安定生活的破坏对两个国家都有着严重的损害。对于一个依赖外来流动劳动力实现经济发展的国家来说，其工业和政治发展的自然进程会被大量难以同化的侨民所损害，而同时侨民输出国也遭受着相应的损害。

我们大量的印度臣民背井离乡，长期用自己的工业劳动建设别人的国家，这有什么必要和可取之处吗？如果印度人口过剩，对其进行永久殖民确实是个补救的办法；如果不是的话，那这种“契

① 爱尔兰教授在《热带的殖民》（*Tropical Colonization*）第 5 章中，对英属圭亚那雇佣劳动的理论与实践，都有详细的阐述。

约劳动”证明了我们并不善于运用印度的资源。为了能让这些印度强壮的苦力在受雇期满后拿一些“积蓄”回家，就把他们一次迁出10年之久，从而破坏了印度社会的广大地区，这似乎至多只是出于纯粹赚钱的狭隘考虑，但就肆意牺牲了印度社会的安定和正常发展。历史教导我们，事实上依靠自有土地为生的农民，除非是被政府的苛捐杂税所逼，或为放债人所勒索，以至于他们在本地的劳动果实大部分被剥夺，否则是不会为了微薄的经济收益而背井离乡的。在现代世界中，单纯因为人口增长而刺激人口迁移的案例，似乎仅仅发生在中国某些人口稠密的地区。

不管这种契约劳动被管理得多好，由于其人为性和对自主发展的干涉，它似乎从根本上来说是有害的。它意味着把眼前的工业剥削目的置于其他一切社会考虑之上。西印度群岛和其他地区的农业劳动制度，其真相是如此，矿山开采过程中的工业劳动制度，其真相更是如此。不管我们是否注意到金佰利大型集中营般的生活，还是兰特和罗德西亚地区更为放纵的条件，我们都不得不承认，周期性的脱离部落生活给土著群体造成了损害。当“文明的”卡菲尔人为了获得在矿山服役三个月的额外酬劳而选择离开他们在特兰斯凯或其他地方的自有农田时，他们的资金收益不会被莫名抵消掉；但是当招工掮客受雇破坏他们的部落生活，并引诱“野蛮的”卡菲尔人脱离他们的围栏和惯常生活的束缚，而进入完全陌生和人为的矿山生活后，卡菲尔人的部族特征就消解殆尽了；他们变成了有酒即饮的酒鬼，而且经常屈服于他们所卖身的那种拥挤的、劳苦的和不健康的生活，对他们生活和劳动的蛮横限制无论如何正当，也必然会贬低和损害他们的个性。根据最有经验和最有才干的调查员提供的证据，卡菲尔人回家的时候已经是一个“被损害的”人，而且他们受到的损害还会影响到邻居们[①]。一个人从半野蛮的、部落的和农业的生活状态，突然转变到像开采钻石和黄金那样现代的、精细的和巨大的工业生活状态，其间产生的危险，稍微深入思考一下就能明白。

以如此的代价增加钻石和黄金的产量，这对世界文明事业来说究竟有无益处，这一点很值得怀疑。

九

有人会说：“不管雇主出于何种动机，凭借劝说手段也好，甚至强迫手段也罢，能够让土著脱离懒惰闲散的生活而习惯于劳动，这终究是一件好事，这训练了他们的能力，将他们置于文明的影响之下，而且让他们口袋里有了钱。”

现在把这些卡菲尔人、西非人和其他热带或亚热带的人说成是自由散漫安于懒惰的生活，这主要是因为他们在劳动方面确实不如他们的妻子更为守规则，不过这种说法通常是过度夸张了。但必须得承认，禁止他们自相残杀和限制狩猎，确实解放了大量男人的精力，使其可以被运用于工业的目的。但这是为了谁的工业目的呢？当然，更好的办法是“接触文明”，应该引导这些人到自己国土和自己社会中的新型工业中去，而不是让他们去异族人的土

---

① 参见 *Cape Colony Blue-books on Native Affairs*，G. 31，1899，pp. 5，9，72，75，91，&c.；G. 42，1898，pp. 13，14，58，82。

地和矿场中去服劳役。这有两种途径：使他们熟悉适用于合理刺激的新的、健全的需求以及使他们熟悉能够训练他们自主地适用于本国工业的新型工业方法。在土著免遭白人唯利是图者侵害的地方，这种有益的进化就在发生作用。在巴苏陀兰的大部分地区以及祖鲁兰的某些保留地，用犁代替原始的铁锹和锄头，导致男性劳动力进入农田耕作[①]；饲养牲畜、制造奶酪或其他与动物相关工种的发展都增加了对土著男性劳动力的需求；工业制造业逐渐深入农村，这使男人在棚屋周边找到了更多可做的工作，而这些工作之前都是由女人来做的。

只要帝国主义还想通过教化低等种族来为自己辩护，它就应该致力于提高低等种族在本国工业和道德上的地位，尽可能保持他们古老部落生活和制度的延续性，使他们免遭探矿者、招工掮客和其他想夺取他们土地、引诱他们出卖自己的人的暴力和欺诈。在白人保护地内，如果经过工艺训练和文明熏陶，许多古老的政治、社会和宗教制度衰落了，这种衰落是自然合理的进程，并且随之产生新的形式以使土著生活适应更加紧张的环境，这种新形式不是强加于他们身上，而是从旧形式演进出来的，并且符合自然发展的规律。

但只要纵容白人农场主和矿山主为了私人的、浅薄的商业利益任意妄为，或者通过向殖民地政府或帝国政府施压来侵略"低等种族"，并把当地的土地和劳动力转为私人牟利的工具，那就破坏

① 参见《南非土人种族委员会报告》(*Report of South African Native Races Commission*)，第 52 页；以及韦纳女士：《南非劳动问题》(《改革家》，1901 年 12 月号)。

了“稳健的”帝国主义的第一条法则,无论是矿山公司的主管还是下院的政治家们,他们使用的“劳动尊严”和把“幼稚”种族提升为成人等辞令,统统是荒唐而且伪善的。这些辞令都是对事实的伪造和对实际指导政策的动机的曲解。

十

在陈述那种企图为帝国主义支配低等种族辩护的文明委托理论时,我们曾经指出,这种委托的有效性必须依赖于三个基本条件:第一,这种支配必须是为了人类共同的利益,而不是“帝国主义”国家的特殊利益;第二,必须给予被支配国某些纯粹的利益;第三,必须有代表国际利益的组织来裁决支配国对委托的履行。

作为前面两个条件有效性的基础,第三个条件并没有被满足,因此每个宣称履行文明委托的国家都是依托于自身的权力。

大量的案例已经证明,帝国主义实践中的各种缺陷暴露了这种理论的不健全。扩张国家之所以要控制热带低等种族,其动机是出于该国统治者有时候阐明的排他性利益,而非为了全世界的利益;所谓的国家利益通常是一小撮商人、矿山主、农场主或投资者的私人利益,他们为了追求个人利益就要剥夺低等种族的土地和劳动力。其中或许掺杂着某些无私的动机,给他们从事的事业披上一层迷人的外衣,但是如果看不到经济力量的主导作用,就难以理解近代任何重要事件的历史细节。至多只能这样说,帝国主义确实有些公正和人道的考虑在里面,但这并不是它的目的,它在运用政治和经济力量时只是附带着有助于低等种族的福利。

在白人对低等种族进行管理的所有地方，维持当前秩序的考虑是第一位的，为了私人的直接利益尽量对低等种族的土地和劳动力进行工业剥削是社会中起主要作用的力量，这根本不受或者很少受到帝国政府和其他政府的限制。在大部分的案例中，低等种族的未来进步，工艺和政治自治方面的逐步训练，根本不是帝国政府关心的事情，也没有什么地方把考虑被统治者的福利真正放在首要的位置上。

白人在低等种族中间建立的所有殖民地都打上了“寄生性”的烙印，这就是说，没有什么地方的白人和有色人种之间，能够保持互利的健全平衡关系。参照推行西方式生活艺术的健全白人社会的样板，白人文明能够提供的最好帮助几乎在所有场合都受到了气候和其他实际条件的阻碍：零散分布在殖民地上的白人官员、传教士、商人、矿山或种植园监工，作为一个对当地民族制度毫不知情也毫不同情的男性支配阶层，他们都难以给低等种族以西方文明能够提供的帮助。

这些白人对低等种族的统治显然是寄生性的；他们依靠土人的劳动为生，其主要任务是组织土人劳动来供养他们。这类国家的正常状况是，大部分肥沃土地和矿产资源都归外来的白人所有，在白人的监督管理下，土人为了白人而劳动：他们并不把自己的利益看作是这个国家或民族的利益，而只是保持着外国侨民的身份，也就是“寄主”尸体上的“寄生虫”，他们注定是要从这个国家榨取财富然后回本国消费。所有的重体力劳动和其他仆役性工作，都是由土人来做的；大部分实际管理活动甚至侵略性的活动，均由土人监工、警察和士兵来做。在热带或其他有大量低等种族的地方，白人的统治情况都是如此。甚至在那些适于白人繁衍生息工作的地方，他们实际从事的脑力劳动和体力劳动也是很少的，那里有大量的土人可以为他们劳动。即使是在白人最多的南非某些地区，在清楚分析白人的生活后，也可以发现这种寄生性。荷兰和英国的白人农场主，只从事很少的脑力劳动和体力劳动，处处都显示出懒惰和“不思进取”的特征；城市的商人、职场阶层和官员都清楚显示了懒散和迟钝的征兆，在像约翰内斯堡这种新兴城市的投机家和商人等少数阶层中，他们为了光明的前程暂时激起的精力火花，只不过是迷惑我们的双眼和隐藏生活内在本质的假象罢了。

如果南非尚且如此，那么在气候条件妨碍白人定居和发挥精力的国家就更是这样，那些国家表现了近代帝国主义扩张的一般情况。

在这种情况下，没有一个地方的白人统治符合文明委托理论的要求；没有一个地方能够保证被优先考虑的是全世界的利益或被支配民族的利益，而不是侵略国家的利益或该国某些势力集团的利益。优等国家和劣等国家目前的关系，通常是凭借纯粹的暴力建立起来的并以此为基础，而这就排除了为先进文明发挥作用所必需的真正的同情基础，这种关系通常归结为维持外部稳定的秩序，通过“强迫”土人劳动来开发当地的自然资源并获取利润，这首先是为了白人商人和投资者的利益，其次是为了西方白人消费者的利益。

利用武力统治异邦民众的失败，不能归因于英国或欧洲其他现代国家的特殊缺陷。这类统治固有的性质注定其必然失败。“一国人民单独进行治理是有意义和真实性的事情；但是一国人民由另一国人民进行治理,则是并不存在也不能存在的事情。一国人民可能把另一国人民当作自用的养兔场或鱼塘,一个可以赚钱的地方,一个为它自己居民的利益而经营的人畜农场。但是如果被统治者的利益是一个政府的本来业务,那么由一国人民直接去照料就是绝对不可能的”。[①]

① 参考穆勒:《代议制政府》,汪瑄译,商务印书馆 1982 年版,第 220 页。——译者

附录

德兰士瓦矿山主的劳动政策

1898 年，矿业协会的主席在其协会年度致辞中，扼要地说明过这项政策：

> “我认为，我们的主要目的是获取一大批稳定的劳动力，如果我们能在不远处建设一大片住所供土著及其家人居住，并使他们除了在矿厂工作之外没有其他谋生手段，那我认为这会是好事一桩，它能够为矿厂保证持续不断的熟练劳动力。”（敕书第 9345 号，第 31 页）

这是对矿业政策的简练概括。土著受到引诱，拖家带口从远方而来。现在他们丢下家人，为了以后赚到足够的钱再带家人离开，以便重新开始他们的农业部落生活。但是，如果他们带着家人来矿山打工，其实也就切断了自己与部落的联系，以后不管他们为此多么悔过并希望重新回到部落，那都还是未定之数；他们不可能在带着自己的家人离开，跋涉数百英里后，再重新开始部落生活。在新的居住区，他们没有农田可以耕种，只能被限制在这样一种经济状况中，即除了在矿厂不停地劳动外，没有其他选择。这些“定居”的土著，由于通行法的严格执行，不可能像以前一样工作三或六个月后就带着工资离开；上述已经由法律予以规定的经济状态会强迫他们待在矿厂终生服役。相比较混居制度（compound system）而言，这是定居政策的一大好处。另外一个重大好处是，矿厂可以就地解决工人的“给养”问题，年轻的卡菲尔人就像成熟的庄稼一样，每年都可以满足劳动力市场日益增长的需求，他们没有机会转入其他市场或者靠土地为生。

难怪定居政策在矿山所有者和经营中间非常流行。这是在工业委员会上被一致通过的计划。阿尔布先生“并不推荐混居制度”，因为“这会损害工业界的利益”（第25页）；但是他说，“如果土著能够在此和自己的妻子家人定居下来，他们就会把这个地方看成是自己的家”。

一位名叫韦先生的矿山经营者，当他被问及“关于保证兰特地区熟练工人的劳动力持续供应，你有什么计划吗？”时，他的回答是：“唯一的途径是让土著能够安下家来。从某种程度上来说，我们在乔治·戈赫（George Goch）就是这样做的，并且为此惹了很多的麻烦。我们按照较低的标准建了这么一个定居点，我有很多员工，他们和自己的妻子家人住在一起，过去八年以来一直在矿厂工作。如果定居点能建得离矿山近一点——步行就能到，那样的话土著就可以安置他们的妻子和家人，我想你会获得比你所需的多得多的劳动力供应。”（第43页）

詹宁斯先生、布雷厄姆先生、肯尼先生和霍尔先生等其他人审查了这个项目，他们一致同意定居政策，霍尔先生最后给出了如下意见：

> “关于卡菲尔人，在如今这种非正常的状态下，他很难成为一个进取的和可靠的雇员。他至少应该有个临时性的家，这个家不能离矿山中心太远，这样就方便他在矿山服役期满

后支付少量费用即可退休，也方便重返矿山工作，这对于实现我们的目的来说非常关键；或者有直达的火车，可以连接矿山和他出生的村庄。”（第429页）

上面这一段指出了定居制度可以实现一种新型的“节约”。矿山对于劳动力的需求过去是而且以后还会是不规律的，它会出现快速和突然的波动。因此，用韦先生的话来说，矿山主必须要能够“获得比你所需的多得多的劳动力供应”。当你需要的时候，可以迅速获得大量廉价劳动力，而当你不再需要的时候，可以“低廉地”让他们回家待业。定居制度还可以实现另外一项节约。矿工不得不将自己所有的积蓄不仅花在农村里，还花在那些当地的商店里，这些商店由矿业公司占有、出租、出资或者控制，或者由矿业公司的某些人实际经营着。

但是，拥护定居制度的并不仅仅有矿山所有者。那些全身心致力于“提升”土著的神职人员和传教士，在关于混居制度和定居制度哪个更好的问题上，被分成两派。雷夫·莫法特相信金伯利混居制度可以产生良好的道德影响力，而总教堂的教区牧师雷夫·巴维尔以及洛伦佐·马奎斯则支持定居制度。在其《德兰士瓦旗帜下的土著》一书中，他是这样描述的：

“在分散的矿山或者是在矿山群建立定居点，土著就可以在那里建造自己的小屋，*这和他们之前生活的围地多多少少有些相似*。如果一个土著发现，他在兰特山区也可以像之前习惯的那样来生活，那他就会急于攒够钱把自己的妻子、孩子接过来，他会比现在更长时间地待在劳动区。这对于矿山工业和土著来说都有很明显的好处。”

这可以看作是协调上帝和财神关系的一种特色表达。巴维尔先生在书中对于矿山工业表示出了极其亲密的关心，他对我们上面用斜体字标识出来的句子中包含的错误，也肯定心知肚明。在矿区，土著绝不会感觉到“这和他们之前生活的围地多多少少有些相似”，原来的生活是完全农业的和田园的。恰恰相反，正如我们指出的，土著不被允许在土地上劳作，而是必须到矿山为工资而劳动。即使在定居点，巴维尔先生也让土著自己享有房屋的所有权。

“房屋可以花费很少的钱建在矿山或者矿山群中，我保证，土著将会非常愿意花钱租住这些房屋。当然，房屋的所有权归矿厂所有，它们建在矿厂的土地上，并且接受矿厂的监管，就像我们一些煤矿区的矿工房屋那样。”（第 61 页）

为了完整展示这幅经济奴役状态的画面，还要对卡菲尔人的工资制度作下说明。虽然巴维尔对这一点介绍不多，但是工业委员会上采矿业目击者的供认以及随后发生的实践弥补了这一不足。当卡菲尔人及其家人被“引诱”到定居点定居之后，住在公司提供的房屋里，他们不仅必须为支付矿山公司房租和食物而努力工作，还必须要为雇主选择性支付的工资而努力工作。在决定工资这个问题上，他们没有任何发言权；没有任何讨价还价的能力。他们的工资受到两种条件的制约，一种是竞争条件，一种是完全垄断条件。过去这些年里，兰特地区各种矿山公司采取的是固定工资的政策；这是矿业协会首先要达成的主要目标。1897 年，在各方的共同努力下，工资被成功减少 30%，阿尔布先生在被问及"矿区之间在工资问题上是否存在竞争"时，他回答说，"我想现在是不存在的"。对于进一步的发问，"采矿业是否控制着开菲尔人的工资水平?"，他回答说，"除非政府能够帮我们提供劳动力，否则现在很大程度上就是如此"。（第 14 页）

自从 1897 年以来，矿业集团进一步合并，埃克斯坦公司的实质霸权地位促进了这个行业的联合行动。在战争之前，对于开菲尔人和白人工资所采取的共同行动已经有了长足的进步，在处理土著劳动的问题上，联合公司和政府必须保持一致，这一点已经成为共识。霍尔先生在四年前的证词中，已经非常清楚地指明了这种必要性，他是这样解释这个问题的：

> "总之，在这个问题上，矿业管理必须协调一致。为了这个目标，他们必须被组织起来，所有矿业的管理都要包含在里面。而只有通过共和国的立法才能保证这一点。法律的细节要交由矿业协会的代表讨论。法律的运行要由据此成立的组织来完全掌控，政府可以进行全面监督，但不能发挥绝对主导的作用。只有通过这些手段，我认为才可以解决兰特地区未来的劳动问题。"

在战争之前，从远处运输这么多的劳动力要花掉高昂的代价，获取和保持充足的开菲尔人所遇到的困难，让矿山经营者难以躲避协会的管理,也难以从其他矿区吸引到劳动力,通行法在执行方面的不严格,促进这项自私的政策的形成。随着大规模的土著定居点被建立起来以及通行法的严格执行,工资安排被严格地确定下来,土著不得不在邻近居住点的矿厂为了矿业协会指定的工资而劳动。给他们制定的这些特殊法律,让罢工和有组织的劳动行动成为不可能,他们必须要依靠矿厂才能生存而且没有能力离开自己的居住地,这让他们对克扣工资发动的所有反抗行动都归于无效。生活在居住点的土著将成为隶属阶级,完全过着农奴的生活,没有投票权或通过其他任何政治途径来表达自己的不满,也没有任何经济手段可以实现进步。

第五章　帝国主义在亚洲

一

对于西方帝国主义来说，亚洲是一个巨大的考验，那里人口众多，拥有和我们一样复杂的文明而且更为古老，日常生活中的悠久传统也更加根深蒂固。非洲种族可能是野蛮的或幼稚的，他们在以盎格鲁-萨克逊为代表的文明道路上处于“落后”位置，而且需要先进种族的帮助。但要以同样的眼光看待亚洲文明，并且试图控制印度、中国和其他亚洲民族就不那么容易了。除了自然科学及其在工业上的应用之外，很难说这些民族是“落后的”，虽然我们有时候将它们的文明描述为“停滞的”或“不思进取的”，然而这种判断，要么意味着我们根本不懂这种远比我们古老的文明的发展步伐，要么其实不自觉地证实了亚洲文明已经实现了人与自然和谐共处的社会进步。

西方之主张运用军事和政治霸权来教化东方，其必然依据这样的假设，即各种文明在表现形式上固然多种多样，但它们肯定是同根同源的，拥有共同的性质和共同的土壤。说得更为直白一些，就是以宗教、法律、习俗和工业技术等形式体现出来的某些道德品

质和智力品质是各种地方性文明必不可少的，它不会因种族、肤色、气候和其他条件不同而所有区别；也就是说西方民族或其中某些民族具备这种更为优秀的文明品质，他们可以通过政治统治及宗教和工业方面的教育，将这种文明品质传授给东方民族。“人类”一词好像的确意味着他们拥有某些共通的因素。十诫的伦理似乎能够被广泛地应用；体现在法律和习俗上的某些个人权利和社会正义似乎能够普遍引起共鸣；某些知识及其应用也似乎对人们普遍都有用处。如果西方在这些方面确实领先，那么就可以合理地假定，西方为了传播文明而对东方实施统治也就看上去是正当合理的了。

英帝国在印度的统治可以算作是最有效的试验。当然，我们到那里去并且实现政治权力的扩张，最初也并不是为了印度的利益；不过，我们的统治确实使西方文明惠及当地民族，而且我们有意识地使这种惠及措施在政治政策中占据越来越多的比例。这种试验是长期的而且是多方面的，我们在印度的成功通常被用来证明隶属种族完全可以从帝国主义统治中得到实惠。

我们还必须回答以下实际问题：“我们是在教化印度吗？”以及“那种文明包含什么内容？”有相当多无可争辩的事实，可以有助于回答这些问题。在印度，我们已经实现了自亚历山大大帝以来从未有过的广泛而持久的国内和平。通过公正而平等的执法，我们已经提高了当地的司法标准；通过查禁王公贵族及其税吏的贪腐和专横，我们已经整顿还可能降低了当地的税负。为了提高民众的教育水平，我们在当地引进了公立学校和专科学院教育制度，并设立大规模的准公共教会机构，不仅传播基督教，而且还传授很多工业技术。公路、铁路和运河网的建设促进了交通运输业的发展，广泛的科学灌溉系统的应用，提高了土地出产率；煤炭、黄金和其他矿藏得到了大力开发；孟买和其他地方建立起了现代机器装备的纺织厂，其他机器大工业组织帮助大城市的居民解决了就业问题。茶叶、咖啡、靛蓝、黄麻、烟叶和其他重要农作物也推广到印度农业生产中。我们正在逐渐破除违背人道和阻碍进步的宗教和社会迷信，甚至根深蒂固的种姓制度在英国影响所及的地方也得到改进。英国在印度的很多工作毫无疑问是做得很不错的。任何国家在实行帝国统治时，从未像印度行政机关那样雇到一批如此有才干、有教养而且正直的官员。在我们的广袤帝国中，也没有什么地方像印度那样，把无私周到的精力投入到统治工作中去。从英国派去统辖印度政府的大政治家，也可以说都是这样。我们在印度的工作，是英帝国主义统治的样板。关于西方通过文明惠及东方的能力，上面这一切又给我们什么启示呢？

首先从经济繁荣方面来检查一下。比较之前的统治方式，我们的统治让当地民众变富裕了吗？我们的统治是否让民众变得越来越富裕？有人坚持认为，英国正在榨干印度的经济血液，而且把印度人民拖到更加无望无助的贫穷当中去。他们指出了这样一个事实，即世界上最贫穷的国家，不得不负担一个不论管理如何得当但终究是相当昂贵的政府；税收的三分之一流往国外且不再回来；印度得供养一个超过自身防卫目的开支的庞大军队，甚至还得负担帝国其他地区的战争费用，在印度投资获得的几乎全部利润也都被用于国外。这种论断的统计依据并不可靠：虽然在土著政府统治期间，那些敲诈勒索来的税款确实被用于国内生产性或非生产性事业,但是要说英国政府的净开支要高于土著王公(大部分已被英国政府废除①)施加给民众的负担,这恐怕不是事实。在全国范围内,印度逐年增长的输往国外的小麦和其他粮食数量,是否超过了因改良灌溉系统而得到的收益以及佃农和其他劳动者的实际收入是增长还是减少,这都难以作出精确的统计。但是,一般都认为,甚至那些强烈拥护这种统治的英国官员也承认,在繁荣发展印度经济方面,我们并未取得成功。我从一篇极力赞成这种统治的文献中摘引一段:

> "一个民族繁荣的标准并不在于出口的扩大、制造业和其他工业的增加以及城市建设的发展。不是的,一个繁荣的国家,必须得保证它的民众不需要通过很劳苦的工作就可以获得必需的生活资料,过上朴素且舒适的生活。按照这个标准来衡量,印度能称得上是繁荣的吗?
>
> "当然,舒适是相对来说的……像印度这种热带国家,舒适的标准是很低的。那里不需要什么衣服。简单的食物就可以满足需要。人造的必需品很少,而且大部分都不贵。印度帝国是一个农业帝国。百分之九十的人依赖土地为生……一口取之不竭的水井,一小块土地,一小片果园,再加上一头在很多地方被称为'农民的孩子'的牲口,农民就心满意足了。这就是农民的理想。很少有人能实现这一理想。一英亩的田地可以代表必需的耕地。除了城镇附近和灌溉区以外,印度

① 全印度约有 3/8 的地方仍处于在英国监督之下的土著政府管理中。

能够维持人民舒适生活的最高人口密度是每英亩地一个人，或者说每平方英里640人。但是，数百万的印度农民却正在半英亩的土地上勉强为生。他们一直在饥饿线上挣扎求生，但结果往往以失败告终。他们的困难不在于要过上人的生活——达到勉强的温饱水平——而是不至于饿死……我们可以肯定地说，除了印度的灌溉区以外，饥饿是一种慢性的地方病。”①

英国政府怀揣美好的愿望也费了很多力气在印度实行了一个世纪的统治，但终究没有帮助大多数民众击退其长期的敌人——饥饿。因此很难说，我们引入印度的机器设备和工厂是在帮助印度实现文明化，更别说是促进印度的经济繁荣。事实上，所有珍视东方生活和特征的人们，都在为印度古老辉煌的建筑、纺织、冶金和制陶艺术的衰败而深感遗憾。“建筑、机械和文学艺术都在消亡，消亡到那些印度英侨甚至都怀疑印度人是否具备建筑家的才能，虽然他们曾经建造了贝拿勒斯城；怀疑他们是否具备工程师的才能，虽然他们开掘了坦焦尔人工湖；怀疑他们是否能成为诗人，虽然他们能够感动得一连几个小时甚至几天就坐在那里听诗人朗诵史诗，即便是但尼生②也很难让我们普通人感动到如此地步”。③

① *India and its Problems*, by W. S. Lilly, pp. 284, 285 (Sands & Co.).

② 阿尔弗雷德·但尼生(1809—1892)，英国维多利亚时期的代表诗人，主要作品有诗集《悼念集》、独白诗剧《莫德》、长诗《国王叙事诗》等，是华兹华斯之后的英国桂冠诗人。——译者

③ *Asia and Europe*, by Meredith Townsend, p. 102 (Constable & Co.).

印度当地工艺的衰败和被强行废弃更是令人惋惜，因为这些东西是交织在人们日常生活中的诗篇，是一个民族的想象力在普通生活作息中的自由驰骋。

20多年前，乔治·伯德伍德爵士在其《印度的工艺》这一大作中，针对从那时起就一直加速发展的这一运动的真正意义，曾经作出了如下富有启迪的论断："如果出于经济方面的考虑而将机器逐渐引入印度，使得该国伟大的传统手工业机械化，那将导致一场工业革命。如果没有通达事理的舆论和高雅的品味做引导，这场革命不可避免地在原理及其日常运用方面，将该国伟大的工艺传统置于混乱的境地。近90年来，这种混乱已经将英国、西北欧和美国的装饰艺术和中产阶级的品味，摧毁得一干二净。把机械化引入印度造成的社会和道德上的弊害，似乎更为严重。"在对印度普通乡村自由而又生动的手工业作了详尽的描述之后，作者继续写到："这些手工艺人们做出了美妙绝伦的纺织物，但并没有污染河流和空气，没有损害悦目的景色，全世界的人们为了获得这些作品，不惜让大量的金银流入印度；经过无数代人的努力，这些技艺在他们手里已经发展至登峰造极的程度。但近期以来，这些世代相传的手工艺人却大量地从他们那民主的乡村公社中被招募到孟买的大工厂中，成群结队地为了工资而做生产布匹的苦工，以与曼彻斯特进行竞争。他们在智力和道德上都对布匹毫无感情，就像生产手风琴的磨工对手风琴上弹出的曲调毫不关心一样"。

即使从世界市场的低级观点来看，这种为了供给工厂充足的廉价劳动力而急于破坏本地艺术的做法，恐怕也是项坏政策；随着世界越来越开放，彼此相距遥远的国家也可以建立密切的联系，像

印度这样一个有着如此独特工业的地方，应该也很容易找到有利可图的市场，这要比在兰开夏郡和新西兰低价抛售存货要合算得多。

但更为重要的而是，这些变化对当地人民的品性产生的影响。与印度比起来，英国和其他地方的工业革命都是靠内在力量驱动的一种自发过程，而且伴随着以科学教育和政治民主为表现形式的民众解放：它是这场伟大的民众自由和自治运动的一个重要方面。但是在印度及亚洲其他地区，却并没有类似的相应补偿。

比欧洲的工艺和艺术更加牢固而紧密地嵌入本国宗教和社会体系的那套工业制度，现在已经屈服于外来的力量，这种力量的发展速度和方向完全不顾当地人民的感受，而且严重影响了他们的生活。当工业革命由内在力量催动自发产生，沿着民族自身利益的方向并且和先进的民主自治保持同步的时候是一回事；当工业革命被那些无视本国长远利益而只顾其眼前利益的外来征服者强行推广的时候是另外一回事。为了东印度公司开办的工厂的利益而毁灭当地纺织业的案例[①]，为 18 世纪晚期和 19 世纪早期的那种自私而又短视的经济政策，作了很好的注脚。“在自由贸易的借口下，英国已经强迫印度人接受兰开夏郡、约克郡和格拉斯哥等地的机械纺织品，而且只用缴纳名义关税；而孟加拉和比哈尔那些美观又耐用的纺织品在出口英国的时候，却被课以禁止性关税”。[②]

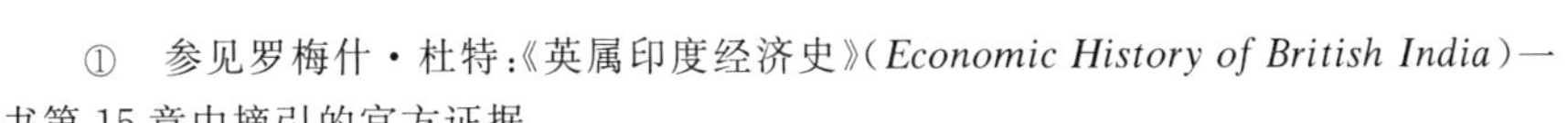

① 参见罗梅什·杜特：《英属印度经济史》(*Economic History of British India*)一书第 15 章中摘引的官方证据。

② 蒙哥马利·马丁：《东印度》(*Eastern India*)，第 3 卷导言(引自罗梅什·杜特，第 290 页)。

在严格执行该项政策的19世纪最初几十年里，印度那些最有价值和最独特的艺术遭到了无可挽回的毁坏。“在印度，人民的制造能力遭到了不利于印度工业的保护贸易政策的践踏，然后强加的自由贸易政策又使其永不翻身”。[①]

让我们从制造业转向农业产业，在这个农业劳动者占人口百分之九十的国家，我们发现，外人的管理不管出于何种程度的善意，也还是相当困难的。我们很多伟大的印度政治家，比如芒罗、埃尔芬斯通和梅特卡夫，都认为乡村社会体系真正体现了东方文明的精神。

梅特卡夫爵士写道：“乡村公社是一个几乎能够自给自足的小共和国，它与外界几乎没有任何联系。没有什么是永存的，但它们似乎可以。朝代更迭，革命反复，印度人、阿富汗人、莫卧儿人、马拉塔人、锡克人和英国人轮流统治，但是乡村公社却依然如故。”[②]“乡村公社的联合形成各自独立的小邦，我认为，这是印度人民在历经革命和战乱之后依然能够存在的主要原因，而且这非常有助于他们享受独立和自由的幸福。因此，我希望这种乡村组织永远不要受扰乱，任何可能破坏它的事物都让我担心不已”。

然而，英国当局却在致力于从工业和政治方面破坏这种乡村自治。在整个孟买和马德拉斯，以个体农民而不是公社作为征税单位，这给了乡村经济生活毁灭性的打击。同时废除地主或酋长手里的司法权和行政权，将其集中于英国法院和行政官员之手，这

① *Romesh Dutt*, p. 302.

② 1838年4月致税务局函（引自罗梅什·杜特，第386页）。

实际上彻底摧毁了印度最坚固而又普遍的制度——乡村自治。

这两个重要步骤背后的依据是新型的西方思想，它认为，个人责任是唯一坚实的经济基础，而中央集权政府是最有效的政治组织形式。为了让当地人民过上英国式的生活，稳妥而又有利的办法是突然颠覆印度最古老的制度，这在社会学家看来是近代史上文明教化事业中最愚蠢的教训之一。孟加拉的大部分地区确实比较繁荣，这部分要归因于当地保存了地主阶级，他们充当了国家和个体农民之间的中间人，减轻了对高额地租呆板的征缴。这个事实充分证明了印度其他地区突然草率地推广西方政治经济模式而引起的损害。①

二

当我们把视线从工业领域转向能够体现英国官僚体制能力和特征的司法管理及一般行政工作时，我们发现了更多的问题。英国能够使印度政府英国化吗？它是否正在这样做？能否因此就可以将西方文明植入印度？数千名最富有才干和精力充沛的英国官员，如何能将廉洁高效的英伦作风贯穿于对三亿异族人民的统治中，这还很难作以下判断。人数并不重要，散布各地的英国当局可能会直接或间接影响政府的重大决策，而且这种影响有时还会深入渗透到本地官吏集团中。但是必须要注意，英国官员中很少有

① 孟加拉地区之所以比印度其他地区要繁荣，其主要原因在于，地方当局减轻了孟加拉对印度财政收入的负担，而把负担不均衡地转嫁到其他地区。

人是在印度出生的，他们也很少能够掌握本地民族的语言，这些人逐渐成为与本地人相隔绝的狭隘“种姓”，他们所推行的法律和规章制度与印度人民的传统制度大不相同。政府实际工作有很大一部分是琐碎的人事管理工作，是面向公民个人的执法工作，而在绝大多数情况下，这些工作是由本地官员去完成，因此，英国的法律和司法工作再好，在实际执行过程中也必然会有灵活性的调整甚至是曲解。

“印度目前这套民事和刑事管理制度，确实比之前的管理制度要优越得多，这一点没人能够否认。之所以会产生各种缺陷，主要是外部原因。对于那些身处高位的高级官员，无论是英籍的还是印度籍的，没有人对他们无瑕的廉洁和一贯的认真负责产生怀疑。但是，那些低级官员却经常面临这种指责，司法公正经常被东方精神那种可悲的特征所妨碍。印度有句人尽皆知的谚语，‘英国人的公正是伟大的，而谎言的力量更大’。政府部门中最不令人满意的大概是警察局。近来一位作家说，‘很难想象还会有什么部门比之更腐败。’这似乎有些言过其实了。但是，整体来看，印度警察队伍在廉洁和品德方面甚至连纽约警察都比不上。”[①]这篇报道中有一句话需要引起特别注意，即“之所以会产生各种缺陷，主要是外部原因”。这当然是不正确的。政策的具体落实需要由本地人担任，这是我们制度中的一个重要部分：没有人会打算让英国人去替换本地下层官员；英国人难以胜任这些工作，即使能够胜任他们也不会去做，而且动荡不定的财政，也不允许英国人去处理印度的具体

① *India and its Problems*, p. 182.

政府事务，那样的话财政支出无疑会大量增加。实际的趋势完全是另外的样子，除了政府最高级别的职位，大量的低级职位需要雇佣本地人来充任。如果腐败和谎言在东方行政体系里根深蒂固，而我们又肩负以英国式管理来矫正的道义责任，那么很显然，我们不能胜任这样重要的工作，甚至根本就不了解我们哪些地方不能胜任，又在何种程度上不能胜任。利利先生对印度警察所做的评论之所以意义重大，是因为这是个负责具体执行的部门，该部门特有的丑闻最能集中地暴露我们美好的意图在刑法和司法程序中遭遇的失败。有人想知道，那些官员在向个体农民征收土地税或其他捐税的时候，是在按照上级英国长官的廉洁要求从事，还是重犯东方普遍存在的老毛病。

在一个内部有不同种族、语言、信仰和习俗的国家，少数外国官员究竟能在多大程度上有效监督和管理琐碎的政府事务？大概不会很多，他们恐怕和我们一样都无法预知最终失败的结局。

正像整个帝国的普遍情况那样，我们对印度的统治之所以获得了公认的成功，主要在于我们能够大规模地稳定社会秩序，防止内战、叛乱或有组织的暴行。当然，这的确值得称道，但并不是最重要的；光靠这些还不能证明我们的统治是成功的。英国的司法（在其通行的范围内）和英国的秩序，对印度是适合的吗？对于普通英国人来说，这似乎是一个奇怪的问题。但是，那些在印度居住过的英国人以及总的来说拥护英国权威的人，有时会提出这样的疑问。首先要明确的是，我们那些看起来是最好的法律和秩序，落实到实践过程中可能会严重走样。严格执行征缴土地税以及贯彻高利贷者的法定要求，就是误用公正观念的显著例证。东方税吏一如从前那样腐败，高利贷者仍是非常专横，而公共舆论、权宜策略和某些私人的考虑总能使这种残暴合理化：过于刻板地执行英国法律是我们在印度的统治不得人心的根源之一，或许也是造成实际危害的重大原因。

印度人较少痛恨当地贵族的横征暴敛，因为后者的权威在当地人心目中还算是熟悉的；但印度人对于现行较轻的税负却抱有很大不满，因为英国人的权利在他们看来是残忍不仁、无法抗拒也是难以缓和的。这种观察也有一定的道理。

被统治者的认可在积极意义上是统治成功的一项条件，就这点而论，英国在印度的统治很明显没有取得成功。我们被东方人顺从的表象所欺骗，除非我们能明白这个真相，否则可能会引起更严重的灾祸。对于英国在印度的统治作过详细研究的汤森先生这样写道：

> “个人自由、宗教自由、司法公正和充分的安全——这些都是帝国给予的东西；但是这能否消除棕色人种对白人的固有的、难以改变的和阴郁的厌恶情绪呢？我非常怀疑。”[①]

他提出质疑的理由很重要。他坚持认为，我们曾给予物质实惠的农业人口是一群乌合之众：那些富有创新精神、政治野心、爱国心和受过良好教育的活跃阶级，虽然保持沉默但其实对我们的统治怀有强烈的仇恨情绪。这是很自然的。我们破坏了这些阶级

① *Asia and Europe*, p. 101.

在原有秩序下的光辉前程；我们强制推行的新秩序触犯了他们的本能，并且损害了他们的利益。那个我们曾夸下海口立志要以自由的法律和制度来加以改造的种姓制度，现在处处以自卫的形式有意识地对抗我们，凡是我们的新式教育损害了它对人民进行精神控制的地方都招致了它深深的仇恨。基督教在上层阶级中努力传道但却未能吸收到任何信徒，这种几乎彻底的失败，充分证明了种姓制度势力的强大。一个最虔诚的罗马天主教传教士在兢兢业业传了30年道后写了如下一段话，值得我们注意：

> “为了传播基督教，我在印度住过很长一段时间，在一个本地传教士的帮助下，我共发展了两三百名男女教徒。其中三分之二是贱民或乞丐，其余是首陀罗[1]、流浪者或被部落驱逐出来的人。他们一无所有，为了寻找依靠，主要是为了结婚或者出于其他实用的目的才改信了基督教。”[2]

巴里先生1891年的调查报告中一段关于基督教传教的记述也证实了这个观点。“基督教发展最快的地方是半岛的南部和西部地区以及孟加拉的山区部落，那里都是深受婆罗门种姓制度影响的地方。对于这些地区中被自己的宗教世代贬低的种姓来说，基督教自然是有吸引力的”。

如果英国基督教和英国统治能够得到广大农民、低等种姓和

① 首陀罗，印度四大种姓中最低等的印度人。——译者

② Quoted Lilly, *India and its Problems*, p. 163.

贱民的欢迎，那么土著"阶层"对我们的反对恰恰可以证明我们的统治是一种德政，可以帮助占社会绝大多数的穷苦劳动者提高社会地位。不幸的是，这样的结果并不存在。除了当地人对我们力量的敬畏之心，我们并没有其他手段能够让印度绝大多数人保持忠诚。对这个问题，汤森先生作了如下简单明了的概括："在亚洲任何一个角落，白人如果没有受到或明或暗的武力保护，他休想有一个小时是安全的；也不会有任何一个亚洲国家（如果它是明智的话）不会立即而且永远将其驱逐出境"。[①] 根据这种观点，我们强加于印度的文明根本没有任何心理基础：它只是一种靠武力维持的表面结构，并没有融入这个民族真正的生活中去，也无法改变和教育当地人民的精神。汤森先生显然极为勉强地得出如下结论："帝国悬浮在半空中，能够支持它的仅仅是少量的白人驻军以及一个未经证实的假定，这种假定认为印度人民迫切需要帝国的存在"。[②] 我们在印度的帝国之所以能维持，主要依靠印度人民在种族、语言、宗教和利益等方面的分裂状态，主要是靠伊斯兰教徒和印度教徒之间的分裂，西利教授曾经指出过这一点，而且这一点也为大家所公认。

但也完全可以得出这样的结论，我们统治是建立在强制基础上，土著对我们的感恩之心也确实迟缓而且勉强，但这并不能说明这种统治是无益的，也不能证明我们就无法逐渐将西方文明最好的原则灌输到他们的生活中去。

---

① *Asia and Europe*, p. 98.

② 同上书，p. 89。

我们是在这样做吗？我们军事占领的性质允许我们这样去做吗？除了最能代表帝国的军队之外，我们大概有135,000名英国人居住在印度，他们和当地人的比例不到1/2,000。他们过的既不是自己本国标准的生活，也不是被占领国标准的生活，他们过的是一种极不自然的生活，在那里他们无法建立起英国式的家庭，也不能创造出体现我们优质文明特征的英国式社会。

可以肯定的是，政治机构无论如何优秀也很难单凭自己的力量将文明传授给异族。文明的真正力量只能通过人与人之间的联系来传递。而现在英国人和印度人之间根本不存在自由亲密交往的条件。没有基于双方平等前提下的真正亲密的社会交往，也很少有通婚，通婚是实现文明融合的唯一有效方式，也是能够避免种族仇恨和种族统治的唯一保证。葛德文博士写道："在通婚不可能时，就不会存在社会平等；没有社会平等，就不可能有政治平等，也就没有真正意义上的共和国。"①

大多数白人在家庭和工业上都依靠着土人的服役过得逍遥自在，但除了强制土人服役或给他们安排一些机关工作作为补偿外，从来不试图去进一步了解土人的生活和品性。少数人曾经认真地想要深入印度人的内心世界，但最终就连他们人性中基本的东西都难以把握，这种人性在其基本评价和行为方式上都与我们截然不同，以至于提出了一系列难以理解的心理学上的难题。的确，我们恰恰是从这些学者身上才明白，精神之间那种紧密的、持久的和相互作用的接触是不可能实现的，而这种接触正是我们宣称的"文

① 《联邦还是帝国》，麦克米伦出版社。

明使命”赖以完成的唯一方法。有些英国作家，比如吉卜林先生和斯蒂尔夫人，曾经写过一些反映现代生活的剧本，其中竭力传达所谓的东方精神，但也只不过传达了一些莫名其妙的、离奇迷人的气氛而已；关于伟大印度文学艺术的研究本应该能够最好地呈现当地民族的精神，但至今为止只是揭示了英国人生观和印度人生观之间难以逾越的鸿沟。白人驻军之所以对此毫不关心，在很大程度上是因为他们本能地意识到这种精神上的隔膜，并且也无法真正做到与这些“低等”种族的成员感同身受。这不能怪他们，要怪只能怪把他们带到那里去并强行要他们完成根本无法完成的任务——将纯粹的白人文明移植到亚洲土地上——的条件。一定要明白，这根本不是适应过程缓慢的问题，而是这个重要的转变过程根本就没有发生。根据现有的方法，我们根本就无法将我们的文明移植到印度，我们只是在表面上扰乱他们的文明。甚至就连广大人口的表面生活我们都很少接触，他们内部的生活我们根本就没有接触过。如果我们根据自己对广大印度地区的政治支配和统治机构的实际活动，就误以为我们正在让印度人改信英国基督教、英国的法律和道德观点，并让他们认识到为了提升物质生活水平就必须从事整齐划一、高度紧张的工业劳动，那我们还是尽早正视现实为妙。因为大部分英国官员都清楚，我们其实并没有做多少这样的工作。即使对于那些我们已最接近成功的事情，他们也公然蔑视，不客气地斥之为欧亚杂种，嘲笑它们是“印度绅士的粉饰文明”。那种认为我们沿着文明之路帮助他们实现政治、工业和道德上的进步，就是在教化印度的想法，完全是种错觉。它没有看到，政府和一小撮外国人的活动，给印度社会仅仅造成了表面上的一些变化。维持这种错觉的是帝国主义的诡辩，它通过制造谬论来掩盖某些势力集团借助帝国榨取利益的事实。

这并不是新见解，其中也没有“小英格兰主义者”的精神。如果有哪一位作家被公认比其他人更加关心英国命运前途的话，那就是已故的西利教授。然而，关于我们在印度推进“帝国”事业的价值，他却作了如下的概述：

> “我们最多只能将其看成是坏政治制度的一个好样本。我们并不打算以继承了蒙古大皇帝的事业而自豪。我们怀疑自己做了如此优秀的管理工作是否能让臣民们感到幸福。我们甚至怀疑，我们的统治是否给他们创造了更多享受幸福的条件，是否不致让他们陷入更深的苦难；而且我们还疑虑，或许一个纯粹的亚洲政府，特别是从印度人民中自身产生出来的国民政府，会更有益处一些，因为它虽然还不够文明，但要比像我们这样的外来政权更加切合当地人需要。”①

三

如果说印度为英国式的帝国主义提供了最大和最有益的教训的话，那中国就为整个西方帝国主义的一般精神和方法提供了最严格的考验。新旧帝国主义的不同之处在于，其一，为了寻求政治扩张和经济利益，各大列强在理论上和实践上形成相互竞争的格

① *The Expansion of England*, pp. 273, 274.

局，取代了之前某一帝国独霸的格局；其二，金融集团和投资集团压倒了之前的商业集团，逐渐占得上风。

无须再对欧洲列强的手段和动机详加讨论。中国自古以来就奉行闭关锁国的对外政策，避免一切有可能导致建立邦交关系的对外交往。直到近代以前，这种政策无论如何也不意味就是敌视外国人或抵制外国人想要输入的商品和思想。阿拉伯人和西方的亚洲民族在很早以前，就与中国保持通商往来。根据罗马史册记载，早在马可奥勒利乌斯时代，罗马就与中国有来往。当时中国同外部世界的关系也不仅限于通商。在大约 1,500 年前，景教[①]教徒就将基督教传入中国，他们在中央帝国广泛宣传了他们的教义；来自外国的佛教徒也在中国受到了很好的招待，也有很多人信奉了佛教。历史上确实很少有民族像中国人那样，对外来宗教展示了强大的同化能力。罗马天主教徒先后曾经在元代和明代的时候到过中国。耶稣会会员在中国不仅传播基督教，还将西方科学传进北京，其影响在 17 世纪晚期曾经盛极一时。直到惯用政治阴谋挑拨宗教分裂的道明会来华之前，基督教还没有变得臭名昭著，也未曾招致任何迫害。到 19 世纪的时候，随着新教教徒进入中国，纠纷就迅速多了起来。那些自称基督徒的西方人内讧不断而且经常因为笨拙的狂热引起地方骚乱，继而又引起外交上或武装上的冲突，因此作为一个国家，中国虽然未曾对宗教表现出不宽容，但难免对这些西方人的动机起疑心。几乎所有在中国的欧洲官员都

① 景教，即唐代正式传入中国的基督教聂斯脱里派，也就是东方亚述教会。景教起源于今日叙利亚，是从希腊正教（东正教）分裂出来的基督教教派，由叙利亚教士君士坦丁堡牧首聂斯脱里于公元 428—431 年创立，在波斯建立教会。——译者

支持利特尔先生的下述论断："由传教事业引发的骚乱和随之而来的屠杀，因其目的的正当性也不能算错；但可以肯定，如果我们不是因为自己的利益而被怀疑阴谋让他们抛弃传统的忠孝观念，那么我们同中国的关系一定比现在亲近得多"。①

中国政策的主要轮廓并不难理解。虽然中国人并不反对与欧洲或其他亚洲的商人、旅客、传教士们偶尔接触，但是他们坚决抵制外国列强对本国政治和经济制度的扰乱。中国地大物博，气候和自然条件复杂多样，拥有众多的工业人口、悠久发达的文明以及充分自给自足的物质基础，中国人出于自卫的正当本能，曾经试图将对外关系限于偶然的交往。长期以来，这项政策成功地让中国避免了来自其他民族的武装入侵；虽然这项政策曾使中国数次历经剧烈的朝代更迭，但它并未影响到广大自给自足的农村中平静的日常生活。西方历史中通行的那种政治对于中国人来说毫无意义。由于西方国家全力冲破这种消极抵抗，强行让中国人接受他们自己、他们的商品以及他们在政治和工业上的控制，帝国主义在远东地区才变得重要起来。如何利用商人和传教士引发的争执强迫内地通商，开辟通商口岸，保障英国或其他欧洲臣民在政治和工业上的特权，强迫中央政府订立对外交往的常规制度，并且将中国在19世纪晚期先后拖入与日本和欧洲联军的战争，胁迫中国抛弃四千年来闭关自守的政策，并把中国投入到世界大竞争中去，所有这些历史都已经难以详细追溯，即使是粗略地勾勒历史轮廓也已经不可能了。

① 《扬子江峡谷游记》，1888年版，第334页。

欧洲列强在中国的所作所为直接暴露了帝国主义的本质。直到19世纪末期，英国及其副手法国在世界贸易中处于领先地位，他们用传教事业来掩护自己的贸易政策，这两者真正的重要性在鸦片战争中得到了检验。靠制造业起家的德国和美国加入争夺、日本逐渐的欧化，都加剧了商业竞争，远东市场成为各大工业国的必争之地。然后，法国、俄罗斯、德国、英国和日本各自以吞并、势力范围或特殊条约权力来加紧在政治和经济上瓜分中国。瓜分政策在这一阶段的顶点是列强在最近战争中采取的残忍报复行动，并胁迫软弱无力的中央政府向其提供国际性的政治经济优惠待遇，最终对中国形成了永久性的威胁。

现在，凡是关心时事的人都无颜面再谈论欧洲是在中国履行什么“文明使命”了[①]。除了明确的经济利益之外，帝国主义在远东的动机和手段再也不需要什么掩饰了。俄国、德国和法国竞相展开的夺取领土和直接政治控制的计划以及动摇了“门户开放”原则的“势力范围”政策，其背后的动机都明显是商业和金融利益。

中国看来是为西方商人提供了难得的机遇。这里有近四亿勤劳而且聪明灵巧的劳动人口，他们习惯了低劣的物质生活，此外还有未经开采的丰富矿藏，完全缺乏制造业和运输业方面的现代机器，这些都为西方商人展现了一个足以剥削牟利的辉煌前景。

---

① 《泰晤士报》的记者在报道八国联军攻入北京的事件时，也写到了当时基督教在中国传播的一些情况。“围城的解除，伴随着对中国人的大肆屠杀。这些中国人被驱赶进一条死胡同，并被杀得一个不留。中国的基督徒加入了法国的援军行列，法国士兵把刺刀借给他们，并放纵他们进行肆意报复。据目击者称，这种情景是令人作呕的，在对此事作出评价的时候，必须要记住挑衅的原因以及人们所遭受的苦难。”（1900年10月6日《泰晤士报》）

我们用西方工业手段同落后国家打交道的历史大致分为三个阶段。第一个阶段是普通的贸易阶段，双方交换各自的剩余产品。第二个阶段，英国或其他西方列强在为了开发资源占领外国领土并进行投资之后，他们开始在这一阶段大量输出铁轨、机器和其他形态的资本，而且这种出口不需要进口贸易来平衡，因为它们实际上抵作了投资。在新开发国家能够获得资本和经营能力加入争夺之前，这个时期可以维持很长的时间。但是当该国具备了充足的资本和有组织的力量之后，不管这种力量是欧洲人培植的还是该国自行发展起来的，就出现了第三个阶段，现在的中国不需很久必然进入这个阶段。这样一个充分具备为将来内部发展所必需的一起生产力的国家，将转而反对它之前的教化者，摆脱对外国工业援助的依赖，它能够在自己的市场上廉价出售商品，继而拓展至国外市场去，并在全球其他尚未得到开发的地区，去进行更多的开发事业。不长记性的自由贸易论者用以回避这个重大问题的那些陈词滥调，我们已经加以揭露过了。这里只要重申一点就够了，即自由贸易论者无法保证工业和工业人口只局限于某一个国家，无论从理论上还是从实践上来说，都不可能阻止英国资本转入中国，只要那里能够找到更加廉价和充裕的劳动力；甚至也不可能阻止中国资本和中国劳动力在世界中立市场上将英国产品排挤出去，对于英国是如此，对于那些在经济上榨取中国的其他工业国也是如此。至少可以作如下设想：中国会扭转局势，压倒西方工业民族，利用它们的资本和组织力量，或者更可能的是，代之以自己本国的资本和组织力量，使自己生产的更廉价的产品充斥于它们的市场；同时拒绝用他们的进口商品来作交换，扣押他们的资本以保证它应得

的付款，倒转过去的投资过程，直到中国逐渐地获得对自己原来的保护者和文明传播者的金融控制——这并不是什么不可想象的事，也完全不是不切实际的幻想。只要中国确实具备公认的工业和商业能力，而西方国家又能如愿按照西方模式对其加以“开发”，那就极有可能会产生这种反作用。

四

这其中还包含着西方列强联合进攻中国的内在意义。现在国际资本主义尚未成熟到形成国际联合的程度，各国资产阶级还在通过煽动民族情绪推行民族政策来谋取各自的特殊利益。只要还有必要运用外交压力和武装力量来确保本国在铁路、矿山或其他领域的投资安全，欧洲的和平就会时刻受到各国之间阴谋和争执的威胁。虽然各国各自控制了某些地区以供工业剥削，比如中国东北之于俄国，东京[①]南部诸省连同海南岛之于法国，山东之于德国，台湾和福建之于日本，但此外中国仍有广大尚待被瓜分的地区，还有可能引发严重的倾轧。英法两国仍在为中国南部边境的云南和广东两省争执不下，中国政府已经向英法两国作了同样的保证，这些省份不会被割让给其他任何国家。英国曾经宣称要将长江流域的广大未定地区划为供自己进行政治经济剥削的势力范围，但这现在受到了德国公然的挑战，同时朝鲜依旧是俄日两国之间的芥蒂。美国在中国的投资和贸易发展速度之快，超过了任何一个欧

① 在法属印度支那时代，“东京”（英：Tonkin，越：Dông Kinh/东京）常被西方人用来指代以河内为中心的越南北部地区。——译者

洲列强，它必然要坚持“门户开放”政策，并且很快会用它强大的海军作为后盾来推行这种政策。因此，现在是一个列强纷争的时代，各国的金融家和资本家集团怂恿他们的政府出面，谋求特定地区的租借权、特许权或其他特权。由此引起的帝国主义冲突，会被中国政府巧妙地利用来进行自卫，并很有可能会在长期内阻碍西方企业顺利进驻中国，而中国则会借助敌人之间的内斗来保护自己。

但不要因此就认为中国能逃过帝国主义的工业入侵。除非中国能从历史的沉睡中苏醒过来，并将自己变成军事强国，否则它难逃外国列强的压迫。如果仅仅由于每个中国人都表现出可以训练提高的能力，就认为中国能够实现这一目标，那就大错特错了。就我们目前所知，中国人向来反对穷兵黩武的政策，也反对推行这种政策所必需的中央集权政府。如果认为中国人能在某位领袖的率领下组建起六百万人的军队，将“洋鬼子”赶出国土，甚至认为他们会投身侵略和征服事业，那是因为不了解中国人生活的主要心理因素和社会因素。无论如何，在远东的所有早期问题中，这是最不可能发生的。

还是如下假设合理得多，即西方人的互相倾轧所产生的国家分离主义政策，当资本主义尚未因这种政策而顺利发展之时，就得学会联合的艺术；同时已经获得长足发展的国际资本主义势力也会在对中国的剥削中进行巨大的、决定性的试验。西方每个国家内部的某些金融和工业小集团的利益，就是互相竞争的西方帝国主义国家的推动力，这些小集团为了它们私人企业的利益而篡夺国家权力和公共的人力和财力。在早期阶段，当这些势力的结合还仅限于国家范围之内的时候，这种政策促成为追求“国家的”投资市场和贸易市场的战争。但是，军国主义的现代科学，使"文明"列强之间的战争太过耗费，而且有效的国际主义会在各国金融巨头和工业巨头中迅速发展，这也会使战争在未来变得越来越不可能。不过，军国主义还会长期存在，因为正如我们在前面指明的，它在很多方面都对维持财阀政治有用处。军国主义政策能让很多既得利益集团从中获利，它是社会生活中的装饰品，而且最重要的是，它是压制国内改良势力所必需的。与劳动力量比起来，资本力量之间的联合组织要强大得多；在劳动还在谈论如何实现国际联合的时候，资本已经这样做了。因此，就最大的金融和商业势力而论，到下一代似乎可能会出现一个强大的国际联合，从而使西方国家之间的战争几乎成为可能。虽然自私的忌妒和自己不吃又不让人吃的政策，在目前使欧洲人在远东的活动有所减弱，但是当声称代表联合的基督教国家文明的国际资本主义势力强迫和平开发中国的时候，真正的好戏就会上演了。到那个时候，真正的"黄祸"也就要开始了。很难期望中国人能够同仇敌忾地把西方剥削者赶出中国，到那个时候中国即将面临被瓜分的危局，这个过程与其说是"开发"，不如说是"拆散"更为确切。

直到那时我们才能认识到，这场历史上最惊人的革命事业是多么危险和愚蠢。西方国家到那时也才会发觉这个事实，他们曾经纵容某些小利益集团绑架自己从事帝国主义的勾当，在这种勾当中，冒险政策的风险和成本会成百倍地增长，而且很难从中全身而退。中国人口几乎相当于整个欧洲那么多，其中 19/20 的人是我们一无所知的，欧洲国家头脑一热就去入侵这样一个国家，可谓荒唐至极。这种冒险就像是在黑暗中乱闯乱碰。极少有欧洲人敢说自己了解中国人，也搞不清他们所了解的那部分中国人究竟是否就代表了全体中国人。大家唯一公认的重要事实是，在所有“低等种族”中，中国人最适合被用于工业剥削，比照他们的生活费用可以生产出最多的剩余产品。总而言之，西方的投资者和商人们在中国发现了一个劳动力富矿，远比吸引他们去非洲或其他地方从事帝国冒险的金矿和其他矿藏要丰富得多；这个矿藏是如此巨大而又用之不竭，甚至可能让所有西方的白人都过上“不劳而食的绅士”生活，就像印度或南非的少数白人殖民地一样，依靠穷苦的下等人的劳役为生。为了实现如此巨大的寄生性剥削，那些驾驭着各白国家政府的商业集团，甚至会缓和彼此之间的竞争，并在为启动其计划所必需的强制措施方面进行合作。一旦中国布满了铁路和轮船交通网，就能够开拓出规模庞大的劳动力市场，就算是欧洲发达国家和美国数十年间不断提供剩余资本和企业能力，这个市场也能够在发展过程中逐渐吸收。这样一种试验可以革新帝国主义的模式；西方国家的工人运动在政治和工业上造成的压力可以借由中国商品的洪流去应付，从而压低工资和强迫劳动；可以凭借黄种工人和黄种雇佣兵的威胁，建立起顽强的帝国主义寡头政治。在大规模开发东方事业中的协作，可以使西方国家的商业政客之间建立足够密切和足够坚固的关系，从而保证欧洲国家之间的和平和削弱军国主义。

这种情况会使帝国主义的逻辑更快地转变为现实；它本能地在政治上趋向于无节制的寡头政治，在工业上趋向于寄生状态，这会在“帝国主义”国家中明显地表露出来。西欧的大部分地区已经

显现出此类端倪和特征，比如像英国南部的乡村地区、里维埃拉[①]以及意大利和瑞典的旅游胜地或居住区，那里聚集着一批依靠从远东获取股息和年金的贵族，他们拥有一批职业管家、商人、家仆以及从事运输和易腐坏产品最后加工的工人。所有主要的骨干产业部分都将消失，大宗的食品和半成品会以贡品的形式从亚洲和非洲源源而来[②]。当然，中国的西式工业化之路绝对离不开西方有效的政治控制，恰恰是随着西欧在经济上越来越依赖中国，帝国主义对中国的联合控制越能反作用于西方政治，迫使国内所有的改良运动都服从于维持帝国的需要，巧妙运用集权的官僚体制和军队来彻底挫败民主力量的发展。

远东局势完全有可能向另外一个方向发展。虽然不太可能，但可以作如下推想：面临重重压力的中国可能独自也可能在与其利益攸关的邻居日本的帮助下，成长为一个军事集权国家，将西方文明势力驱逐出自己的海岸线。而且，中国将比其他“低等种族”更加快速地跃过对西方科技和资本的依赖阶段，快速地同化西方的新事物，从而重新建立自己的经济独立地位，通过自身的资源寻找机器大工业所需要的资本和组织能力，缩短上文所述的第二阶段，并以最大和最有实力的竞争者的身份进入世界市场，首先攻占亚太地区的贸易市场，继而摧毁西方的自由市场，迫使西方采取更

① 里维埃拉，指法国和意大利之间的海岸地带，是风光秀丽的避寒胜地。——译者

② 在《罗曼尼斯讲座》(*Romanes Lecture*)的第9页，布赖斯先生似乎暗示了这种发展的可能性。“毫不夸张地说，全人类为了经济目的会很快成为一家人，向来落后的民族在这个家庭中的地位只相当于文明国家中不熟练工人的地位。这将开启人类历史的新纪元。”

严格的贸易保护政策并不得不压缩生产。最后，可以想象得到，西方最强大的工业和金融阶级为了保住在本国的政治经济主导地位，将会联合起来改变至今流行于美国和我们白人殖民地的政策，坚持自由输入黄种劳动力，使之为西方家庭和工业服役。他们要是还想驯服本国人民，这就是备用的武器。

有一种流行的看法认为，生产力的巨大解放会通过贸易交换而必然有利于西方国家，如果因此而心满意足地看待中国的发展，那就把问题完全弄错了。如果能够把因开发中国而增加的世界财富在工业界做和平而公正的分配，那就意味着西方国家工业民主运动的胜利，这不仅能增加他们国家资源的生产力，而且可以持续提高人民的消费水平。通过保证世界交换的一般进程，这种情况可以使西方国家合理地借助中国的繁荣而更加富强。但正如我们所知，帝国主义开发中国的经济借口，完全不是为了维持一般的商业过程，而是为西方投资者寻求广阔的新市场，得来的利润并非归于全体人民，而只流进了投资集团的腰包。帝国主义的性质阻碍了世界新增财富在各国的合理消化过程。帝国主义的本质在于，它为了投资而不是为了贸易才去开发市场，并用外国廉价产品的经济优势取代本国的工业生产，并维持自身在政治和经济上的阶级统治地位。

五

关于“开发”或“破坏”中国对西方世界的影响，至今仍是有待探索的课题。让我们先问一下，这种“破坏”对于中国意味着什么。

中国社会结构中的某些特征是很突出的。中国从来不是一个大帝国，也从来不是西方人理解中的那种强大国家。中央政府通常是很软弱的，其实际的权力仅限于向地方政府征缴税款和任命高级官员。一般情况下，即使地方政府也很少干预群众的实际生活。中国可以被准确地形容为一个由自由的小村舍组成的大巢穴，这些村社都是自治的并且富有真正的平等精神。柯乐洪先生将这种地方自治能力称为是“国家活力的主要源泉”。“一群家族组成自治的村落，要是官员胆敢违背官方规定侵犯村落古老的权利以致引起反抗，他就会受到上司的训斥，通常不可避免地被调离该地。”“扩大为村和镇级别的家族制度是现存最廉价的治理形式，因为它节省了警察开支，村落的和平和尊严在受到侵犯时可以自行有效地惩处罪犯。”[①]德国的大探险家里希特霍芬同样说过：“世界上没有其他民族能够比他们更不受官方的干涉。”

柯乐洪说：“关于中国人和政府之间的关系，值得注意的事实是，人民享有几乎无可比拟的自由，政府在国民生活体系中只起微不足道的作用。”[②]

家族是社会中的一个政治、经济和道德单位，村社则是单个家族或一群关系密切家族的扩大版。有时候村社所有权是公共的，但通常随着家族各自的成长就实行分家，一般通行的实际原则是小私有者所有权，向国家这个唯一的地主缴纳低额的土地税作为永久租地权的回报。用来盈利的土地才缴纳土地税，而荒地则重

---

① 柯乐洪：《转变中的中国》，第 176 页。

② 同上书，第 296 页。

新归村社所有。世袭制度防止了大量财产的蓄积。根据大量法律条款和惯例,土地不得被强占和垄断。“在中国的任何地方,富人都不得私占水源,通过地下沟渠引入自家的池塘,而任由水流经过的土地干涸。水之于生命,就像空气和土地一样都是不可或缺的。没有人有权说,‘这是我的,这归我所有’。这种感情在中国可以说是根深蒂固”。[①]

家族理事会的成员,一部分是靠选举产生,一部分靠世袭产生,诸如惩罚犯罪、征收赋税和分割家产等最重大的问题均有家族理事会来处理;很少诉诸法律程序,家族中的道德权威通常足以维持秩序。

道德因素确实是中国人生活中一项重大原则。它不仅左右着经济关系,代替了更一般的政治,而且明显影响着民众的教育、宗教和伦理制度。“一个人如果被逐出家族,那活着就没多大意义了,无异于宣判死刑”[②];即使那些因生计所迫外出打工的男人,仍然和家族保持着最密切的联系。这种对家族历史和道德义务的敬畏构成了国民文化的核心,并且是对个人教育和生活抱负的莫大鼓舞。

在此基础上建立起了世界史上最辉煌的文明,它与西方文明有着根本的不同。

有两个优点需要引起重视,因为他们构成了中国文明的根基。第一点是公认的“劳动尊严”,这在西方就普通工作而言,已经沦为

① 柯乐洪。

② Simcox, *Primitive Civilisations*, vol. ii.

一句时髦的空话。手工劳动不仅是个人维持生活的必需手段，而且也是全国人民非常热衷的一项活动；精巧的个人技术很少使用什么机器，只需要简单的工具就可以被应用在农业和制造业上；大部分劳动者掌握很多门手艺，享受着他们辛苦制造出来的实用的劳动成果。整个经济制度建立在精耕细作的“粮食生产劳动”的广泛基础上；在完全没有西方科学和西方机器的情况下，他们对农业精细的经验研究却比其他任何国家都要领先，“园艺”生活是这个国家外在文明一个最显著的因素。

第二点是某种文学教育的广泛普及和对“精神事物”的真正崇敬。对狭隘保守和迂腐不堪的文学制度的高度崇敬，对口头记忆和仪式细节非一般的重视，自然会引起有教养的西方人的惊讶和轻视。但遍地皆是的学校和图书馆，教育机构的民主化以及能够保证所有人公平竞取政府高级职位的科举考试制度，都足以使中国在世界文明国家中走在前列。没有一个西方国家的人们会把学者和园丁看得比士兵还要重要。这种对经济和知识的重视在中国人心目中根深蒂固，并且融入这个民族长久以来形成的社会制度中。按照西方最好的标准看起来，生长于此等条件下的文明也有很多严重的缺陷。日常生活似乎过多受到烦琐习俗的束缚；个人除了做官似乎就没什么出路；在家族范围之外，情感生活就很淡漠；艺术从未昌盛过，文学太过守旧，道德近乎实用性；物质生活方面的严格俭省似乎使之无法产生像西方国家那样灵活健全的组织，个人生活萦绕着低级的意识，因此也相应地评价不高。

但应该承认，这种文明的优点比缺点更容易被证实，中国人在勤劳、正直、循规蹈矩和尊重学问等方面的成果，容易被外国人所

辨识，而至于那些在外国人看来比较严重的缺点，在对中国人的心理作更进一步的了解后，可能会消失或大大减轻。中国人为西方世界所不齿的“野蛮行为”，比如对犯人的酷刑、遗弃女婴、对外国人的暴行，并不是这个民族的常规行为，而只是野蛮习惯和本能的残余，不能将之作为判定中国文明的最终标准，就像不能以美国私刑处决黑人和英国对妇女家暴作为论定英美文明的最终标准一样。

假如对中国文明本质特征的概述大体上是正确的，那么很明显，西方国家利用武力对中国的“破坏”，会摧毁国家秩序的基础。

这首先会损害广大地区人们的生命财产安全以及平静的工业生产，激发游击队的抵抗精神，发行巨额国债，从而加重中央政府施加于民众的负担，削弱村社的独立性。随着西方经济势力在中国的渗透，必然会使大量的独立小农加入城镇雇佣工人的队伍，这部分是由于中央政府为了填补军队、文官和军事债务等方面的巨大开支而要增加税负，部分是由于招工掮客的引诱。人口向工业区和矿区的流动，农业生产为了满足巨大的市场而走向专业化，这都会破坏公有土地制度及其固定的世袭秩序，毁坏家族团结的基础，而将西方工业的显著特征，比如流动性、细密的分工和劳动力的集中等，传入中国。在资本主义的工业等级制度建立之前，普通中国人生活中的政治和社会平等将会消失。随着家族权力的衰落，在落魄的中国人身上表现很明显的道德沦丧将会蔓延开来，一种细致的司法机构和惩罚机构将会取代自治的家族统治。地方集团势力的崩溃，会影响中国传统的商业信用习惯；取而代之的是新型的西方商业信用制度，它包括一整套商业法则，并且培养好讼的

习惯，这对其他亚洲地区的人民产生过极其危险的迷惑。这种新工业主义产生的财富增长，或者以贡物的形式流入西方，或者在中国产生新的强大资产阶级，他们循着西方式道路发展，为了保护自己的既得利益会和帝国主义结成同盟。资本主义、中央集权政府、军国主义、保护贸易以及一系列为了遏制传统势力抬头和维护新秩序而进行的公共管制——这些都是无可避免的结果。欧洲在19世纪经历过的那种外部环境危险激烈的变化，将会通过外国的逐利者更加快速地发生在中国身上，这将会给国民生活和性格产生无法估量的危害。

这似乎就意味着现在中国文明的毁灭，那么取而代之的是什么呢？并没有严肃的理由认为欧洲国家能够将他们文明的要素强加或传授给中国。中国人的心理是一个未知的领域：即使是最有经验的欧洲侨民也坦承他们难以捉摸中国人性格和道德的奥妙；少数严谨的作家试图归纳这一点，他们的书中经常漏洞百出而且自相矛盾。不过有一点很清楚：要是那个中国人脱离家族和道德纽带，转而奉行西方式的生活方式，他就会被他的同胞和新主顾所厌弃；基督教在“有身份的”中国人那里并不受欢迎，有教养的阶级排斥一切超自然主义的东西；虽然西方科学迟早能够在中国的智识生活中获得一个正当、合理的印象，但这是一个内部接纳的缓慢过程，不能依靠外国人的教导从外部硬塞进去。

欧洲君主为了领土扩张而引发的冲突，商人或金融家的贪欲，传教士们滑稽的虚伪愿望，以及欧洲政党在选举时提出的口号，都会驱使欧洲国家毁灭这个占世界四分之一人口的文明，但却无法给其提供一个替代品甚至不愿承认有这样的必要，那些宣称自己的政策是基于理性和共同利益的帝国主义者们，确实应当停下自己的脚步。

有头脑的人不会怀疑东西方交流的重要意义，也不会怀疑西方优秀文明成果和东方精神的融合能够对世界文明产生的巨大推动作用，西方优秀文明的代表性成果主要包括，对自然科学艰苦而富有成就的研究及其在工业上的应用、法律和管理在理论和实践方面系统性的发展以及这种实际成就在意识形态上反映出来的思想和文学艺术。

凭借这种方法，欧洲肯定能为亚洲做出无可估量的贡献。

“或许由于智力枯竭而采取的一些奇怪的禁令已经使得棕色人种和黄色人种只能永远在旧思想中打转”。[①] 复兴亚洲精神，使其重新沿着发展生产力的方向运转，这或许是欧洲的恩惠。而且欧洲也会获得丰厚的回报。在过去的时代中，亚洲深邃的思想曾经在宗教、哲学和数学等方面，给予迟钝的欧洲以巨大启示；甚至当亚洲沉睡的时候，在我们看起来是好几个世纪的沉睡，它也还做着高贵而又灿烂的美梦。西方的理性还需要东方的洞察力。这种联合在过去如此富有教益，在未来同样可以。保证有益交流进行的合适条件，对于文明事业来说有着无比重要的意义。现在至少有一点是肯定的。对这种交往来说，精神之间的自由互动是至关重要的，但武力和物质贪欲的泛滥却阻碍了这一点。中印两国古代文明悠久的历史，说明了它们内在的价值，虽然两国的部分地区曾经发展出高度完善的手工业，但是这种文明并未直接被用于创

① *Asia and Europe*, p. 9.

造物质财富，而是用于维持某些小型社会的秩序，这在印度造就了社会和工业领域的强大特权阶级，在中国则造就了根本的民主性质。

从政治和工业斗争以及在中国是从军事行动中节省下来的精力，一部分被用于培养家庭生活和个人行为中的某些朴素品质，一部分被用于广泛推广某些真正的精神生活，在印度是宗教和哲学层面的沉思默想，在中国是构思精巧的世俗智慧。这些东方文明经受住了时间的考验；能够保证它们流传下来的很多特质，是值得突然兴起的西方文明深思的问题。甚至可以这样说，这些年轻的和不稳定的西方文明能否持续下去，取决于它们能否打开东方智慧的宝库。不管事实是否如此，为了满足商业上的急功好利和某些权力贪欲，就暴力摧毁极具特色的亚洲制度，是对世界文明进程所能想象的最不幸的曲解。为了欧洲的利益武力统治亚洲，并借口说是在教化亚洲和提升其精神生活水平，历史将宣判这是帝国主义极端错误和愚蠢的行为。亚洲从其世代经验积累下来的无价智慧宝库中给予我们的，我们拒绝接受；而我们多少能够给予亚洲的东西，又被我们野蛮的给予方式破坏殆尽。这就是帝国主义对亚洲曾经做过而且现在还在做的事情。

第六章　帝国联邦

一

自 1870 年以来，特别是 1885 年以来，英国的帝国政策一直致力于征服和吞并一块块的领土，并打算在那里进行任何规模的纯白种的移居。正如我们所知，这种政策和殖民政策有本质上的不同；从统治的角度来看，帝国内部被剥夺自治权的臣民比例越大，则意味着英帝国内自由的持续减少。

新帝国主义将如何影响英国和其自治殖民地之间的关系，这是一个需要认真思考的问题。它会刺激这些殖民地宣布渐进独立，最终正式脱离宗主国吗？还是引导它们不是在帝国的基础上而是在平等国家联邦的基础上，与宗主国结成更为密切的政治联盟？这是一个重大的问题，因为现存的关系必然是维持不下去的。

到目前为止，趋势是向着自治程度不断提高的方向发展，母国政府也在逐渐放松对殖民地的控制。在澳洲、北美和南非，已经相继有 17 个自治领仿照英国政体模式建立起来。在澳洲和加拿大，联邦法案在形式和实际都促进了自治的增长，事实上尤其在澳洲，这些法案通过赋予联邦政府极大的统治权，用以补偿对各加盟国家权力的限制。

英国基本上很好地吸取了美国革命的教训；它不仅允许而且赞成澳洲和美洲殖民地逐渐独立。就在英国加紧对那些它无法殖民而只能靠武力来控制的地区进行帝国扩张的同时，它已经在逐渐放松对白人殖民地的“帝国”控制。在1873年，英国废除1850年法案——禁止澳洲殖民地在殖民地和外国之间课以差别关税——并且允许各殖民地将来可以彼此课以关税，这就解除了标志旧“殖民”政策的经济控制的最后束缚。1900年的澳大利亚联邦法案根据联邦法院赋予的权力，将英国枢密院在宪政上的监管压缩到极小的范围内，并且通过赋权联邦政府组建用以防卫的中央陆军，为将来寻求国家独立打下了新的可靠基础。虽然筹备中的英属南非联邦政府未必能够获得像澳大利亚联邦政府甚至加拿大联邦政府一样的权力，但是增进自治的趋势一直以来在开普殖民地和纳塔尔同样非常显著，并且可以肯定，如果这两个白人种族之间的仇恨能够得到缓解，那么一个比英国其他殖民地迄今为止所实际具有的自治权大得多的南非联邦很快就能建立起来。

但是当英国殖民主义向增进自治或实际独立的发展已是大势所趋，而且殖民地国家日益紧密的联合还增强了这一趋势，那些拥护联邦政策的帝国政治家们已经在考虑如何重塑宗主国和殖民地之间的政治关系，必须使两者结成更为密切的家庭关系，不仅是在感情或贸易交往方面如此，而且在政治结合方面也是如此。英国建立帝国联邦的意图并不是一项新发明，最开始将其作为明确目标的是殖民大臣卡那封勋爵，他赞成将殖民地结成联邦，作为建立帝国联邦进程的第一步。1873年加拿大自治领成功建立联邦，这无疑鼓舞了卡那封勋爵，他在次年上任后，沿用同样的方法继续进行试验。不幸的是，他在南非强力推进的联邦政策，最后以惨败告终。20 年后，张伯伦先生继续着手完成这一任务，虽然也遇到了同样的困难，但通过强占两个荷领共和国并且对开普殖民地施以政治高压，终于接近完成在南非建立联邦的目标，同时澳洲联邦的建立也标志着联邦原则又一次可靠的胜利。

对于各加盟殖民地之间的关系来说，联合过程无疑是一次向心力的胜利；而从帝国政府的立场来看，联邦政府在理论和实践层面对独立的追求又是一种离心力。因此，追求一种有效的政治上的帝国联邦，是对之前主导趋势的一次逆转。

现在很明显，大量英国政治家也怀有建立帝国联邦的强烈愿望。对于张伯伦及其朋友而言，这可以追溯到最初对格莱斯顿先生的爱尔兰自治政策进行的斗争。在 1886 年谈及格莱斯顿先生的自治法案时，张伯伦先生说："我想从联邦制原则方面寻找解决问题的途径。我公正可敬的朋友，却在这个国家与其自治的、实际已独立的殖民地之间的关系方面，寻找可资借鉴的样板。我认为这是一种值得怀疑的权宜之计。由于同胞之间存在的感情，我们现在与殖民地之间的关系是非常稳固的。但这是一种感情上的纽带，仅仅是一种感情上的纽带……在我看来，联邦制度的好处就在于，它可以保证爱尔兰继续作为帝国不可分割的部分而存在。这一制度的推广，是一种向心运动，而非离心运动。向联邦迈进是本世纪民主运动取得的最大成就。"

不管现在还是将来，民主运动似乎确实与组建联邦国家有着密切的关系，英帝国目前各部分的成功联合似乎也预示着下一步的必然结果是英帝国全部的联合。

如果我们必须主张,世界良好秩序和文明的任何合理保障都有赖于联合原则在国际政治中的不断应用,那这个过程首先应当实现国家之间的联合,这些国家因为拥有共同的血统、语言和制度而关系密切,并且随着业已形成的局面而来的将是联合的英国或盎格鲁-萨克逊人、泛条顿主义、泛斯拉夫主义和泛拉丁主义的大行其道。也许在有些人看来,这样的发展过程不合逻辑,但是从广泛的一般历史观点来看,这种过程有着充分的理由而且值得期待。基督教世界曾经设想过建立几个大联邦帝国,每个帝国各自拥有一批未开化的附属地,这在很多人看来是最合理的一种发展趋势,而且最有希望在国际帝国主义的巩固基础上达到永久和平。暂且不用考虑那些离题太远的重大问题,而将注意力集中于英帝国的联邦,那我们很容易赞同如下一点,即为了共同的安全和繁荣而实现英属各邦的自由联合是绝对值得期待的,而且这也是文明国家将来趋向广泛联合的一个步骤。

真正的问题在于这种政策是否具有可行性,问题可以这样准确地来表述:“要使英国及其殖民地扭转迄今为止占主导的离心过程,它们现在或将来能得到什么好处?”现在对于英国来说,它有充分的理由要与其殖民地建立政治上的联合,为了能够克服在建立这样一个代议责任制的统治机构中遇到的困难,它甚至可以在议会或其他管理帝国事务的委员会中按照殖民地人口的比例分配给他们席位。当英国与殖民地之间关于利益和意见发生尖锐的分歧时,宗主国可以凭借其自身在人口上的优势来贯彻自己的意志:帝国负担的分派及帝国援助的配置都是由英国来决定的。如果直辖殖民地和其他非自治区能够在帝国会议占据席位，那宗主国的优势就会更加明显，因为这些代表不论是皇室指定的（这种过程最适合于直辖殖民地政府），还是产生于少数白人寡头政治的狭隘选举，他们与自治殖民地的代表毫无共同之处，而且将更加屈从于母国政府的压力。帝国联合的一个主要的公开目的，就是为了帝国防御以及为了进行几乎总是作为防御措施的扩张性开发，而向各殖民地均摊人员、船舶和费用。目前帝国防御的财政基础表面上看来似乎是最不公平的；英国实际上担负着帝国海军的全部支出，并和印度共同担负着帝国军队的绝大部分支出，虽然这些军队为所有自治殖民地提供防御外敌和维持秩序的保障。在 1899 年，殖民地人口几乎占到了联合王国总人口的 1/3，岁入也差不多占到了一半，它们的海上贸易额占到了帝国全部贸易的 1/5，但它们担负的帝国海防支出还不到 1/100①。虽然这些殖民地担负着帝国军队派驻当地的少数分遣队的开支，而且供养着相当数量的用以地方防御的民兵和志愿军，但却没有招募过用于帝国一般防御的正规军或非正规军。参加过南非战争的殖民地分遣队，虽然组成了一支人数可观的志愿军，但按人口比例来说，它离帝国的征兵额还差得远，而且他们的开支绝大部分是由联合王国负担的。从英帝国联合体的立场来看，殖民地假如与联合王国有着一致的利益，那它们就应该同等负担帝国防御的开支；帝国联邦作为一个政治

①

1899 年	人口	岁入	贸易额	海防支出
联合王国	39,000,000	104,000,000 英镑	766,000,000 英镑	24,734,000 英镑
自治殖民地	12,000,000	46,000,000 英镑	222,000,000 英镑	177,000 英镑

实体，当然也应该有这样一个平均分担的规定。不管帝国联邦采取哪种形式，是在英王领导下负责帝国事务的帝国议会形式，或是殖民地代表必须出席参议和咨询而最终决定权仍归于英国内阁的帝国委员会形式，都肯定意味着要向殖民地按照其在联合王国中的比例，强制或半强制地摊派费用。

现在，自治殖民地很显然不会出于对英帝国的好感而加入这个会让自己负担一大笔新费用的组织。它们依附英帝国的真诚和热忱是无可置疑的，虽然它们在南非战争中没有被要求作出什么重大的自我牺牲，但是它们现在对英帝国在情感上的认同，会在帝国的生存、安全甚至是尊严处于危急关头的时候，引导它们自愿献出热血和金钱。但若因此认为，这种在危急关头才表现出来的狂热忠诚，能够被用来逆转现在一般的独立趋势，并且"鼓动"它们与英国结成更紧密的、经常要作出自我牺牲的正式联盟，那就大错特错了。如果要想诱使殖民地参加任何此类联合组织，必须要让它们确信，这类组织对于它们的安全和繁荣是至关重要的。它们现在能够无偿获得帝国的保护；只要它们认为可以照此继续获得适当的保护，它们就不会接受需要它们付费的、几乎完全变更其税收体系的新政治安排。在南非战争引发的热潮中，澳大利亚和加拿大近期议会讨论的倾向清楚地表明，没有一个殖民地内阁能够在和平时期说服殖民地人民加入如上所述的那种联邦，除非它们被教育得确信加入联邦有助于提高自身的福利。必须要让澳大利亚和加拿大确信帝国在现有基础上给它们提供的防卫变得越来越不够，而这种防卫对于它们来说又是必不可少的，要么就必须在它们与联合王国的新型商业关系中出让更多的利益，来补偿它们参加

联邦后增加的支出。

现在，自治领之所以在自愿负担的小额费用之外拒绝承担更多的帝国防卫开支，是因为它们确信它们在英国之下保有的实际独立不太可能受到来自其他强国的威胁，并且即使受到威胁，虽然自身的海上贸易可能受损，但它们能够通过自卫力量来防止或击退外来侵略者。这种估计的一个例外情况可以说是证实了这条规则。如果加拿大和它的邻邦美国发生战争，它很清楚，虽然英国海军会破坏美国的贸易和沿海城市，但这并不能使加拿大免遭美国军队的蹂躏和征服。

但至少可以这么说，维持一支足以保护贸易的英国海军是非常重要的；殖民地会认识到，面对互为敌手的各大帝国，特别是德国、法国和美国日益增长的财富和海军军备，联合王国无法独立承担因扩大舰队而增加的财政负担。对于帝国的联合来说，这毫无疑问是最强有力的动力。这到底能起到多大作用呢？这肯定能让殖民地的政治家们为殖民地的未来作长远打算；也会促使他们就如何处理与帝国的关系进行最谨慎的考虑。这样的考虑看来会促使他们更愿意加入联邦，而不是脱离英国独立，关于后面一点，他们在过去的半世纪中从来没有认真考虑过。这如果真的发生了，那不会因为他们对联合王国的的好感减少了，而只是由于利益上的冲突。

如果帝国联邦运动走向失败，而自治殖民地从目前独立的趋势转向一种更加自觉的运动，那原因就在于帝国主义。当一个谨慎的殖民地政治家被邀请推动殖民地与英国之间的关系，共同承担开支，还要让英国最终来决定它们的共同命运时，他多半会提出

以下相关问题：为什么英国军费开支的增加要快于贸易或收入的增长，以致不得不求助我们？是因为它对来自其他列强的忌妒和敌意感到恐惧了吗？它为什么会招致这些反感呢？对于这些问题，他是不难找到答案的。“应该为帝国面临的新危机和新军费开支负责的是新帝国主义”。根据这一答案，他会提出更多的问题。我们自治殖民地从这种新帝国主义中获利了吗？如果我们确定它对我们没有好处，那我们通过加入一个自己没多少发言权的联邦，就能阻止它吗？在列强的夹缝中，我们随时可能被拖累进与其他列强的冲突中，而我们在其中并没有重大利益也没有决定性的发言权，那么脱离强国独立对我们来说是不是一个更加安全的政策选择呢？是成为一个只承担自己风险的独立国家好呢，还是像加拿大那样设法加入一个强大的合众国好呢？

不管殖民地的历史对这些问题如何作答，这些问题还是不可避免地被提了出来。就自治殖民地而言，帝国主义明显是“帝国联邦”最严重的障碍。若不是英国的扩张政策以及因此而日益增加的不自主英国属地的存在，那全世界自主的英领国家组成一个联邦，似乎是有益于世界文明的一个最合理和最值得追求的步骤。根据一位权威的意见①，帝国联邦可以按照下述方式来组成：先是英国、爱尔兰、加拿大、西印度群岛、澳大利亚、塔斯马尼亚岛、新西兰、纽芬兰、毛里求斯岛、南非、马耳他岛联合起来，然后接纳塞浦路斯岛、锡兰、印度、香港地区和马来西亚群岛，再吸收一些像埃及、阿富汗、纳塔尔、不丹、柔佛等半独立的国家，或许乌干达王国

① 约翰斯顿爵士：《19 世纪》，1902 年 5 月号。

和巴罗策王国也可以算进来，每一个国家在帝国委员会中占有一定议席，并且共同参与决定帝国的命运，像这样的大杂烩式的自相矛盾的政治体系，澳洲和北美的白人民主政权怎么会来参加呢？

正在崛起的澳大利亚联邦或加拿大自治领会放心拿出自己的和平发展和财政资源，任由某些苏丹式的激进运动和在西非的扩张政策来摆布吗？

像这样一个由形形色色的英领国家、殖民地、保护地、隐蔽的保护地和其他难以命名的地区组成的帝国联邦，将会显得太过臃肿，其中隐含着太多的边境纠纷和其他风险，我们那些相对自私孤立的自由殖民地对此很难感到满意。同时，如果这些殖民地不能被联合王国加以特殊照顾而选出自己的官方代表，那它们的存在和发展将会成为联邦政府的累赘，联合王国不得不在殖民地有关利益的问题上，运用自己的表决权优势来强迫盟国服从。

认为围绕“帝国”形成的所谓效忠精神和自豪感能够弥合自治殖民地和帝国边陲之间的利益差异，这是一种很快就会烟消云散的错觉。澳洲孤立的殖民地完全可以争辩说，英国政治家急于拉它们加入联邦，其实就意味着英国承认难以像从前一样为澳洲提供保护。它们会说，“联合王国要求我们义务地承担人力、船只和经费，是为了进一步推行帝国主义政策，这种政策已经招致其他列强的敌意，而且使其在未来难以独自支撑帝国。我们增加对帝国的贡献，但换回来的却是更多的风险。这不是让我们发扬骑士精神，去和一艘沉船共命运吗？”这些问题无疑会得到这样的回应，稳固的联邦帝国将会成为一个强大的堡垒，它足够抵御来自其他列强日渐增长的忌妒心。但是这种诱人的许诺终究抵不过殖民地的精打细算，它们肯定不会逆着半世纪以来的趋势而行，“贸然”地改变自己的政策。殖民地人民当然承认联合对敌的政治和军事利益，但是他们会追问，这种利益会不会因为要对付更多敌人的可能性而被抵消。当他们意识到自己要联合的对象不仅有他们敬慕的英国，还有在不断增加的野蛮国家，那么权衡利弊他们可能会最终反对加入联邦，除非有其他特别的理由能够说服他们。

二

有两种特别的诱导因素能够让这些自治殖民地或者其中一部分，愿意与英国结成更密切的政治联合。第一个诱导因素是修订目前宗主国的商业和金融政策，以使殖民地产品在英国本土和英帝国其他地方获得更多的市场份额。在讨论这一问题时，通常会提及设立帝国关税同盟或关税同盟，与设立特惠关税两种建议之间的区别。但稍一思索就能明白，对于殖民地的利益来说，如果没有特惠关税，关税同盟就等于空谈。这些殖民地会为了配合英国的财政政策，废除其保护关税并加入自由贸易的阵营吗？最乐观的自由贸易论者也不承认有这样的可能性，而且这种办法也无法真正提高帝国内部的经济相互依存度。这只不过会使殖民地逐渐采取被它们所厌恶的直接税而已。在与外国的关系保持现状的前提下，帝国内部的自由贸易是否更加行得通呢？这种政策只不过是让殖民地放弃关税收入，而他们所得的好处，只是与其来往不多的其他殖民地的免税政策，而从英国那里连这种免税的好处都得不到，因为英国仍和从前一样，继续输入殖民地的免税品。这种政策虽然会最终促进商业贸易，但会使殖民地减少与帝国的贸易，而增加与外国的贸易往来，而且会变革他们的财政统计方法。只有英国废除与帝国以外的国家的自由贸易，帝国内部的自由贸易才是可能的。即使英国准备采取这种方法，殖民地也不太可能牺牲自己的关税收入；这种方法带来的牺牲比它乍看起来要大得多，因为这种区分会让免税品大量取代征税品，从而大大减少关税带来的收入。

当我们在为促进殖民地和英国之间的政治联合寻找特殊的诱导因素之时，对于加拿大提出的特惠关税政策，没有必要讨论其是否具有推广的可能性，特惠关税已经占到了英国进口关税总额的33%。没有必要讨论刺激这一进步的动机。检视这项政策结果就会发现，对于刺激英国的贸易来说，这项政策是完全无效的。“尽管有特惠关税，但是加拿大进口商品中美国货物的比例一直在提高，而英国货物所占的比例则在减少”。[1] 这要归咎于特惠关税的“虚伪”特征，“在给予英国货物优先权之前，劳雷尔总理[2]谨慎地大幅提高英国棉纺织品的进口关税，同时降低或者废除了美国原材料的进口关税”。

因此，在很大程度上来说，所谓的英国优先权是一种错觉。尽管有优先权，英国在向加拿大出口货物的时候，所要支付的平均税负比美国要高。下面是相关数据：

① 参见哈罗德·考克斯的《加拿大的特惠关税》，该书中也有相关附图。

② 威尔弗里德·劳雷尔(1841—1911)，加拿大政治家，曾于1896—1911年出任加拿大总理。——译者

加拿大进口税

年份(截至当年6月30日)	英国货物平均关税	美国货物平均关税
1897	21.1%	14.3%
1901	18.3%	12.4%

即使有人说这种行为完全是出于好意,也不能因此得出结论说殖民地就都会照着做,作出让步但却没得到什么好处。需要认真讨论的关税同盟建议是建立在帝国内部普遍接受优惠待遇的基础上的,这要求英国自身废除与外国的自由贸易。殖民地为了补偿自己因为免税或低关税率造成的损失,至少要在帝国市场内部为其出口商品确立有利的垄断地位。假如殖民地要服从这样一种政治安排,英国将不得不在政治和军事上付出沉重的代价才能保证该项经济政策的运行。英国方面不公平地废除自由贸易的做法会迅速引起工业的混乱,这要比向所有进口品强征关税的危害更大,除此之外,英国会通过提高生活必需品和外国原材料的价格来向所有的生产者和消费者阶层征税。为了殖民地的利益考虑,首先被征税的商品有:粮食和面粉、牲畜和肉类、羊毛、木材、铁。除非这种特惠待遇能提高物价,否则殖民地生产商难以取代外国生产商。这种课税要想发挥作用的话,必须得使此前进口的部分外国货物完全无利可图,由于阻止了此类商品继续进入我们的市场,总的供应量必然减少:供应量的减少则必然会引起整个市场价格的上涨。众所周知,供求规律的自发作用,必然会使英国消费者以上涨的价格形式来支付新税,这些税收一部分付给殖民地人民作为对他们“忠诚”的报答,一部分流入英国国库,还有一部分作为税务开支。

这还不算完，或许还有更坏的结果。由于废除自由贸易的政策，我们拉拢了殖民地，但也会必然在政治和军事上引起竞争对手更深的敌意。我们与法国、德国、俄国和美国之间日益增长的贸易，最有力地保证了我们外部的和平环境。公然重订关税的做法减少了我们与这些国家之间的贸易数量和价值，这会把那些国家中本来对我们抱有好感的金融和工商业阶层推向我们的对立面。对那些最令我们担忧的政治与经济强国重新采取保护贸易制度，减少与其商业往来，我们如果从来都不是一个自由贸易国家还好一些，这种做法的危害之大是显而易见的。从前面某章[①]的统计数据中可以看出，我们与外国的贸易在总值和增长速度方面，都要远远超过我们与自治殖民地的贸易。为了迁就坏主顾而激怒和触犯好主顾，不仅在经济上划不来，在政治上更加划不来。

我们殖民地那些比较精明的政治家们，一定会对到手的礼物百般挑剔。因为成功收买他们加入联邦的贿赂，也让他们在这种新关系中承担了无法估量的风险，除了与英国共命运之外没有其他选择。如果在最需要英国保证和平的时期丧失了这种保证，那么他们为了换取出口品在帝国市场上的垄断地位而付出的代价就太大了。殖民地不仅要分担英国遭遇的新风险，而且由于自身的差别关税还会招致外国人的憎恶，并把他们卷入欧洲政治的漩涡中去。最后，过去统一征税的做法曾经使殖民地同外国的贸易比重不断增加，而同英国的贸易比重减少，现在这种扭曲商业自然淘汰过程的办法，将会迫使殖民地用坏贸易取代好贸易，这种做法到

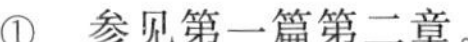

① 参见第一篇第二章。

头来会使殖民地吃大亏。

这不仅会使自治殖民地趋向于减少对英国的经济依赖，而且也会在殖民地中间形成一种经济分离主义的趋势，这一点还没有被清醒地认识到。在与其他殖民地贸易增长的同时，它们并没有获得相应比例的利益。弗勒克斯教授在对统计数据作了深入研究后，得出以下结论：

> “关于殖民地之间的贸易，澳洲各殖民地内部贸易额在1892年到1896年是2,250万英镑，而近期却只在700万英镑和800万英镑之间徘徊。其他殖民地之间的贸易额几乎没有增长。根据相关统计，在1867年到1871年，进口总额是2,000万英镑，出口总额是2,500万英镑。几乎76%的进口来自于帝国，73%的出口流入帝国，或者说大约贸易总额的74%是与帝国其他地区进行的，而根据最新的统计现在这个比例降到了65%。”①

我们为什么要劝说自治殖民地背弃这种使其经济趋于国际化的自然潮流，而将其限制在帝国主义的狭窄渠道中呢？

三

面对这样的现实，英国无法给自治殖民地开出更好的条件，吸

① 《统计学会杂志》，第62卷，第498页。

引它们加入帝国联邦。还有没有什么其他的诱导因素呢？我认为还有一个，那就是鼓励和帮助他们加入到对低等种族实施吞并和统治的行列中来，使他们为自己的帝国主义利益精打细算。与英国中央集权的帝国主义无关，这些殖民地现在内部已经自发产生了或多或少的帝国主义因素。那些强大的投机集团、工业势力和野心勃勃的政治家沆瀣一气，要求传教团体的博爱和新世界中强劲的冒险欲望支持他们，密谋颠覆正直的、自主发展的民主政治以确立阶级统治，并为了自己的政治经济目的，将殖民地的资源用于显赫的扩张事业。

在过去很多年里，南非普遍盛行着这样的精神和目的。那些在我们看来是英帝国主义成就的东西，比如两个荷领共和国和广大北部地区的获得，在南非有势力的商业政治家集团看来，似乎完全是另外一回事。这些住在开普、德兰士瓦和罗德西亚的人，不管是英国人或荷兰人已经助长了南非的帝国主义，这种帝国主义并不反对英国的帝国主义，必要的时候还会利用它，但是在主要目的方面并不受它的支配。这就是罗兹先生在早年政治生涯中一直大力支持的“殖民主义”政策，为开普殖民地而不是直接为帝国取得对贝专纳和北部地区的控制权。这贯穿于南非白人联盟的一部分积极政策中，它致力于大规模发展荷兰人原有的“游牧”习惯。这就是赫拉克勒斯·罗宾逊爵士在他1889年关于帝国主义的著名演讲中提到的政策：“数量方面正在减少，以后在南非再也难以进行大规模的、直接的帝国统治。”在詹姆森袭击失败之前，政治家、金融家和冒险家们一直奉行鲜明的殖民地扩张或南非扩张政策；他们勉强与英帝国主义合作来帮助他们完成自身难以独自完成的

任务，就是夺取德兰士瓦的矿产；他们今后热衷的目的是将英国帝国主义降到他们认为恰当的地位，即将其作为武力后盾，而由殖民地帝国主义来管理商业和赚取利润。自治国结成的南非联邦将会寻求自己的政治事业，以自己帝国的名义，而不是以英国政府的名义去控制南非的低等种族。

这样一个联邦国家，不仅要在国内推行与英帝国主义不同或许还互相抵触的内政政策，而且作为一个在南非“占支配地位”的国家，它会为了自己的利益积极扩张，走上世界政治的舞台。

澳大利亚同样也显露出帝国主义的迹象。它最近占领了新几内亚，它的某些子孙正在觊觎新赫布里底群岛，急于煽动英国放弃向来与法国联合控制的这些群岛。如果这个关于澳大利亚目前趋势的判断大体准确的话，那它会对帝国联邦的可行性产生重大影响，因为这表明，有另外一股力量可以被用来扭转目前在殖民政策中占主导地位的离心运动趋势。

要是英国准备促成澳大利亚和南非自己的帝国事业，把帝国的所有资源交由殖民地邦国去支配，协助它们实现由其自身利益和愿望所引导的野心和命运，那这种帝国主义的地方分权，可能让殖民地与宗主国结成更紧密的联邦。对于英国本身来说，这意味着巨大而又明显的危险，并且需要中央帝国权力做出相当的牺牲；不过这可以赢得野心勃勃的殖民地政治家和资本家的赞助和支持，他们急于推行一种使他们自身能够获取利润的帝国主义，并将民主力量从国内扰乱转向国外的冒险事业中去。

英属南非可以无偿运用英国的陆军力量，如果澳大利亚相应地也能够无偿使用英国海军的力量，用来帮助其在太平洋地区推行“门罗主义”，那它就不太可能参加更密切的官方联合，这种联合会让它承担更多的财政义务。但是，如果澳大利亚能够从英国那里获得更多的独立，而其所能支配的帝国资源又超过上交给国库的捐输，并用来发展自身的帝国事业，要是在这种基础上建立一个帝国联邦，那么澳大利亚可能会出于商业本能考虑赞同这样的建议。

对于英国来说，这样一种帝国联邦无疑充满了风险。在中央集权帝国主义的条件下，英国政府完全控制着每个殖民地的对外政策，并在实际上行使这种控制，可以有效避免卷入与其他列强的冲突中；而帝国联邦实行的地方分权式的帝国主义，将使我们失去这种保障。澳大利亚和南非尚在襁褓中的帝国主义会滋长这样的意识，那就是它们的扩张政策将不会像现在这样受到阻挠和压抑；殖民地政府那种耀武扬威的自我表现，会让我们在太平洋与德国和美国陷入持续的纠纷中，同时加拿大和纽芬兰大大增强的权力，会让我们与法国和美国纠缠不清。如果有人争辩说，英国毕竟在人口和威望方面占主导地位，如果没有英国直接的授意许可，澳大利亚、加拿大和南非的“帝国主义”难以采取什么重大的步骤，那么回答是这样的：正是帝国联合的加强会使一切帝国主义的因素积极有效地运转起来。甚至现在的情况就已经是如此了，英国有强大的有组织的商业势力，它们为了殖民地的利益不断煽动帝国政府采取进取的政策：殖民地，特别是澳洲的殖民地，曾把很多的土地和贸易抵押给英国的金融公司；那里的矿山、银行和其他重要的

商业资产大部分属于英国所有；那里大量的公债[1]也掌握在英国手里。非常明显，英国那些掌握这些殖民地财产的阶级，他们的利益和英国的整体利益并不一致，甚至在有些时候是对立的。同样明显的是，他们会为了自己的私利向英国政府有组织地施加压力，帝国联邦的条件越平等，这种私利就越活跃。

但是，特惠关税也好，授权的帝国主义也好，或者两者兼有也好，这些是否足以诱惑自治殖民地与英国结成更紧密的官方政治联合，还值得怀疑。更值得怀疑的是，这样的联合能否永久持续。至少现在能够想象得到的是，当殖民地的民主力量认识到这一过程的危害时，它们会果断且清醒地抵制殖民地帝国主义的诱惑。即使它们受到帝国丰富资源的诱惑转而投身于推进地方帝国主义政策，在它们获得了该得到的利益，并且认为国家已经强大到建立自己的独立帝国的时候，它们就会像澳大利亚和南非那样，倾向于摆脱这样的联邦。

私利永远摆在第一位，这并不是风凉话，它让我们认识到，对

① 在1900年，澳洲殖民地政府发行的国债总额是194,812,289英镑，当时的人口为3,756,894人；新西兰的国债总额是46,930,077英镑，当时人口为756,510人。（数据来自于1901年的《政治家年鉴》）

新南威尔士州	65,332,993英镑
维多利亚	48,774,885英镑
昆士兰	34,333,414英镑
南澳大利亚	26,156,180英镑
西澳大利亚	11,804,178英镑
塔斯马尼亚	8,395,639英镑
合计	194,812,289英镑

英国的任何归属感丝毫不能逆转渐趋独立的历史潮流。埃德蒙·伯克写道："我之所以支持殖民地，因为这是一种亲密的情感，它产生于相同的姓氏，同源的血缘，相似的利益，以及公民在法律上所拥有的平等的监护权。这些就是纽带。虽然它们像空气一样轻盈，却也像铁链一样坚强。"[①]但是在这些联系中，除了最后一项外，其他联系对于维持政治联合来说完全用不上。因为共享同样的语言、历史和制度而产生的彼此之间的精神纽带，为自由的社会交往和商业交往所稳固，这种内心的真正联合并没有因为过去政治自由的发展所减弱，而且就算到殖民地完全摆脱英国取得政治独立的时候，它也不会减弱。

完全可以肯定，这个问题终究要由殖民地认为对它们完全有利的政策来决定。所谓有利主要取决于相对稳定的地理和经济条件。这些条件在其能够自由发挥作用的范围内，过去一直倾向于政治独立：它们未来会有更多自由发挥的空间，因此，这个倾向似乎不会被改变。过去由于帝国各部分之间相距遥远，在派遣代表上存在一些技术困难，这一点现在虽然不再那么重要了，但是波纳尔记载的关于18世纪美国反对帝国联邦计划的简练概述，仍然发挥着巨大作用：

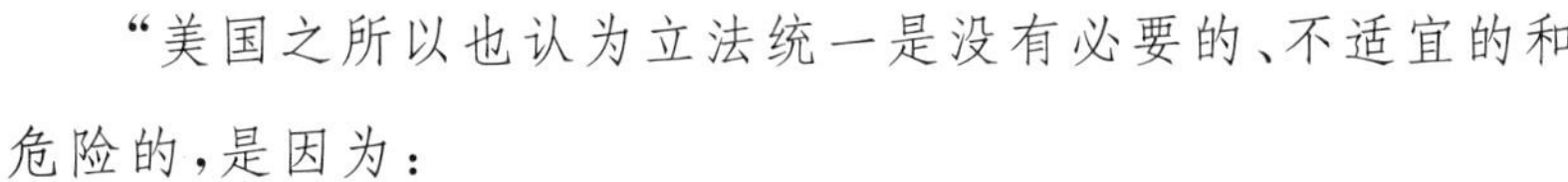

"美国之所以也认为立法统一是没有必要的、不适宜的和危险的，是因为：

(1)美国已经有了完善的立法机关；

---

① 《与美国和解》。

(2)如果殖民地这样与英国联合，它们将分担英国的赋税和债务；

(3)在英国的代表离其选民太远，因此殖民地人民的意志难以转达，并且服从于与它们的代表比例远不相称的多数人的意志。”①

如果认为或许有可能，无论如何在一个时期内，自治殖民地会在能够像殖民地那样获得实现其工业和政治野心的条件下加入帝国联邦，那么远比这更为合理的看法是，加拿大将与其南部的邻居结成联邦，而澳大利亚和南非趋向于成为独立的政治实体，这会使盎格鲁-萨克逊联邦内部的政治关系再次出现松动。

在决定殖民地命运的问题上，殖民地对英国纯粹而又强大的“忠诚”和感情，难以对抗政治、工业和金融集团的分离倾向，这并不是诽谤。虽然殖民的一些政治家，甚至是某个政党会玩弄“平等基础上的紧密联邦”这个概念，但当事情终究要归结到财政关系问题上时，就一定会出现无法克服的巨大困难。殖民地势力的真正倾向会像过去一样继续发挥作用，而当它们认清了要它们所承担的负担的本质之时，这种倾向将更加坚定。

认为南非战争的伟大战果将会产生一种能极大影响殖民地和英国关系的浓厚殖民地感情，这只不过是一种天真幼稚的幻想。情感上的恢复是真实存在的，但是宗主国隐含的风险也是真实存在的，殖民地的协助之所以受到宗主国的热烈欢迎和高度评价，是

① Holland, *Imperium et Libertas*, p. 82.

因为帝国政治家们企图借此来扭转殖民地发展的趋势。

激动的情绪平复下来之后，就不得不仔细想一想英国这样一个如此庞大、复杂和分散的帝国的危险性质。当战争的魅力消失之后，而且澳大利亚、新西兰、加拿大人民发现了那些一直瞒着他们的血腥事业的某些残酷事实之后，他们对帝国联邦的热情就减弱了：对于那些在性质和重要性上都被帝国政府严重歪曲的问题，他们将来会抱有更多的怀疑态度①。但是在殖民地民主力量看来最为重要的发现可能是新帝国主义开出的空头支票。自由的自治国家在平等的基础上加入联邦是一回事，而为了维持和获取更大更多的属地——某一邦国的财产——而被邀请提供资助，完全是另外一回事。殖民地越是认清它们被要求承担的责任的危险本质，它们就表现得越不情愿。除非殖民地的民主精神被粉碎，并且由于自身利益而被驱赶到"帝国主义"的道路上，否则它们就会拒绝加入这样一个给其带来巨大风险的联邦，无论加入的正式条件是什么。新帝国主义扼杀了自治国家组成联邦的可能性：殖民地可能会注意一下联邦，但会像以前那样继续走自己的路。

联邦这个概念最初可能在感情上有些吸引力，但是最终不会产生什么实际结果。它会让殖民地加强其内部防卫准备工作，每个殖民地都会各自发展出更坚定的民族精神。殖民地防卫力量的增强，不会促使它们与英国结成更紧密的官方联合；而是更可能让殖民地以独立盟友的身份来与英国打交道。头脑清醒的殖民地政

① 1899年秋季澳大利亚和新西兰的公众情绪纯粹是人为制造出来的。张伯伦先生把南非战争的"真相"向各殖民地的总督作了通报，他们就拿来在报纸上发表了。没有一家报纸对这一官方信息做过什么核实。

治家们选择的道路一直以来都是很明确的。这条道路指示的方向,不是与英国的联合越来越强,而是越来越弱。近期的目标就是杰斐逊[①]早在1774年就为美国殖民地指示的目标,要是当时英国能审慎行事的话,这个目标可能已经达到了。杰斐逊在给国会中弗吉尼亚代表下达的指令草案中,曾这样描述他的计划:“我本来以为英国和殖民地的关系,唯一正统的和能站得住脚的,就是恰如詹姆士即位一直到联合王国成立以后英国和苏格兰的关系一样,并且与汉诺威现在的情况一样,虽然有一个共同的行政首领,但并没有其他必然的政治联系。但事实证明我错了”。[②] 曾在1830—1840年占据立法议会多数席位的上加拿大“改良派”,也曾经提出要把自身与帝国之间的联系局限于共同的君主制的简单联系之内,而且这种计划成为我们所有自治殖民地有意识或无意识政策的基础。这种运动也有可能受到某种流行的热情和政治阴谋的冲击而遭到一时的挫折,但除非殖民地真正的民主力量被彻底粉碎,否则这种力量还是会指引殖民地政策趋向这个目标。它们能否走得更远以至于完全脱离英国,这将取决于英国是否真正吸取了一个半世纪以来由美国革命首先揭示的殖民地统治的教训。由于大方地提出了“负责任的自治政府”的名词,目前我们的殖民地中还没有形成主动要求完全独立的强大力量,但是南非除外。在南非,我们推行的例外政策已经引起了经济势力对我们的持久敌视,这些势力目前采取的种族隔离政策,必定会在不久的将来引发南非

① 托马斯·杰斐逊(1743—1826年),美利坚合众国第三任总统(1801—1809年),同时也是《独立宣言》的主要起草人。——译者

② 引自《主权与自由》(*Imperium et Libertas*),第70页。

联邦人民完全脱离英国的要求，作为摆脱英国控制的唯一出路，关于这种控制，英裔和荷裔的南非人都认为是对他们自治的立法权的粗暴干涉。

帝国政府对英属南非自然演进过程的强制干涉，伴随着对殖民地自由的直接侵犯以及用机械的刺激法取代南非联邦的有机成长，这会经由英国政策而对其他自治殖民地产生深刻的影响。这种灾难性的帝国压榨，最终会加强英国的军国主义，并使军备费用在国家财政中占压倒性的地位。这些因素必然会刺激英国迫不及待地向殖民地提出建议，无非是要求殖民地承担远超过其所获利益的风险和负担。我们为了寻求与殖民地更紧密的政治联系而做的努力，恰恰可能是导致最后分裂的唯一原因；因为这些努力背后的驱动力量将被认为是出于民族利益而不是帝国利益。对于英国最近在亚洲和非洲进行的扩张，澳大利亚、新西兰和加拿大没有任何发言权；它们的核心利益与这些扩张并没有什么关系，但却被要求合力维护和推进这样的帝国，它们将会断然拒绝这一要求，并且更愿意加强本国的自我防卫，以使它们能够摆脱英国的保护，这种保护越来越增加了它们与外国列强发生冲突的危险。

新帝国主义是与殖民地自治相对立的，倾向于使帝国联邦的想法完全落空，并且在英国和自治殖民地之间的关系中滋生分裂的力量。

第七章　结论

一

如果帝国主义不再被认为是一个盲目的、不可避免的命运，那作为一项公共政策慎重选择的方针，它能否一定能得到制止呢？

我们已经知道，帝国扩张的动机并非出于国家的整体利益，而是出于某些特定阶级的利益，这些阶级为了自己的私利而将扩张政策强加给国家。对于施加压力的这种政治和经济力量的混合物，我们已经作出了详细分析。但是，对邪恶势力的这种勾结有所察觉，会摧毁或者在某种程度上削弱它们的统治权吗？出现这种统治权，是我们对外政策中腐朽理论的必然结局。说得明白些，这种理论是这样的：那些为了自己的喜好和私利拿自己的生命和财产去外国冒险的所有英国臣民，在他的生命或财产受到外国政府或居民的侵害时，都可以要求国家出面保护自己或替自己进行报复。目前来说，这是一种危险的理论。这让英国的全部军事、政治和财政资源，去听候传教团体的差遣，它自以为负有攻击野蛮人宗教感情和宗教仪式的特殊责任，或听候鲁莽探险家的差遣，他恰恰选择了那些不知道有英国势力存在的敌对人民所居住的地区；投机商人和探矿者很自然地被吸引到那些危险而又未开发的国家去，因为在那里通过成功的冒险可以迅速地获得大量利益。传教士、旅行家、运动家、科学家和商人，所有这些人并非是国家委派的代表，不过是受私人动机所驱使，但却可以随意要求英国耗费数百万的金钱和牺牲数以千计的生命，来为他们抵御英国未曾认可的危险。还有就是那些无耻的政治家深谋远虑地利用了这些阴险的侵略手段，以私人探险家或掠夺者遭受的所谓暴行为借口，发动惩罚性的军事远征，结果就是英国国旗能够飘扬在某些新领土上。我们国家中最鲁莽和最不负责任的个别成员，就这样被允许操纵我们的对外政策。现在英国拥有四亿臣民，其中任何一个人理论上或者实际上都可以要求英国军队将他从自己愚蠢的行为中拯救出来，英国强权下真正和平的前景是很不明朗的。

这些不时发生的危险虽然有时确实很严重，但要是和国际资本主义和国际金融的现代手段带来的危险比起来，那就小巫见大巫了。工业发展受到政治疆界实际束缚的时间并不久，国家之间的经济交流也几乎仅限于商业上的货物交换。不久以前形成的向外国投资的风尚，现在已发展到这种程度，今天英国富有的、政治上有势力的阶级，从英帝国以外的投资取得的收入的比重愈来愈大。我国的富有阶级同还没有在政治上加以控制的国家的日益密切的利害关系是现代政治中的革命力量；它意味着一种不断加强的倾向，即利用本国公民这一政治力量来干预那些在工业方面与他们有利害关系的国家的政治生活。

应该清楚地认识到，运用国家的公共资源以保护和增进私人投资在本质上是违法的。如果我将积蓄用于国内投资，那我就要考虑到这单生意可能遇上的所有意外和变化，包括关税、税负或工业立法等会影响利润的因素在政治上的变化。在这一类的投资中，我非常清楚，我没有权利要求公众的保护，来使我的资本免于由于以上原因造成的损失或贬值。当我进行投资的时候，国家的政治状况是被考虑在内的。如果投资统一公债，我完全承认作为一个公债持有人，我并没有权利对国家的对外政策进行政治干涉，虽然这些政策能够影响我的投资利益。但是，如果我为了私利而投资于外国的公债或某些私人的工业投机事业，那就获得了特别有利的条件，可以覆盖由于这个国家政治上的不安定和政府的无能造成的风险，我就有权利要求我的政府运用政治和军事力量保障我免受投资环境中早就被预估到的风险。还有什么事情比这更不公平吗？

有人会说，个人投资者要求国家提供保护是不被允许的。但是，在这种理论尚未得到公认之时，它在近代史上的实践却一直被默许。我没有必要追溯一连串的明显证据，主要包括矿业资本家承认的事实，据他们承认，这种运用公共资源来谋求私利的要求也是金融家们大力坚持的，这些金融家们引诱我们的政府和人民从事最近的和代价高昂的掠夺事业。这只不过是国际金融势力在全世界运作的一个最明显和最引人注目的案例：这些势力通常被称为资本势力，但是最严重的危险并不来自于在国外的纯粹工业投资，而是因为以这种投资为基础的有价证券和股票是由金融家所掌握的。那些与外国的自然资源和工业有着真正利害关系的人，他们的利益和这个国家的和平和良政息息相关；但是股票投机家并没有这种利害关系，他们的利益在于证券价格的波动，这就要求他们会以政治状况的动荡不安作为牟利的手段。

旨在寻求政治经济利益的国际投资和金融的这些形式，得到了广泛的运用和良好的组织，这就要求更频繁和更有效地借口保护英国臣民的财产而对外国进行政治和军事上的干涉。英国侨民的不满通常又支持了投机家的要求，而我们也就对外国政府进行一系列的干涉，如果我们能成功左右局面，这种干涉会导致领土的吞并，以此作为我国臣民生命和财产安全的唯一保障。

这种政策指向通往毁灭的道路，这一点无可置疑。但是如何阻止它呢？我们能够确立怎样的安全原则呢？唯一的原则是，英国臣民在其私人事业中遭受生命和财产安全危险的时候，绝对没有要求政府提供保护的权利。这一原则是公正而且有利的。如果一个使者被国家派遣到外国执行公共使命，我们就用国库和武器来支持和保护他；如果是私人或者私人公司为了其自身目的而将生命和财产置于外国，应该让他们明白，他们需要自担风险，国家不会采取行动保护他们。

如果认为这种彻底改变一贯政策的做法是空谈，因为这意味着要明确放弃我们有权遵守的、外国的现行条约或协议所保障的居住、通商和其他权利，那么我们无论如何都要明确两条政策准则。第一条，对于我们的驻外代表在条约规定的严格范围之外对外国失政进行的任何干涉，都坚决不要加以承认，可将这类条约权利的解释提请仲裁。第二条，如果实在需要武力来保障这些条约权利的遵守之时，把武力的使用限于正当使用武力的特殊目的。

二

对帝国主义以及作为其支柱的军国主义、寡头政治、官僚政治、保护贸易、资本集中和剧烈贸易变动的分析都显示出帝国主义是现代民族国家的最大危险。国内的帝国主义势力利用国家资源谋取私利的权力，只有建立真正的民主政治才能将其推翻，人民通过自己真正能够控制的代表，引导着民治和民享的公共政策。至于这个或那个国家是否能够建立这样的民主政治，还是件大可值得怀疑的事情，但是除非一个国家的对外政策"建立在广泛的人民意志的基础上"，否则就是无可救药的。对于最近可能爆发大战的恐惧，或许会暂时打击这些阴谋家反对共和国的野心，并让他们暂时收手，但是新近兴起的金融势力会寻求新的出路，会利用同一政治联盟和同一社会的、宗教的和博爱的支持来开展新的冒险事业。现在新帝国主义进行掠夺的环境不同于以前：凡是为扰乱公共视线和煽动公共情绪所必需的才能都能得到施展。

帝国主义只是刚开始认识到它的全部能力，并且对国家的管理发展成为高超的技艺：给教育程度仅仅达到刚会阅读印刷品，但对自己阅读过的东西还没有批判能力的人们以广泛的投票权，这对机灵、干练的政客的计谋极为有利，他们通过控制报刊、学校以及在必要时控制教会，在诱人的爱国感情的招牌的掩饰下，把帝国主义灌输给群众。

帝国主义的主要经济源泉，存在于工业机会的不均等中，特权阶级积累着的收入剩余，为了寻求有利的投资机会，会一直往外走得更远。这些投资者及其金融经理对国家政策的影响能够保证那些被社会改革运动威胁的其他既得利益集团,与其结成全国性的同盟。帝国主义政策就这样实现了双重目的,既以牺牲公众为代价保证了投资者和商人等特权阶级的私人物质利益,又通过把社会的精力和注意力从国内的动荡转移到国外去,从而支持了保守主义的共同事业。

要想使国家的权力免于被颠覆的危险,把国家资源全部用来为国家利益服务,有赖于国民心智和国民意志教育水平的提升,这能够让民主政治在政治和经济上成为现实。把帝国主义称为一项国家政策,这是无耻的谎话:国家利益同这个扩张政策的每一个步骤都是不相容的。英国在热带地区的每一次扩张都是对英国真正的民族主义毋庸置疑的削弱。在某些阶层中间,帝国主义甚受欢迎,是因为它打破了狭隘的民族界限,促进了国际主义。甚至有人赞同或谅解大国在帝国主义的冲动下对小国的强制压迫,因为他们幻想这是实现世界联邦和永久和平的必经阶段。真的难以想象会有比这更加离谱的政治演进观点。如果说有效的国际主义或国家之间所有可靠关系的建立需要一个前提的话,那就是强盛的、安定的、发达的和负责任的国家的存在。国家之间的压迫或强制吞并绝不能带来国际主义;因为这些行为会严重阻碍国际主义的产生,一方面使许多国家专心于增加武装防御,扼杀国家之间的友好往来,另一方面会使大国因过度臃肿和消化不良而虚弱。国际主义到来的希望,最重要在于独立国家的维持和自然发展,因为若没有这类的国家,就没有国际主义的逐步发展,而只会有混乱不定的世界主义下的一系列失败尝试。正如同个人主义对于任何健全形

态的国家社会主义是必不可少的一样，民族主义也是国际主义必不可少的因素：世界政治的任何有机的概念不能建筑在任何其他的假设上面。

真正的国民统治能在多大程度上取代寡头政治或假民主政治，国家之间的利益冲突就能在多大程度上趋于消失，19 世纪自由贸易过早依赖的基础性合作才能在多大程度上显现出来。国家内部的阶级统治意味着国家之间的分裂或对立，因为每一个统治阶级只有推行对抗性的对外政策才能维系自己的统治地位。明智的民主政治能够了解各国利益的一致性，并能够通过友善的政策来加以保证。因此而得以解放的真正的国际主义力量，首先将作为经济力量显现出来，在邮政、电信、铁路和其他运输事业中，在货币兑换和各种度量标准的统一方面，在促进人、货物和信息交流方面，保证更加有效的国际合作。伴随这些成就一起来的是法庭和议会的产生，首先是非官方和私人性质的，但逐渐将会采取更加明确和更加公共的机构形式。对于艺术和科学的共同兴趣，将会到处为国际主义织就一张细密的知识网络，而需求和利益在知识上的一致性，又会有助于为维持这种一致性所必需的政治团结的自然成长。

这样，也只有这样，才能消除现在国家之间荒谬的对抗及其造成的破坏、风险以及对文明一般进程的阻碍。在各国自私的政治和军事利益的基础上推行联邦政策，并以此取代这种和平的发现与共同利益的表达，这种鼓舞了盎格鲁-萨克逊同盟或泛条顿帝国的观点，在通向国际主义的问题上，刻意选择了一条更加漫长、更加困难和更加危险的道路。经济联系作为正在成长的国际主义的基础，要比所谓的种族联系或建立在某种势力均等的眼前打算上的政治联盟牢固得多，也可靠得多。当然，如果联邦是充分自愿和灵活的，那么泛斯拉夫、泛条顿、泛不列颠或泛拉丁的联盟，非常有可能会有助于推进国际主义的广泛发展。但是从这种联盟露骨的军事目的来看，它们似乎也很难发挥什么作用。更加可能的是，这种联盟是在各缔约国"帝国主义"阶级利益的基础上组建起来，是为了更有效地掠夺共有的国家资源。

西方国家更广泛的同盟即欧洲大国联邦向我们展示的前途就是，这个联邦不仅不会推进全世界的文明事业，反而有造成西方寄生性的巨大危险：产生出这样一批先进的工业国家，这些国家的上层阶级从亚非两洲获得巨额的贡款，并且利用这种贡款来豢养大批驯服的家臣，他们不再从事大宗的农产品和工业品的生产，而是替个人服务，或者在新的金融贵族监督下从事次要的工业劳动。让那些漠视这种理论、认为这个理论不值得研究的人，去思考一下已经处于这种状态的目前英格兰南部各区的经济条件和社会条件吧。让他们想一想，一旦中国受这种金融家、"投资者"及其政治方面和工商业方面的职员的经济控制，使他们能从这个世界上所知道的最大的潜在富源汲取利润，以便在欧洲消费，这套方式将会扩展到怎样巨大的程度。当然，情况是极为复杂的，世界上各种力量的变化也难以逆料，所以不能很有把握地对未来作出某种唯一的预测。但是，现在支配着西欧帝国主义的那些势力，是在向着这个方向发展的。如果这些势力不遇到什么抵抗，不被引向另一个方面，它们就确实会朝着完成这一过程的方向努力。

如果西方国家的统治阶级能够在这种联合中实现自己的利益

（资本主义的国际化趋势逐年明显），而中国又难以组织起强有力的抵抗，那么罗马帝国晚期的许多主要特征，将会以更大的规模重现在寄生性帝国主义身上。

无论我们把帝国主义看成是升级版，还是仅仅将其看作是英国的政策，我们都发现它在很多方面与罗马帝国主义非常相似。

罗马放债贵族的崛起，是罗马帝国晚期最显著的特征，这些放债贵族由来自各国精明的无耻之徒组成，他们让自己的傀儡、政治“领袖”或军事冒险家把持政府高级职位，而他们自己则以高利贷者、税吏和地方警官的身份冲在第一线。退休官员和殖民地的百万富翁不断填充进这个阶级。他们的大量收入来源于官员的私人侵吞、公共贡赋、高利贷以及地方的官方收入，这对意大利产生了以下影响：意大利人无需再被要求从事农业生产、手工生产，甚至也不需要再服兵役。有人曾指出，“莱茵河和多瑙河近期发生的战争，其实是一场大规模的猎奴行动”。[①]

那些最初从农村被征召来参军的意大利农民很快发现他们被大庄园的农奴永远排挤出了农业生产领域，他们及其家族被卷入城镇生活的最底层，沦为只有依靠公众施舍才能生存的赤贫人口。殖民地雇佣兵也越来越多地取代了国内军队。寄生性的城市生活以及曾引起吉本[②]注意的城市活力下降问题和不婚现象增多的问题，都迅速损害了意大利土著居民的体质，而罗马的生存越来越需

---

① 亚当斯：《文明与衰退》（*Civilisation and Decay*），第 38 页。

② 爱德华·吉本（1737—1794），近代英国杰出的历史学家，著有《罗马帝国衰亡史》。——译者

要依靠从高卢和日耳曼迁入的生力军[①]。为了控制地方需要维持强大的雇佣军，这不断增加了地方总督与罗马金融势力合谋反对共和国的政治危险，这在共和国的最后一些年里已经表现得很明显了。随着时间的流逝，金融寡头变为世袭贵族，他们不再关心军政事务，越来越依靠雇佣外国人。他们自己沉溺于骄奢淫逸的生活，罗马平民也为形形色色的服役和放纵所侵蚀，他们如此削弱了这个国家，以至于已经在体力和精神上丧失了控制和管理一个剥削性帝国的能力。罗马衰亡的直接原因，可以用政治学上的"过度的中央集权"来表述，这个词扼要地概括了帝国主义区别于国家发展和殖民主义的本质特征。当可供掠夺的东西因濒于耗竭和难以获取而变得越来越贫乏之时，通过税收和高利贷维持的寄生状态，就越需要加强中央集权。"这种集权社会的演进有其自然规律。当权力发展到只能依靠金钱来自我证明的时候，统治阶级之所以成为统治阶级，不是因为他们的勇敢、善辩、风雅、博学和虔诚，而只是因为他们具备赚取和保持财富的能力。只要弱者还有足够的活力进行有效的生产，这种寡头政治就不会被动摇；并且，在高卢和意大利的土著农民被驱逐出土地很多年后，凭借从更坚韧的种族注入的新鲜血液，仍可以让垂死的文明苟延残喘。金融阶级的弱点就在于这种权力，因为他们不仅消灭了生产者，而且还不能依靠其贪欲的力量实现自我繁殖"。[②]

这是社会寄生过程在历史上最大、最明显的实例。国内的金

① 亚当斯：《文明与衰退》，第 12 章。

② 同上书，第 44 页。

融势力凭借这个过程篡夺统治权、推进帝国扩张政策，是为了能将经济吸管插在外国身上，以榨干它们的财富以维持国内的奢侈生活。新帝国主义和这个旧案例在本质上并无不同之处。政治贡赋现在不见了或完全变成附属因素，最残酷的奴隶形态也已经消失，现在可以用某些纯粹和无私的因素来缓和和掩盖新帝国主义的寄生性质。但大自然是不会被欺骗的：根据自然界通行的规律，寄生虫注定会萎缩、衰亡直至最后消亡，国家并不比生物体更能逃避这个规律。近代的这个过程更为复杂，寄生虫通过给"寄主"提供一些真实但却非常不平等和不恰当的好处，企图逃避寄生过程的反作用，这虽然会延缓寄生过程，但终究不能逃避寄生过程的必然结果。说帝国之所以要暴力征服其他民族和侵占他们的土地，目的在于给被征服者提供好处，这与帝国从中的获益大致持平，这是一种彻头彻尾的谎话。帝国根本不打算给予被征服者同等的好处，而且也不能给予这种好处。这种所谓有益于被统治者的托辞，形成了帝国主义的主要动机或结果，意味着对知识和道德的严重歪曲，要是哪个国家相信这种假话，那就会形成新的危险。波斯谚语说，"动机体现在行动上，而不是体现在结果上"。

帝国主义是国家生活出于自私自利的卑鄙选择，它激发了国家身上从早在动物生存竞争时期残存下来的贪得无厌和占有欲。帝国主义成为一项国家政策意味着放弃了追求内在高尚品德的努力，而只有这种品德才能够保证理性战胜兽性，对人和国家都是如此。这是所有成功国家都容易犯的错误，最终都难以逃避自然规律的惩罚。

图书在版编目(CIP)数据

帝国主义/(英)约翰·阿特金森·霍布森著;卢刚译.—北京:商务印书馆,2024
(汉译世界学术名著丛书:120年纪念版:珍藏本:增订本)
ISBN 978-7-100-23850-2

Ⅰ.①帝… Ⅱ.①约…②卢… Ⅲ.①帝国主义—研究 Ⅳ.①F038

中国国家版本馆CIP数据核字(2024)第080205号

汉译世界学术名著丛书
(120年纪念版·珍藏本·增订本)
帝国主义
〔英〕约翰·阿特金森·霍布森 著
卢刚 译

商务印书馆出版
(北京王府井大街36号 邮政编码100710)
商务印书馆发行
北京新华印刷有限公司印刷
ISBN 978-7-100-23850-2

2024年5月第1版 开本710×1000 1/16
2024年5月北京第1次印刷 印张20½
定价:112.00元